아다치를 통해 본
재일코리안 형성사

제주도 · 도쿄 아다치에서 살아온 반세기

제주학연구센터 제주학총서 54

아다치를 통해 본
재일코리안 형성사

제주도 · 도쿄 아다치에서 살아온 반세기

강철姜徹 저

이윤주 · 심보경 옮김

제이앤씨
Publishing Company

목차

서문

올해 2010년은 한일병합이 있은 지 100년이 되는 해이자 광복 65주년을 맞이하는 해이기도 하다. 나는 여기에 내가 지나온 청년 시절을 고스란히 담아보려고 한다. 개인적인 이야기를 하기에 앞서 먼저 내 고향 제주도에 대해 소개해야겠다는 생각이 들었다.

제주도는 한반도 최남단에 위치한 섬으로 현재는 관광지로 이름이 알려져 있다. 하지만 섬이 짊어진 암울한 역사는 그리 잘 알려져 있지 않다. 제주도는 지정학적 특성으로 인해 오랜 세월 끊임없이 외부 침입자로부터 위협을 받아왔다. 섬의 역사는 그야말로 투쟁과 저항의 역사라고 해도 무방할 것이다. 안타깝게도 현재는 이 이야기를 하는 사람이 매우 적다.

오랜 옛날 제주도는 탐라라는 왕국이었다. 그러나 고려왕조시대에 무력으로 병합돼 자치권을 상실한다. 그리고 조선시대에 들어와서 이 섬은 본토의 권력 투쟁에서 패배한 자들의 유배지로서의 성격이 강화된다. 많은 왕조와 정객, 문인들이 이 섬에 유배됐다. 사실 내 조상도 그러한 정쟁의 소용돌이에 휘말려 제주도로 낙향한 일족이다.

세월이 흘러 한반도가 일본의 식민지배하에 놓였던 시기에는 많은 제주도 사람들이 노동력을 제공해 돈을 벌기 위해 일본으로 건너갔다. 현재 재일동포의 20% 이상이 제주도 출신이며 내 아버지도 그중 한 명이다. 따라서 재일동포 중에는 나와 비슷한 길을 걸어온 사람이 많을 것이다. 각각의 입장 차는 있어도 거기에는 상당한 공통점들이 있을 것이다.

제주도는 사면이 바다로 둘러싸인 섬으로, 외부로부터 공격과 차별을 받아왔다. 그러나 그것이 섬사람들에게 넓은 시야와 유연성을 부여했다. 이는 일본으로 건너가 일본에서 살게 된 섬사람들에게도 이어지고 있다. 청년 시절에 도전했던 지역의료 활동에 대한 뜻도 아마도 그러한 제주도의 환경 속에서 싹트고 자라난 것이 아닐까 생각한다.

현재는 제주도에 대한 차별도 재일조선인에 대한 차별도 조금씩 약해지고 있다. 내 눈으로 보아도 상황이 예전보다 꽤 좋아졌다. 그러나 지금도 세계 도처에는 한때 우리가 겪었던 것과 같은 박해와 차별로 고통받는 사람들이 많다. 우리의 경험이 그들에게 조금이나마 참고가 됐으면 하는 바람이다. 또한 제주도에서 일본으로 건너간 재일동포들이 추억을 공유하는 데 작은 도움이 됐으면 한다.

본서에 등장하는 인물은 특정 인물을 제외하고는 일률적으로 존칭을 생략했음을 이해해주길 바란다.

마지막으로 본서를 출판하기까지 물심양면으로 도움을 준 미야타

데쓰오宮田哲男 주식회사 유잔카쿠雄山閣 대표이사와 메이지학원대학원 明治学院大学院 박사 후기과정에 재학 중인 니사하라 하루西原陽씨에게도 감사의 뜻을 표한다.

2010년 2월 20일

저자 강철姜徹

1967년 5월 19일 아카후도병원 신축 기념

제1장

제주도-내 고향

1. 제주도의 성립

제주도는 한반도 최남단에 위치한 화산섬이다. 해안선 254㎞, 동서는 80㎞, 남북은 약 40㎞의 타원형으로 면적은 1819㎢에 이른다. 해발 1950m의 한라산을 중심으로 300여 개의 크고 작은 오름으로 이루어져 있는 매우 특수한 자연 조건을 갖춘 섬이다.

앞서 잠시 언급했듯이 이곳에는 일찍이 탐라라는 왕국이 있었다. 탐라는 '섬나라'라는 의미이다. 이 왕국은 고·양·부 세 부족을 시조로 하여 서로 세력을 다투면서도 결국 단결된 정치사회로 발전해갔다. 탐라는 그리 강한 국가는 아니었다. 독립을 유지하기 위해서는 대륙에 권력국가가 탄생할 때마다 진상품을 바치고, 왕국의 지위를 유지해야 했다. 그래서 처음에는 백제, 다음은 신라에 진상품을 보내 안전을 보장받았으나 935년 고려정권이 들어서자 끝내 버티지 못하고 합병되고 만다.

한편 고려왕조도 그다지 굳건한 국가는 아니었다. 고려는 1231년부터 20여 년에 걸쳐 원(몽골)의 침략이 이어졌다. 원의 강력한 세력을 두고 고려왕조 내부에서도 친원파와 반원파가 대립했지만, 반원파인 최충헌, 김인준, 임연 부자父子 등이 무신정권을 수립하고 권력을 장악하면서 고려의 대외적 군사력은 강화됐다. 이 군사력의 중심이 바로 '삼별초군'이었다. 삼별초군이란 별초군·신의군·야별초군을 합친 통일군의 총칭으로, 이 통일군을 중심으로 무신정권은 강화도로 천도하고 원에게 항전 태세를 취했다.

이에 대해 친원파나 무신정권에 반감을 가진 세력은 고려 왕실을 부추겨 원과의 일방적인 강화講和를 획책했다. 그들은 일단 강화도로 옮겼던 도읍지를 다시 개성으로 옮기려고 계획했다. 친원파는 왕자를 원의 쿠빌라이에게 보내 화친을 도모하고 원에게 보호를 요청했다. 원도 이에 응해 원의 왕비를 고려 왕자에게 출가시켜 친족관계를 맺었다.

물론 반원파는 이 움직임을 가만히 보고 있지만은 않았다. 1270년 5월 원과의 화친에 반대하는 배중손, 김통정 장군 등은 삼별초군 중에서 1000척의 함선을 이끌고 출진했다. 이들은 제주도와 진도를 근거지로 여몽연합군과 용감하게 싸웠으나 패했다. 살아남은 김통정 장군은 계속해서 1000여 명의 군사를 이끌고 제주도를 거점으로 여몽연합군과 싸웠다. 하지만 여몽연합군은 1만 3000대군이었고 분명한 열세였다. 제주도민도 김통정 장군의 삼별초군을 도와서 결사전을 펼쳤지만 4년간의 사투 끝에 김통정 장군은 패배했다. 장군은 살아남은 부하 60명과 함께 한라산 기슭에서 자결하고 생을 마감한다. 비록 패하기는 했지만 섬사람들은 장군을 영웅으로 따르며, 그가 밟은 발자국에서 샘이 솟는 것을 보고 '장수물'이라는 이름을 붙였다.

고려는 이 패배 이후 원나라의 속국으로 한 세기에 걸쳐 갖은 압박을 견뎌야 했다. 제주도도 예외는 아니어서 섬은 원의 군사기지가 됐고, 이 섬을 중계지로 삼아 일본을 침략하기 위한 준비를 갖추었다. 또한 1281년부터 두 차례에 걸쳐 일본 침략(이른바 원구元寇)이 시도됐지만, 잘 알려져 있듯이 모두 실패로 끝났다.

2. 유배의 땅, 제주도

고려 말기부터 제주도는 유배지로 알려져 있었다. 실제로 폐왕이 된 조선 15대 왕인 광해군을 비롯해 정객, 지식인, 승려, 관리 등 다양한 사람들이 유배자로, 혹은 낙향자로 들어왔다. 1342년에는 고려 충혜왕조 고문으로 최고의 권력과 부귀영화를 누리던 고승 학선이 최초로 제주도에 유배됐으며 원이 멸망하던 시기인 1375년 11월에는 원 순제가 황족과 관리들을 이끌고 제주도로 망명해왔다.

하지만 유배자가 가장 많았던 시기는 조선시대에 들어서면서부터이다. 조선시대는 500여 년간 지속됐는데, 약 300년 동안은 당리당략党利党略에 따른 파벌 간 세력다툼이 끊이지 않았다. 그 결과 상당수의 유능한 인사가 유형에 처해졌다.

예를 들면 김만희도 그중 한 사람이었다. 그는 1380년대 고려 충정왕으로부터 오늘날의 총리와도 같은 도첨의좌정승에 임명됐으나 왕조 내부에서 의견 대립으로 정계에서 물러나게 됐다. 그 후에는 고려왕조의 앞날을 걱정하면서도 고향으로 돌아가 오로지 후진 양성에 전념했다. 그런데 1392년 이성계가 정권을 장악하자 이번에는 김만희를 조선의 가신으로 불러들이고 싶다는 이야기가 나왔다. 그러나 그는 '충신은 두 임금을 섬길 수 없다'며 이에 따르지 않았다. 조정은 왕의 명을 어긴 죄로 김만희를 제주도로 유배를 보낸다. 애월항으로 유배된 그는 곽지리에 거처를 마련하고 이후에는 지역에 서당을 열어 자제子弟 교육을 펼쳤다고 한다.

조선시대는 내부 파벌싸움이 매우 치열했는데, 역사상 가장 잘 알려진 것이 조선 10대 왕 연산군 시대인 1495년부터 47년간에 걸쳐 일어난 4대 사화이다. 이 시기는 실로 조선왕조의 암흑기였다. 4대 사화란 무오사화, 갑자사화, 기묘사화, 을사사화를 말하며, 사화란 중신들이 무고하게 참혹한 화를 입는 일을 말한다.

무오사화와 갑자사화는 연산군이 왕위에 오른 11년 사이에 일어난 사건이다. 연산군은 선천적으로 성격이 포악해 역대 왕 중에서도 유례를 찾기 힘들 만큼 폭군이었다. 그는 어려서부터 학문을 싫어하고 악행을 일삼으며 측근 문관 조지서와 허침이 온 힘을 다해 인륜의 길을 지도해도 들으려 하지 않았다. 그뿐만이 아니라 연산군은 왕위에 오르자 자신을 엄하게 지도한 것을 원망하며 스승 조지서를 죽이고 만다.

당시 조정 내에는 훈구파(보수파)로 불리는 관료가 탄탄한 지반을 구축하고 있었다. 그중에서도 탐욕스러운 성격으로 알려진 유자광과 이극돈은 큰 권력을 쥐고 있었다. 이에 반해 혁신적 기풍을 지닌 젊은 파벌이 사림파(신진파)였다. 사림파가 주창하는 '사림'이란 학문을 연구하고 행동의 원리, 즉 인륜의 도를 논하는 것을 말한다. 사림파는 이를 유학정치의 기본원리라고 주장하는 학파이다.

조선 제9대 임금인 성종시대에는 유학(주자학)을 전파하기 위해 사림파 중에서도 학문으로 명성이 높은 영남학파의 거두 김종직이 등용됐고 그 문하가 정권의 핵심부에 배치됐다. 이에 대해 훈구파 대표인 유자광 등은 성종의 신임이 각별히 두터운 김종직에 대항하지 못하고 속수무책이었다.

하지만 성종이 승하하고 제10대 연산군이 즉위하자 정세는 급변했다. 유자광, 이극돈 등은 충직한 사림파를 싫어하는 연산군의 기질을 교묘하게 이용해 사림파를 척결하려고 했던 것이다. 연산군이 즉위한 지 3년이 지난 1498년에는 간신의 모함으로 '무오사화'가 일어나 사림파 유신 등 60여 명이 숙청됐다. 그때는 이미 김종직이 세상을 떠난 뒤였다.

하지만 연산군의 폭거는 여기서 끝나지 않았다. 6년 후인 1504년에는 두 번째 사건인 '갑자사화'가 발생했다. 사건의 발단은 연산군의 어린 시절로 거슬러 올라간다. 연산군의 생모가 큰 잘못을 저지르자 선왕 성종은 생모에게 스스로 목숨을 끊으라고 명한다. 이 조치 자체는 실로 온정적인 것이었지만, 나중에 이 사건을 알게 된 연산군은 당시 사건과 관련 있다고 생각되는 유신들을 모조리 극형에 처한다. 특히 사림파 거두 김종직이 선왕에게 조언을 했던 것에 화가 나서 김종직의 묘를 파헤쳐 관을 열게 한 뒤 시체의 목을 베어내고 몸을 6등분으로 절단하는 전례 없는 최악의 형벌을 내렸다.

이 외에도 연산군은 자신에게 충언을 해줄 만한 사람은 모조리 반역자로 간주해 제거해 나갔다. 거기에는 두 계모와 이복형제, 그리고 조모인 인수대비까지 포함돼 있었다. 그리고 잔인한 연산군 숙청의 손길은 선대 성종으로부터 신임을 얻고 있던 김종직 문하의 유신들에게까지 미치게 됐다. 김종직 문하 유신들은 모두 위험에 처했는데 어떤 자는 피신하고 어떤 자는 멀리 낙향을 하는 식으로 난을 피해야 했다.

첨언을 하자면 이때 김종직의 문하생이었던 강철姜哲이라는 사림파 유신도 그의 숙부이자 대사간조선시대 사간원의 정3품 당상관직 강형姜詗 부자父子가 왕의 폭정에 맞서 충언을 하다가 처형되는 것을 목격한 후 자신의 신변에도 위험이 미치자 재기를 기약하며 수도를 떠났다. 각지를 떠돌다가 1506년에는 제주도 애월항으로 건너왔고 거기서 우여곡절 끝에 다다른 곳이 수산봉(해발 131m)이라는 땅이었다. 그 땅을 중심으로 마을이 형성돼 제주도 강씨 수산파의 시조가 됐다. 나는 그로부터 18대째에 해당한다. 또한 마찬가지로 제주도에 낙향한 강철의 친족인 강효손姜孝孫은 대정읍에 정착해 대정파로 불렸다. 제주도 강씨는 염통악파를 포함해 제주도 3파로 나눠졌는데, 이들은 모두 진주가 본관이자, 강이식姜以式 고구려병마도원사를 선조로 하는 자손이다. 더욱이 내 외가는 여산 송씨 사람이었는데, 1559년에 역시 정치적 박해를 받고 제주도로 낙향해 온 집안이었다.

고려 이후 제주도의 역사가 유배지로서의 역사였다면, 나의 뿌리 또한 유배자로서의 역사일 것이다. 섬의 역사를 들춰보면 거기에는 아무래도 서글픈 이미지가 따라붙기 마련인데, 그것은 앞서 소개했듯이 이 섬이 조선시대를 비롯해 역사상 화려한 권력 투쟁의 어두운 그림자를 수도 없이 짊어져 왔기 때문이다.

3. 외부 침입자

그런데 제주도를 말할 때 또 하나 잊지 말아야 할 관점이 있다. 그것은 주위가 바다로 둘러싸여 있음에도 불구하고 강한 무력을 갖추지 못해 한반도 밖에서도 침입자가 끊이지 않았다는 점이다. 이는 섬에 많은 희생을 안겨주었고, 한편으로 섬사람들은 항상 바깥세상으로 눈을 돌릴 수밖에 없어서 자연스럽게 넓은 시야와 독특한 반골정신을 키우게 됐다.

(1) 해적

제주도에서 바다를 통해 들어온 침입자라고 하면 왜구(일본해적)가 가장 먼저 손꼽힌다. 왜구는 이미 고려시대부터 문제가 됐다. 일본에서는 1190년 조정에서 가마쿠라 막부鎌倉幕府에 해적 금압禁圧을 명하는 포고를 내렸지만, 막부는 해적 소탕에 적극적이지 않았다. 그 이유는 일찍이 세토나이카이瀨戶內海에서 벌어진 '겐페이 전투源平合戰' 때 해적이 겐페이 쌍방의 수군으로 활약한 적이 있었기 때문으로 여겨진다. 고려 말기만 해도 30여 차례에 걸쳐 해적의 습격이 있었다고 하니, 그 피해는 막대했다.

1341년에는 무려 300척으로 구성된 해적선단이 습격했다. 게다가 1396년에도 120척이 경상도 일대를 습격했지만, 방위군에 의해 격퇴되고 해적선 60척이 투항했다. 1398년에 조선왕조는 일본에 사절단을 파견해 쓰시마對馬, 이키壹岐, 마쓰우라松浦 등 '세 개 섬 해적들'의 근거지에 대한 단속을 요구했다. 그러나 그 후에도 해적들의 피랍은 계속됐고, 마침내 1419년 조선왕조는 이종무 장군에게 해적 토벌을 명했다. 이때는 군선 227척, 병사 1만 7280명이 거제도에서 출병해 쓰시마의 해적 근거지를 습격하고 섬의 해적선 129척과 해적의 주거지 1939호를 불태웠다.

1420년대에는 조선왕조가 일본과의 우호를 위해 경상남도 부산을 비롯한 세 군데 지역에 항구를 개항하고 '왜관倭館'(일본인 거주지)을 설치했다. 이는 일본인들이 그 지역에 거주하는 것을 허가하고 상업무역을 인정한다는 의미였다. 그러나 많은 일본인들이 계속 거주하게 되자 그곳은 일종의 자치구처럼 되어버렸고 조선인 관리들과의 사이에서 다툼이 끊이지 않았다. 1510년에는 부산 체류 일본인들이 부산항 첨사(책임자)인 이우증을 죽이고 민가를 불사르는 행위에 직접 가

담함에 따라 조선왕조는 일본인 거주지에 사는 일본인을 추방했다. 그러나 그들은 쓰시마로 돌아가지 않고 배 위에서 해상생활을 하면서 연안지역에 출몰해 주민들을 약탈하고 위해를 가했다. 조선왕조는 절해고도絕海孤島 제주도에 침입할 우려가 있다고 여겨 섬 전체의 방비를 강화하고 만반의 대책을 강구하도록 했다.

1552년에는 제주도가 흉년으로 기근이 들었을 때 천미포(표선면)를 통해 일본 해적이 침입해 천미포 왜적의 난이 일어났다. 이어 1555년 6월에는 40여 척의 해적선을 타고 1000여 명의 해적이 완도(전라도)에 상륙했다. 해적들은 이곳에서 약탈하고 다시 제주항에 상륙한 뒤 제주성을 포위하고 공격해 성 수비군과 전투가 벌어졌다. 양측에서 다수의 사상자가 나왔는데 해적은 퇴각했고, 추격한 결과 5척의 해적선이 나포됐다.

이 시기 일본에서는 1467년 오닌應仁의 난을 계기로 센고쿠시대戰國時代가 시작되고 있었다. 그리고 1588년에 도요토미 히데요시豊臣秀吉가 천하를 통일하고 정권을 장악하자 비로소 실효성 있는 해적 금지령(왜구금지령)이 발령됐다. 이는 기존의 해외 자유무역과 약탈 행위를 자행해 바다 제국을 구축한 해적들을 견제하고 해외무역을 독점하려는 의도가 있었던 것으로 여겨지고 있으며, 이 법령에 의한 이권은 훗날 도쿠가와 막부德川幕府로 계승된다. 조선과 일본의 관계는 임진왜란과 정유재란을 거쳐 한때는 악화됐지만 도요토미 히데요시 사후 에도시대江戶時代에 들어오자 조선통신사를 통해 평화 관계가 구축됐다.

(2) 어선의 침입

에도시대 통신사 시절에는 단속에 의해 해적이 잠잠해졌지만 제주도 근해에서는 새로운 문제가 생겨났다. 섬 주변에는 난류가 흘러 많은 종류의 어류들이 서식하고 있었다. 당시 동양의 4대 어장 중 하나로 불렸으며 풍부한 바다 자원을 가진 어장이었다.

섬에 사는 어민들은 옛날 그대로의 원시적 방법으로 고기잡이를 하는 영세 어민이었기 때문에 최저 수준의 생활을 유지하고 있었다. 일본 어선은 적어도 1600년경부터 제주도 근해에서 조업을 하고 있었지만, 그것은 제주도 어민들에게 위협이 되지는 않았다. 그러나 1876년 3월 강화도조약이 체결된 이후 사태가 달라졌다. 일본 어선들이 대규모 선단船團을 편성해 근대적인 방법으로 공공연히 어장을 휩쓸고 가니 제주도 어민들은 전혀 대항할 수 없어서 사활이 걸린 문제가 됐다. 일본 어선단은 제주도 근해에서 고기잡이를 할 뿐만 아니라 섬에 잠입해 연안 일대에 근대적 잠수기潛水器를 들여왔다. 성산포에만 30곳 이상이 건설됐다고 하는데, 이들은 이와 같은 방식으로 바다 자원을 손에 넣기 위한 근거지를 형성해 나갔다. 더불어 1887년 8월에는 가파도를 근거지로 하던 일본 잠수선 선원 40명이 대정읍 하모리에 불법 침입해 가축 등을 약탈하고 지역 주민 여러 명을 살상하는 사건이 일어났다. 이어 1891년 5월에도 마찬가지로 제주시 건입리에 불법 침입해 주민 16명을 살상했다. 또한 조천리에서도 폭행사건이 일어나

1892년 2월에는 일본 어민 144명이 성산포에서 주민들을 폭행하고, 주민 한 명을 사살하는 사건이 일어났다. 비극은 이어졌고 같은 해 4월에는 제주시와 한림읍을 불법 침입해 민가 약탈, 마을 주민 공격, 부녀자 폭행까지 저질렀다.

이들 사건으로 상징되듯 제주도 근해에 출어하는 일본 어민들은 대부분 해적과 같은 잔인하고 난폭한 행동으로 섬사람들을 괴롭혔다. 이에 격분한 섬사람들은 마침내 집단투쟁에 나섰고, 제주도 근해에서 일본 어민들의 조업을 중지시킬 것을 조정에 강력히 요구했다. 그리고 일본 어선이 집단적으로 섬에 침입할 때마다 반대 항의 운동의 폭풍이 섬 전체에 휘몰아쳤다. 당시 부패해 있던 조정도 이를 무겁게 받아들여 가까스로 일본 정부와 협상을 하게 됐다. 한편 일본 정부도 일본 어선이 제주도 앞바다까지 나가 조업하다가 국제 문제가 발생할 것을 우려해 일본 어선의 진입을 제지하지 않을 수 없게 됐다.

(3) 서구 열강의 침입

15세기는 서구 열강이 아시아에 식민지를 건설하기 위해 바닷길을 따라 침략하기 시작한 시대였다. 1498년에 포르투갈이 최초로 아시아 침략에 나섰고 바스코 다 가마Vasco da Gama가 이끄는 함대가 남아프리카 희망봉을 경유해 인도에 도착했다. 1549년에는 일본에도 프란시스코 사비에르Francisco Xavier를 파견해 그리스도교 선교를 명분으로 진출했다.

　1600년대에 들어 네덜란드가 아시아에 진출하며 나가사키長崎에 입항했다. 나가사키는 1639년에 도쿠가와 막부德川幕府가 쇄국정책으로 돌아섰을 때도 막부와의 직접 무역을 하는 항구로 번성했고 일본과 네덜란드 양쪽에 막대한 이익을 가져다줬다. 네덜란드가 아시아 진출에 적극적이었던 이유는 영국이나 프랑스에 가로막혀 북미 진출에 어려움이 있었기 때문이지만, 결과적으로 네덜란드는 아시아 진출에 있어서는 영국과 프랑스를 앞질렀다. 그리고 네덜란드에 뒤쳐진 프랑스와 영국, 그리고 새롭게 독립한 미국 열강도 한국을 식민지 대상으로 삼아 서로 항쟁을 벌이며 진출을 서둘렀다.

　한반도 진출은 1627년에 네덜란드인 벨테브레이Jan J. Weltevree·박연 일행이 일본 나가사키로 향하는 도중에 폭풍을 만나 제주도에 표류한 것이 시초로 그들은 섬사람에게 포착돼 한양으로 압송됐다. 1653년 8월에는 역시 네덜란드 선박 스페르베르호Sperwer의 헨드릭 하멜Hendrik Hamel 일행이 태풍을 만나 대정면 해안에 난파됐다. 그들은 제주도에서 14년 동안 지내면서 제주도 문화와 풍습 등에 관심을 갖게 됐다. 또한 제주도 사람들도 서양 문화에 대한 지식을 갖게 됐다.

　영국은 아편전쟁에서 중국에 승리하고 그 여세를 몰아 1845년 6월에 사마랑호Samarang를 이끌고 제주도를 침범한다. 당시 해수면의 관측과 측량이라는 명목을 내세웠으나, 조선의 허가는 받지 않았다. 또한 미국과의 사이에서는 1866년 8월에 셔먼호General Sherman 사건이 일어났다. 1868년에는 미국으로부터 셔먼호 사건의 사죄 요구가 있었고 1871년 5월, 미 군함 6척이 강화도에 침입, 해병대가 상륙했다. 그러나 최종적으로는 조선에 격퇴당한다.

프랑스는 1708년에 자국 내 그리스도교 예수회 선교사 부베Joachim Bouvet 일행에게 동양 지도를 작성하라는 명을 내린다. 1787년 5월에 극동탐험대가 제주도와 한반도 연안에 불법 침입해 정찰 행위를 한 것도 조선 침략을 노리는 프랑스의 속셈이 작용한 것이었다. 프랑스의 동방진출은 1830년대에 들어 더욱 강화됐지만, 영국보다 늦은 감이 있었다. 프랑스는 영국에 대항하기 위해 극동에 군함을 배치하고 1851년 3월에는 군함 1척이 제주도 대정면 앞바다에 불법 침입했고, 1866년 10월에는 그리스도교 교도를 탄압한 보복이라는 명목으로 동양함대가 강화도에 본격적으로 침공해 왔다. 그리고 그 사건을 계기로 조선과 1886년에 '조불수호통상조약'을 체결한 후, 다수의 선교사를 차례로 보내 제주도에서 포교 활동을 펼쳐 나갔다.

서구 열강은 무력을 사용해 개항을 강요하는 한편, 아시아 침략의 첨병으로서 선교사를 보내 그 나라의 주민을 신의 이름으로 무력화시켜 침략을 유리하게 끌고 갔다. 그 당시 아시아에서 선교 활동을 하고 있던 선교사는 그리스도교 보수파, 즉 천주교 혹은 가톨릭교라고도 불리는 본류에 속해 있었는데, 자국의 지령에 충실한 종교였다.

그러나 당시 조선은 제주 도민에 대해 각종 명목으로 부당한 세금을 부과했던 탓에 도민들은 가혹한 징세로 어려움을 겪었다. 그러한 가운데 그리스도교의 정열적인 선교 활동이 일종의 매력을 풍긴 것도 사실이어서 도민 중에 많은 교도가 생겨났다. 1901년 봄에는 제주도 인구 약 14만 명 중 그리스도교 세례를 받은 사람이 242명, 그리스도교 신자가 된 사람이 4000명에 달했다. 제주시와 서귀포시에는 그리스도교 교회가 세워졌고 그 밖의 지역에도 많은 출장소가 만들어졌다.

조선은 이들 시설에 대해 사실상 치외법권治外法権을 인정했다. 하지만 그 결과 죄를 범한 자가 그리스도교에 입신해 교회 안으로 도망쳐 버리면 경찰력이 미치지 못하는 사태도 벌어졌다. 시설 안은 외국인 선교사의 주선으로 경찰에 수용된 죄수조차도 그리스도 교도라는 이유로 석방될 수 있는 무법지대가 돼 수많은 불량 그리스도 교도들이 생겨났다. 게다가 교회 안에는 형구刑具가 갖춰진 사설감옥이 설치돼 죄 없는 도민이 끌려 들어와 죽음에 이를 때까지 사형私刑에 처해지는 일조차 벌어졌다. 부녀자가 강제로 끌려와 노예 취급을 당하기도 했다.

이러한 상황 속에서 당국에 단속 강화를 호소하는 도민의 목소리는 제주도 전역에 한이 되어 퍼져나갔다. 그러나 부패한 단속 당국은 불량 그리스도교 교도와 손을 잡고 그 외침에 귀를 기울이지 않았다. 1901년 5월 16일에 일어난 이재수의 난은 불량 교도들이 불법 공갈, 협박, 약탈, 살해 등 폭거를 일삼은 것에 기인하는 사건이었다. 이날 제주도 각지에서 수천 명의 도민이 모여들어 이재수 등을 앞세워 프랑스 선교사 추방과 불량 교도 처단을 위해 무기를 들고 일어섰다. 분노가 끓어오른 군중은 달아난 불량 그리스도교 교도의 뒤를 쫓아 여러 마을을 지나 제주성으로 진입했고, 성 안으로 숨어든 교도들과 열흘 동안 대치했다. 그 무리에 속해 있던 프랑스인 선교사 2명 중 1명은 프랑스 군함으로 도망쳤지만, 미처 도망치지 못한 1명은 처형당했고 불량 교도 1000여 명 역시 처형당했다. 프랑스군과 조선군이 들이닥쳤을 때는 이미 시체가 겹겹이 쌓여 나뒹구는 참혹한 상태였다.

프랑스군과 조선군에 의해 이 사건의 관계자가 구속됐고 연일 수천 명의 군중이 구속된 대표의 석방을 요구했다. 그리고 한창 항의가 일어나던 중에 주모자 3명이 서울로 은밀히 이송됐다. 최종적으로는 프랑스 공사 콜링이 사건을 국제 문제로까지 발전시켜 주모자 3명은 교수형에 처해졌고, 또 다른 11명은 왕의 명령으로 또 다른 섬으로 유배됐다. 그리고 배상금으로 당시 제주도 전 인구를 4만 세대로 할당한 금액, 즉 1세대당 평균 15전6리와 이자를 가산한 금액을 4년간 지불하는 것으로 일단락됐다.

⑷ 일본의 침입

1860년대는 조선이 부패로 인한 내부의 모순과 거센 서구 열강의 외압에 직면한 시대였다. 일본은 메이지유신明治維新으로 부르주아 개혁을 단행하고 서구열강에 합세하기 위해 부국강병과 문명개화를 서둘러야 한다는 생각에 사로잡혔다. 일본 내에서는 실직한 무사계급의 불만을 외부로 돌리기 위해 대륙에서 탈출구를 찾는 '정한론征韓論'이 활발히 논의되기 시작했다.

1875년 9월에 발생한 운양호雲揚号사건은 이러한 정세 속에서 일어 났으며, 일본이 조선을 침략할 구실을 찾기 위한 군사적 도발이었다. 이 사건을 계기로 조선은 1876년 일본에 의해 군사력을 배경으로 한 조약인 강화도조약에 조인調印한다. 이때부터 조선은 주권국가의 자 주성을 상실하고 실질적으로는 일본의 식민지가 되는 방향으로 나아 간다.

앞서 언급했듯이 제주도 근해 어장에서는 꽤 이전부터 일본 어선과 제주 어선 사이에서 접촉 사건이 발생했는데, 그것이 원인이 돼 분쟁 이 일어났다. 조선이 일본의 식민지하에 놓이게 되자 제주도 어민은 일본 어민에게 대항할 도리가 없었다. 또한 토지의 어업경제 또한 일 본인 수산물 관계자가 제주도에 들어와서 수산물을 매수하는 방향으 로 변화해 갔다. 1890년대 이후 제주도에서 수산물 가공을 하던 일본 인 업자는 20명 이상에 이르렀던 것으로 알려져 있다.

1905년 11월, 을사보호조약(제2차 한일협약)에 의해 조선은 실질 적으로 일본의 식민지가 돼 외교권을 강탈당한다. 그리고 1910년 8월 에는 한일합병조약에 의해 형식적으로 남아있던 국가의 형태마저 사 라지고 일본의 식민지로 완전히 병합된다.

조선이 일본의 식민지하에 놓이자 데라우치 마사타케寺内正毅가 초 대 총독으로 임명돼 무단통치와 동화정책을 강행했다. 조선 땅은 살 아도 살 수 없는 암흑의 땅이 되어갔다. 1910년대에 들어서자 일본인들이 협재, 곽지, 함덕, 성산 등지를 본거지로 해 정어리 어업을 했고, 그 물건의 중개를 겸한 장사가 번성했다. 그 밖에 인조 진주의 제조 도매상으로서 제주에 건너온 일본인은 도민에게 미리 돈을 지불하고 저렴한 공임으로 진주를 엮어 대규모로 장사를 했다. 또한 임업에 있어서도 제주도의 풍부한 목재를 서귀포 등 현지에서 가공해 오사카 방면으로 팔아넘겨 이익을 얻었다. 이 시기에 제주도에서 오사카로 건너가는 사람이 급속히 증가했다.

4. 내 고향 구엄리

내 고향은 북제주군 애월읍에 있는 '구엄리'라는 작은 마을이다. 앞서 소개했듯이 제주도의 중심에는 한라산이 우뚝 솟아있다. 이 한라산을 경계로 두 개의 군으로 나뉘어져 있었다. 북쪽이 북제주군, 남쪽이 남제주군이다. 구엄리에서 한라산을 바라보면 마을을 경계로 한수산봉이 있으며 그 배후에 한라산 쪽으로 봉우리들이 줄지어 늘어서 있다. 우리 마을은 해안선을 따라 형성된 어촌이다.

구엄리라는 마을의 기원은 약 1200년 전으로 거슬러 올라간다. 그 땅은 한라산의 화산활동에 의해 분출된 암반지대로 이루어져 있다. 기암괴석으로 인해 장엄하고 웅장한 정경을 형성한 지형 탓에 언제부터인가 '엄장이'라고 불리게 됐다. 엄장이는 인구가 증가함에 따라 구

재동일본구엄친목회 꽃놀이(1989년 4월 2일 기요미즈공원)

엄리, 신엄리, 중엄리라는 세 개의 마을로 분할됐고 이후 신흥리라는
마을도 생겨났다.

행정 구분도 원래는 '엄장면'이었으나 1850년에 신석면으로 바뀌
었다. 1914년에 애월면으로 바뀌면서 면의 소재지도 애월리로 바뀌
었으나, 정식 행정 구분은 1935년 3월 15일 도령道令이 발령된 그날부
터 적용된다. 그리고 1980년 12월 1일에는 애월읍으로 승격했다.

구엄리에 언제부터 사람이 살기 시작했는지에 관한 역사적인 자료
는 많이 남아 있지 않다.

『애월읍지』(애월읍지편찬추진위원회)에 의하면, 『불교성쇠사기』에
당시의 기술이 남아 있으며, 서기 920년경 고려 초기에 마을 동쪽 가
운데 남북으로 통하는 하천과 간선이 있었는데, 이 간선을 따라 하류

에 있는 원동산院童山이라는 땅에 삼전사森田寺가 나란히 세워져 있었다고 기술돼 있다. 따라서 당연히 그곳에 사람이 살고 있었다는 뜻이 된다. 이 지역은 기온이 온화하며 연평균 기온은 약 14도, 겨울은 약 3도에서 6도, 8월 한여름 최고 기온은 약 33도이다.

그 밖에 서기 1200년경 송씨 할망당이 이 마을에 옮겨왔고, 세 가구로부터 마을이 형성됐다는 옛 노인들의 전언이 있으나, 이에 대해서는 객관적인 자료가 존재하지 않는다. 또한 서기 127년에 삼별초군과 여몽연합군과의 전투에서 삼별초군 사령관 김통정 장군의 요청으로 토성 축조에 협력했다고도 전해지고 있다. 이 전투에서는 앞서 기술했듯이 삼별초군이 패배했고 그 후 제주도는 몽고군의 점령하에서 노예적인 복종을 강요받았다. 몽골은 연호를 원으로 변경하고 제주도를 일본을 침공하기 위한 군사기지로 만들기 위해 구엄리 토지 일부 중 10만 평을 점거해 군사훈련소로 사용했다. 주민들은 그 장소를 '원병대元兵台'라고 불렀고 현재까지도 그 자취가 남아있다.

1392년에 이성계가 두각을 나타내며 강력한 군사력을 바탕으로 원을 몰아내고 고려왕조를 타도해 조선을 건립한다. 조선은 종래 고려왕조의 불교 중심의 정책에서 유교를 기본이념으로 하는 정책으로 전환한다. 그 결과 불교 관련자는 탄압을 받았고 구엄리(엄장이)에 있었던 삼전사와 원수사院水寺는 파괴돼 폐허가 됐다.

1559년에 제주목사 강여가 구엄리 염전 작업장을 시찰했는데, 소금 제조방법이 원시적이라는 사실을 발견하고 새로운 정제방법을 전수했다. 이 새로운 방법 덕분에 고품질의 소금을 생산할 수 있게 돼 생산량도 몇 배나 증가했다고 전해지고 있다. 이리하여 구엄리의 소금은 단번에 유명해졌고 엄쟁이의 '소금밭'으로 널리 이름을 알렸다.

제2장

일본 식민지하에서의 생활

1. 선조와 조부, 그리고 아버지

나의 선조가 제주도로 낙향한 것은 앞서 말했듯이 지금으로부터 500년 전의 일이다. 나의 4대 증조부 강재룡姜在龍은 조선시대 과거시험 문과(관)에 합격해 1890년 3월 통훈대부 사헌부 관찰에 임명됐다. 당시 조선왕조는 지금과 같은 삼권분립이 이루어지지 않았다. 사헌부 관찰이라는 지위는 재판관과 검사를 겸임하는 막강한 권한을 가진 법무관료였고, 지방장관과 동등한 권력을 가지고 있었다.

강재룡은 두 아들을 두었는데, 장남이 내 조부 강기오姜基五였다. 강기오 역시 과거시험에서 무과(관)에 합격했고 1893년 4월에는 선달이라는 무관 지위에 있었다. 강기오는 무술로 과거시험에 도전하기 위해 전용 활터를 가지고 있었다. 이 활터는 70m나 떨어진 곳에서 화살을 쏘는 수련을 하는 장소였다고 한다. 그리고 마을 일부와 이웃 마을에 걸쳐 10만 평에 이르는 '원병대'에서 승마 수련을 했다. '원병대'는 800년 전 원(몽골)군이 침략했을 때의 군사훈련장 유적이다. 강기오는 일제강점기에 들어와서 구엄리 초대 이장으로 4년간 재임했다.

제주도의 공적 교육기관으로서의 교육시설은 1392년에 조선 시대 임금이 유교 정책에 따라 제주시에 향교를 설립한 것이 그 시초다. 1668년에 귤림서원, 1702년에는 삼성사 교육기관, 그리고 1736년에 삼천서당이 설립돼 섬 교육의 중심 역할을 했다. 하지만 공적 교육시설은 그 수가 한정돼 있고 입문자도 특권계급 자제가 중심이 됐다는 점에서 자연스럽게 각지에 사설서당이 생겨났다. 그곳에서는 중앙정부 내에서 일어난 대립으로 유배형에 처해져 제주도에 들어온 정객이나 학자들이 그 지역 자제들에게 교육을 시켰다.

애월읍에 한정해 말한다면, 앞서 언급한 김만희金萬希와 강철姜哲이 중심적 역할을 한 인물이었다. 여기서 말하는 교육은 유학(주자학)과 유교문화, 무술 등을 종합한 것이다. 훗날 서당이 생겨남에 따라 유학의 기초교육으로 천자문, 동몽선습, 사학, 명심보감 등의 강독과 습자가 필수 교육이 됐다. 구엄리에 서당이 개설된 것은 1861년부터라고 한다. 서당은 행정기관에 신고할 필요 없는 사설로 훈장이라는 자격을 가진 사람이 학장을 맡아 생활 수단으로 삼았던 것으로 보인다.

마을 주민은 대부분이 농업으로 생계를 꾸려가고 있었는데 일부는 겸업농가도 있었다. 그들 중에는 어업이나 소금 생산 등에 종사하는 사람이 많았다.

1908년 개정 사립학교령에 의거해 인근 지역 자제들에게 근대 교육의 장을 제공하기 위한 학교가 설립됐다. 이때 강기오는 백창유白昌由, 성여홍成呂興 등 다수의 출자자와 협력해 1922년 6월에 제주에서는 처음으로 재단법인 사립일신학교의 인가를 취득했다. 이 학교는 1923년 4월 1일에 개교했는데, 당시 제주도 전체에서도 근대적 학교는 매우 드물었고, 완도약산학교와 제주도의 사립일신학교가 가장 초기의 학교였다. 조부는 학교 설립에 공헌해 1923년 4월 1일에 사립일신학교기성회(현재 학교교육회) 초대회장으로 선출됐고, 1933년 3월에 세상을 떠나기 전까지 10년간 회장직을 맡았다.
이 학교는 훗날 1939년 6월 1
일 구엄공립심상소학교로 인
계된다.

강기오에게는 다섯 아들과
세 딸 등 여덟 명의 자녀가 있
었는데, 내 아버지는 그중 넷
째 아들이다. 조모 강귀이는
여덟째 막내딸을 낳은 뒤 산
후 경과가 좋지 않았고, 그게

조부 강기오(1867년 2월 6일~1934년 3월 8일)

원인이 되어 치료한 보람도 없이 타계했다. 할아버지를 도와주는 가
정부가 있었지만, 여덟 명의 자녀를 돌봐 줄 어머니 노릇은 할 수 없다
며 재혼을 했다. 그 무렵 아버지는 아직 일곱 살이었고, 새로 집에 들
인 계모에게 반항만 했다. 그리고 한문서당에도 성실하게 다니지 않
고, 서당에 간다고 해도 싸움을 일삼으며 선생들을 괴롭혔다고 한다.
아버지는 계모에 대한 반항심으로 불량소년이 되어 갔고, 마을에서는
'싸움꾼' 소리를 듣게 됐다. 누군가로부터 '벌'이니 '벌통'이니 하는
별명이 붙었고 주위 사람들은 가까이하기를 꺼렸다. 아버지는 집에
돌아오면 부모에게 반항하고, 밖에 나가면 싸움을 하며 울분을 터뜨
리는 것으로 자기 마음속에 있는 감정을 다스렸다고 한다.

그렇다고 해서 할아버지는 이런 상태를 방치할 수 없었다. 15세가

되던 1917년 3월에 아버지는 이
웃 마을 수산리 강씨에게 양자로
보내졌다. 이것은 역시 아버지에
게도 충격이었던 것 같다. 어쨌든
수많은 형제들 사이에서 북적대
던 집에서 갑자기 떨어져 나와 고
독한 환경 속에 던져졌으니 무리
도 아니었다.

아버지는 결국 본가로 돌아오
고 말았다. 아버지가 양자로 갔던

부 강상현
(1901년 3월 14일~1968년 2월 27일)

곳은 농사를 지어 생계를 꾸려가고 있었는데, 아버지 입장에서는 만
난 적도 없는 친척에게 양자로 보내져 밭일 등 낯선 일을 하게 됐으니
견딜 수 있을 리 만무했다. 할아버지는 하는 수 없이 서귀포의 지인에
게 부탁해 목수 견습 수업을 부탁했고, 아버지는 그곳에서 기거하며
일하게 됐다. 다행히 그 일터는 아버지 성격에 맞는지 열심히 일하
며 기술을 습득했고 2년 만에 어쨌거나 목수로 인정받게 됐다. 또한
그곳에는 업무 관계상 일본인도 때때로 출입했기 때문에 일을 배우는
동안 아버지는 서툴게나마 일본어를 익힐 수 있었다.

아버지가 목수 기술을 습득해 양자로 갔던 수산리에 돌아오니 결혼
이야기가 나왔고, 1918년 가을에는 같은 수산리에 사는 송씨의 다섯 형제
중 외동딸과 결혼했다. 결혼한 뒤에도 서귀포에 가서 목수 일을 도와주

곤 했는데, 그곳을 드나들던 일본인으로부터 일본에 가면 급여도 많이 받을 수 있으니 같이 가자는 제안을 받았다. 아버지는 원래 모험심이 강한 성격이었고, 양자 간 곳으로부터 빨리 벗어나고 싶었기 때문에 이야기가 나온 김에 승낙했다.

당시 일본인은 식민지하에 있는 조선에서 저임금 노동자를 모집하고 있었고, 아버지와 같은

모 송임생
(1901년 2월 3일~1981년 10월 15일)

목공 기술을 가진 사람은 더욱 필요로 했다. 그렇게 해서 1919년 3월에 아버지는 오사카大阪로 건너가게 됐다. 같이 건너온 사람과 작업장에서 한동안은 목수 일을 했는데, 임금이 더 높은 명목銘木·특수한 풍취가 있는 고가의 목재 분야에서 도코바시라床柱·도코노마의 장식기둥를 연마하는 일을 하게 됐다. 아버지는 오사카 영업소의 오야카타親方·각 조의 장인 우두머리의 지시에 따라 산에 들어가 원목을 찾고 현장에서 가공하는 일을 하게 됐다. 처음에는 야마구치현山口県 하기萩에 갔다. 산에 들어가 명목이 될 원목을 찾아 그것을 벌채해 작업장까지 운반해야 하는데 그 일은 혼자서 할 수 있는 일이 아니다. 따라서 조를 짜서 작업해야 했다. 원목은 대충 다듬어 오사카로 보내는 경우와 작업장에서 작업을 마무리 짓는 경우가 있었던 것 같다.

하기에는 그리 오래 있지 않았다고 한다. 다음으로 돗토리현鳥取県 돗토리시로 옮길 무렵에는 아버지도 일이 능숙해져 선배로부터 일을 받게 됐다. 시대가 바뀌어 현재 도코바시라는 합판이지만, 당시 도코바시라는 그 집의 품격을 나타내는 것이었다. 아버지에게 전해들은 바로는 집의 중요한 곳에 도코노마床の間·다다미방 벽면에 마련된 장식공간를 만들었는데 도코바시라는 집의 가치판단의 기준이었다고 한다.

돗토리에서는 산간부의 가와치河内강변에 마구간과 같은 장소를 빌려 작업장으로 사용했다. 처음에는 그곳에서 동료와 함께 숙박하며 일을 하고 완성된 도코바시라를 오사카에 있는 오야카타의 영업소에 납품했다. 영업소 일이 자리를 잡아가면서 돈도 어느 정도 모았기 때문에 아버지는 오야카타에게 휴가를 얻어 고향에서 기다리는 가족을 데리러 갔다.

2. 생과 사

1920년 3월 아버지가 고향에 돌아와 어머니를 만났을 때는 누나 창선昌善이 태어나 있었다. 아버지는 할아버지에게 양자로 보냈던 것을 없었던 일로 해달라고 요청하고 수산리 양부에게도 다시는 이 집에 돌아오지 않겠다고 말하고는 어머니를 데리고 일본으로 돌아왔다. 어느 시대든 한번 양자의 연을 맺으면 파양하는 건 쉽지 않다. 할아버지는 이 문제로 크게 마음고생을 했을 것이다.

하지만 그 후 아버지는 양자로 가기 전처럼 홀가분한 마음으로 오사카에 돌아왔고, 수년 후에는 아버지 형제와 친족을 오사카에 불러들여 대부분의 아버지 친족이 오사카에 건너오게 됐다. 그 후 할아버지도 오사카로 여행을 왔다.

아버지는 돗토리시 작업장에 어머니를 데리고 돌아왔고 제주도에 가기 전에 빌려 둔 작업장 근처 외딴집에 살게 했다. 돗토리에서의 생활은 언어는 다소 불편했지만 시간이 지날수록 익숙해져서 별다른 문제도 없었고, 일도 순조롭게 진행됐다. 아버지는 어머니를 데리고 돗토리에 온 후로는 겨울에도 작업장에서 열심히 일을 했다.

1921년 5월 장남이 태어났으나 20일 만에 세상을 떠나는 슬픈 일이 있었다. 아버지가 살던 지역 주민들은 공동 우물물로 생활했는데, 아이들 기저귀 등의 빨래는 약 200m 떨어진 가와치강까지 가서 해야 했다. 이 지역은 산과 바다 사이에 낀 좁은 지역으로 가와치강은 유속이 빨라 자칫하면 세탁물이 쓸려 내려가는 경우도 있어 빨래할 때 항상 주의를 기울여야 했다.

어느 날 어머니가 강에서 빨래를 하고 돌아오니 아이가 자지러질 듯 계속 울어댔고, 끌어안으니 배꼽에서는 피가 흘러나오고 있었다. 놀라서 아이를 안고 마을로 뛰어갔지만 우왕좌왕하는 사이에 죽고 말았다.

아이가 죽은 지 사흘 뒤 예전에 그 집에 살던 여자가 와서 뭔가 찾을 것이 있다고 하고는 다다미 밑에서 '부적' 같은 것을 가지고 갔다는데, 어머니는 일본어가 서툴러 그것이 무엇인지 묻지 못했다고 한다. 어머니는 주술의 일종일 것이라고 믿었고 불쾌한 기분이 들어 이곳에서 살기 싫다고 아버지에게 말했다. 그래서 우리 가족은 머지않아 오사카로 이사를 가게 됐다.

1921년 7월에 우리 가족은 오사카로 거처를 옮겼다. 오사카의 오야카타와 상담한 결과 어머니가 생활에 보탬이 되는 일을 찾을 때까지 한동안 오야카타가 사는 곳에서 신세를 지기로 했다. 하지만 어머니는 오야카타의 거처에서 신세를 지는 게 마음이 불편해서 세 살이었던 누나를 오야카타에게 맡기고 오사카 시내 방직공장에서 반년 가까이 여공으로 일했다고 한다. 그동안 아버지는 업무상 돗토리의 일을 정리하는 방향으로 오사카에 있는 오야카타를 찾아가 상담을 했고, 오야카타는 승낙했다. 이뿐만 아니라 어머니가 자립적으로 일을 했으면 하는 바람도 실현됐는데, 오야카타가 보증인이 되어줘서 오사카 시내 나니와구浪速区 니혼바시日本橋에 넓은 2층 건물의 집을 빌릴 수 있었다. 그곳의 일부를 수리해서 2층을 하숙집으로 만들고, 1층을 주거지로 사용하게 됐다. 그렇게 해서 1922년 10월경 어머니는 그때까지 하던 일을 그만두고 하숙집을 열었다.

그 당시 조선에서 일자리를 찾아 오사카로 건너오는 사람이 날로 늘었는데, 통계에 의하면 1922년 12월 당시 재일동포 수가 5만 9700명에 달했다. 제주도에서 일본으로 건너오는 사람 또한 늘어, 1923년

2월에 제주도와 오사카를 잇는 정기항로가 조선우선朝鮮郵船과 아마가사키우선尼崎郵船의 제휴로 개통됐다. 이 정기항로의 개통으로 제주도에서 오사카로 건너오는 사람이 더욱 급속히 늘어났다. 내 고향에서도 친척과 마을 사람들이 오사카로 건너와서 어머니의 하숙집에 묵기도 했는데, 그중에는 일을 찾는 사람뿐만이 아니라 여행을 위해 건너오는 사람도 있었다. 물론 그들은 연줄에 의지해 건너온다. 먼저 온 사람들이 나중에 온 사람들을 차례로 돌봐줬고, 이들은 서로 신세를 지며 지냈다.

그러나 이와 같은 대규모 도항에는 두 가지 모순이 있었다. 첫 번째 모순은 경제적 문제이다. 그도 그럴 것이 모처럼 항로가 열렸는데, 이미 1920년대 일본에서는 공장 폐쇄나 노동자의 임금 인하, 체불 등의 문제가 발생하고 있었다. 제1차세계대전이 끝난 후 유럽에서 일었던 군수 경기의 바람은 급격히 사그라들고 있었다.

두 번째 모순은 정책상의 문제로, 일본 정부가 이러한 경기 침체를 타개하기 위해 조선에서 저임금 노동자를 투입해 공장 폐쇄를 막으려 했다는 것이다. 그래서 정부는 조선에서 일본으로 건너오는 도항제한을 철폐했고, 더 많은 조선인이 일본으로 건너왔다.

이렇게 일본으로 건너온 사람들은 매우 낮은 임금으로 일해야 했다. 특히 오사카에 한정해서 말한다면, 대부분 종업원 30명 이하의 영세기업에 취직했고, 히가시나리구東成区, 이쿠노구生野区에는 저임금 노동자가 집중됐다. 이곳이 훗날 히가시나리구 나카모토中本방면, 히가

시코바시초東小橋町 일부(통칭 조선초朝鮮町)와 이쿠노구 쓰루하시鶴橋, 이카이노초猪飼野町 일부(통칭 이카이노猪飼野)와 같은 형태로 조선인 노동자 거리가 형성되는 일대로, 오늘날의 거리에도 그 흔적이 짙게 남아 있다.

비록 저임금일지라도 일자리를 구할 수 있는 사람은 그나마 운이 좋았다. 이 시기는 극심한 생활난과 주택난으로 시민들의 생활은 곤궁했다. 그중에도 조선인은 실업에 허덕이고 있었는데, 제주도에서 건너온 사람들이 매우 많았다. 일본 생활은 힘들지만 돌아가야 할 고향은 더욱 극심한 만성적 불황에 빠져 있어, 대다수가 실업자 신분으로 오사카 시내에 머무를 수밖에 없었다. 한신阪神지방에는 일본 전국에서 일자리를 잃은 조선인이 유입됐고, 그들이 오사카 영세기업의 노동시장에서 중요한 부분, 즉 시간제 근로자로서의 역할을 함으로써 지역의 영세경영에 긍정적 요인으로 작용했다.

이런 상황에서 오사카로 건너온 사람들 중에는 내 어머니가 운영하는 하숙집에 머물면서 하숙비를 못 내는 사람이 나왔고, 그런 상황은 점차 늘어 갔다. 하숙이라고 해도 식사가 포함돼 있어 하숙비를 받지 못하게 되자 경영은 어려워졌다.

이 시기 일본에서는 일반적으로 조선인에 대한 민족 차별 의식이 강했고, 임금도 일본인보다 상당히 낮았다. 일본으로 건너온 조선인들은 수입은 낮았지만 서로 돕는 정신으로 곤궁한 생활을 극복해 나갔다. 또한 이러한 연대의식이 한층 더 강해지는 계기가 된 것은 불행하게도 1923년 9월 1일에 일어난 관동대지진이었다. 이이 시기에 혼란을 틈타 '조선인이 우물에 독을 탔다'는 등의 뜬소문이 유포돼 무려 6000명 이상의 조선인이 학살당했다. 그 이후 조선인이 일본에서 살아가는 데 불안이 더욱 극심해졌고, 그 때문에 필연적으로 조선인들 사이에서 상호부조와 단결 정신이 싹트고 발전했다. 하지만 동시에 이 사건은 재일동포 사이에서만이 아니라 조선인을 아는 일본인과도 적극적으로 협력해 자신의 생존권을 지키기 위한 노동운동에 참가하는 계기로도 이어졌다. 이를 증명하듯, 1925년 2월 3일 '에히메신보愛媛新報'에 게재된 해설기사에는 '조선인은 상당히 근면하고 단결심도 풍부해 상호부조相互扶助한다. 조선인의 뛰어난 단결력은 당국자가 가장 두려워하는 점이다'라고 쓰여 있다.

아버지는 작업장을 돗토리에서 도야마현富山県으로, 그리고 1926년 여름에는 이시카와현石川県 가나자와시金沢市로 이전해, 오사카와 가나자와를 번갈아 오갔다. 같은 해 7월에 내 형인 창우昌友가 태어났는데 어머니는 출산을 하는 날까지 하숙집 일을 했고, 산후에도 이튿날부터 하숙 일을 했다고 한다. 하숙집 일은 힘들어서 사람을 써도 마음이 놓이지 않았던 모양이다.

1927년 4월에는 할아버지의 환갑을 기념해 오사카 여행을 하게 됐다. 아버지 형제들이 여행 안내를 했고, 할아버지는 2주가량 머물며 기념사진을 찍고 돌아갔다. 아버지의 형제는 5남 3녀인데 장남은 1920년 7월에 제주도에서 유행한 전염병 콜레라로 사망했다. 차남은 집안을 지키는 한편, 오사카 여행 등을 하기도 했다. 3남은 오사카에 체류하는 동안 시영전철市電을 탔는데 실수로 도로로 추락했고 그 상처가 원인이 돼 목숨을 잃었다. 아버지는 4남으로 할아버지가 수산리 강씨에게 양자로 보냈으나 1930년 2월 25일 자로 원적으로 복적했다. 애당초 양자로 간 것은 실상과 동떨어진 형식적인 것이었다. 5남은 일본에서 아버지와 계속해서 연락하며 지냈고 아버지 누나들의 가족도 오사카에서 그럭저럭 생활하고 있었던 것 같다.

3. 월가와 나의 출생

나는 1929년 1월 11일 이시카와현 가나자와시에서 태어났다. 이해는 월가에서 시작된 세계대공황이 일어난 해였다. 내가 태어나기 대략 반년 전까지 어머니는 오사카에서 하숙집을 운영하고 있었다. 그 당시 아버지가 일 때문에 오사카의 오야카타를 만나러 올 때에는 친구들과 매일 술을 마시며 돌아다녔고, 일터인 가나자와에 돌아가지 않는 경우도 종종 있었던 것 같다. 이 시기는 장기간 불황이 계속되는 가운데 조선인 실업자는 나날이 증가해 앞서 언급했듯이 오사카에 거주하는 조선인 노동자의 절반 가까이는 실업자 혹은 반실업자였다. 어머니의 이야기에 의하면 공원에서 노숙하는 사람도 꽤 있었다고 하니 몹시 비참한 상황이었던 것 같다.

그래도 제주도에서 돈을 벌러 오사카에 건너오는 사람들은 끊이지 않았다. 그래봤자 그들이 할 수 있는 일이란 기껏해야 날품팔이 일용직이 대부분이어서 정직원으로 취업하기는 매우 어려웠다. 이런 어려운 상황 속에서도 사람들은 지인에게 소개를 부탁하는 등 필사적으로 일자리를 찾아다녔고, 일자리를 구할 때까지 어머니의 하숙집에서 지냈는데, 이들 중에는 준비해 온 비상금을 탕진해 무일푼이 되는 사람도 많았다. 운 좋게 일자리를 구해도 내일 어떻게 될지 모르는 불안정한 상황이어서 결국에는 체불된 하숙비가 정산될지 의문이었다. 이렇게 어머니의 하숙집에 묵으며 눌러앉는 사람이 생기면서 하숙비를 떼이는 경우도 늘어 운영이 한계에 이르렀다. 가난하면 아둔해진다고 하지만 그중에는 술을 마실 돈은 있어도 하숙비를 내지 않는 사람까지 생겨나면서 여자 혼자서는 더 이상 어쩔 도리가 없었다.

그러던 어느 날 그런 사태를 걱정한 친척이 악질 하숙자에게 하숙비를 내라고 강요했고 이로 인해 폭력사태로까지 번지는 소란이 일어났다. 어머니는 나이가 어렸던 탓도 있어 소란이 일어난 후에는 오사카 하숙집 일에 완전히 질려버려서 하숙집 운영을 접고 말았다.

이렇게 해서 우리 가족은 1928년 초여름에 아버지의 작업장이 있는 가나자와로 이사를 갔다. 가나자와시는 이시카와현 중심지이자 호쿠리쿠北陸 지방에서도 핵심적인 도시였다. 이 지역은 잇코슈一向宗·일본의 불교 종파 중 하나 신앙이 융성해 1546년 혼간지本願寺의 별원인 오야마고보尾山御坊가 창건됐다. 가가加賀 지방 일대는 잇코一向를 따르는 자들의 근거지로 100여 년 동안 종교정치의 지배하에 있었다. 그 후 1580년에 사쿠마 모리마사佐久間盛가 고보御坊를 공략하고 오야마성尾山城을 쌓았다. 1583년에 마에다 도시이에前田利家가 가가와 노토能登 일대를 합쳐 미곡 수확량 100만석의 영주가 됐고, 그 일대는 300년에 걸쳐 시내 중심지로 발전했다.

또한 이시카와현 산하에 있는 노토의 후쿠우라福浦항은 7세기부터 9세기 초기에 걸쳐 발해국과 교류했던 지역이다. 오늘날 영빈시설에 해당하는 노토객원能登客院이 설치돼 무역이 활발히 이루어졌다고 하며 현재는 소토우라外浦 해안의 어항으로 번창하고 있다. 발해국은 서기 668년 고구려 멸망 50년 후에 대조영이 고구려 유민들을 이끌고 당나라군을 물리쳐 진국을 건국하고 국호를 발해국으로 바꾼 이래 200년 동안이나 한반도에서 중국 일부와 시베리아 일부까지 지배했던 왕국이다. 이 발해국이 일본과 교역을 통해 외교관계를 맺은 장소가 지리적 조건으로 말하자면 일본해에 접해 있는 노토반도였다.

이 지역 산림에서는 양질의 목재를 구할 수 있었다. 이 나무들은 내온성과 탄력성, 아름다운 결 등 장점을 갖추고 있었으며, 도코바시라와 란마欄間·통풍과 채광을 위한 창 등의 재료로 매우 적합했다.

가나자와 시내에는 여러 개의 강이 흐르고 있다. 내가 태어난 지역은 사이가와강犀川 유역, 덴진바시天神橋 부근에 있는 덴리교天理教 사원 옆에 있었다. 우리 가족은 오사카에서 폭력사태가 벌어진 후 그곳에

작은 집을 빌려 이사를 왔
다. 사원이라고는 해도 당
시 덴리교 사원은 일반 집
보다 조금 큰 정도였다.
이곳 가나자와는 앞서 말
한 것처럼 예로부터 불교
세력이 강한 지역으로 신
흥종교가 유입될 여지는
작았던 것 같다.

일본해에 접한 가나자
와는 추운 지역이지만, 어

내가 태어난 사이가와(가나자와시) 유역. 덴진바시

머니는 이전에 돗토리에서도 비슷한 추위를 경험했기 때문에 그다지
고생스럽지 않았다고 한다. 유일하게 곤혹스러웠던 점은 아버지가 일
때문에 오사카에 있는 오야카타를 만나러 가서는, 친척이나 친구들과
술 마시러 다니느라 몇 날 며칠을 집에 들어오지 않는 것이었다. 낯선
땅에서 여자 혼자 집을 지키기란 힘든 일이었다.

내가 이곳에서 태어났을 때 누나는 아홉 살, 형은 세 살이었다. 누나
와 형은 근처 덴리교 사원 앞에서 곧잘 놀았기 때문에 그 모습을 본 주
지 부부가 매우 귀여워해줬던 것 같다. 그렇게 아이들을 통해 어머니
는 그 사원의 주지와도 알게 됐다. 말이 서툰 어머니에게도 친절을 베
푼 주지 부부와 교류를 하는 사이에 어머니는 어느새 덴리교 신자가

돼 있었다. 오사카에서 가나자와로 이사하고 나서 아는 사람도 없고, 고독했던 나날을 치유해주던 덴리교는 어머니에게 하늘의 도움과도 같았던 것 같다.

다만 주지 부부에게는 자식이 없었는데, 아직 어린 누나를 양녀로 삼고 싶다고 너무나 간절히 부탁을 해서 어머니도 난처했던 모양이다. 주지 부부는 50대 중반이었고 아이를 갖고 싶다는 간절한 바람이 있었다. 누나도 동생을 데리고 마음 편히 놀러갔다가 과자 같은 것을 받아 오고, 사원의 주지 부부를 잘 따른 듯해서 더욱 정이 들었던 것 같다. 하지만 어머니 입장에서는 친한 주지 부부가 아무리 사정을 해도 자식을 넘겨줄 수는 없는 노릇이었다.

가나자와에서 내가 태어나고 반년이 지난 어느 여름날 형이 사고로 다쳤다. 이때 등에 입은 타박상으로 인해 형의 척추는 점점 변형돼 갔다. 부상을 입은 당시에는 그다지 심각하게 생각하지 않았는데 점점 등이 굽어 사태의 심각성을 깨닫게 됐다. 동내 의사를 찾아가 치료를 받았지만, 이 지역에서 치료하기 어렵다는 사실을 알게 돼 오사카 시내에 있는 큰 병원에서 치료를 받게 됐다.

4. 오사카로 이사

그 무렵 아버지는 오야카타로부터 가나자와에서 오사카로 돌아오라는 권유를 받았다. 마침 시기가 맞아떨어져 집을 정리하고 오사카로 철수하게 됐다. 가나자와에서 약 3년간 친절하게 대해준 덴리교 주지 부부와의 헤어짐은 아쉬웠지만 어머니도 아이의 병을 빨리 고쳐야한다는 일념으로 필사적이었고 애초에 아버지 업무 사정 때문에 어쩔 수 없었다.

그렇게 1931년 5월 이전에 오사카에서 운영했던 하숙집 근처인 나니와구 에비스초惠比寿町에 주택 한 채를 빌려 이사를 했다. 어머니는 오사카를 떠나 가나자와에서 3년 가까이 사는 동안 고향에서 친척이나 지인들이 다수 오사카에 와 있다는 것을 아버지를 통해서 알고는 있었다. 하지만 막상 직접 만나게 되니 그게 무엇보다 기뻤던 것 같다.

아버지는 아픈 형을 오사카 시내 큰 병원으로 데려가 치료를 받게 했지만, 결과는 만족스럽지 못했다. 의사는 외상성 척추 손상이 원인이라고 했는데, 결국 당시 의학 수준으로는 그 원인을 설명할 수 없었다. 성장할수록 등이 굽어가는 상태는 부모가 아무리 고민을 해도 해결할 방법이 없었다.

오사카에 돌아온 이후의 생활은 단란한 가정의 표본이라 할 수 있었는데, 누나는 우리 형제를 데리고 오사카 신세카이新世界와 야시장 등에 자주 갔다고 한다. 누나는 학교에서 돌아오면 나를 돌보면서 집안 허드렛일도 도맡아 했다. 하지만 바쁜 와중에도 나를 매우 예뻐해줬다. 그러던 어느 날 나를 데리고 걷다가 야시장에서 무언가를 샀는데 그때 고무줄을 내 왼손에 끼운 채로 집으로 돌아와 빼는 것을 잊어버린 적이 있었다. 이튿날이 돼서야 내 왼손이 부어 있는 것을 모두가 알아차렸다. 어머니가 깜짝 놀라며 내 왼손에 끼워져 있던 고무줄을 제거하고 부어오른 부분을 식혔고 사태는 마무리 됐다. 그 고무줄의 흔적은 지금도 내 왼쪽 손목에 마치 당시의 기념처럼 남아 있다.

우리 가족은 여러 문제를 겪으면서도 그럭저럭 일본에서 안정된 생활을 할 수 있었다. 하지만 전반적으로 재일동포들의 생활은 매우 고달팠다. 월가의 주식 폭락에서 비롯된 미국의 불황은 세계적인 경제 공포로까지 번지고 있었다. 만성적인 불황에 허덕이는 일본에도 직접적인 영향을 미쳤고, 그 여파는 최종적으로 일본에 체류하는 조선인 노동자에게도 전가됐다. 임금 인하, 임금 체불 등이 강행되면서 가뜩이나 힘겨워하는 재일조선인의 생활은 더욱 빠듯해졌다.

오사카시 재일조선인은 제주도 출신이 절반을 차지하고 있었는데, 특히 히가시나리구, 이쿠노구에 집중돼 있었다. 오사카시 사회부 조사과의 '쓰루하시, 나카모토 방면 거주자 생활 상황鶴橋、中本方面における 居住者の生活状況'(사회부 보고 84호, 1928년)에 의하면 '극도의 생활난과 주택난에 의해 시민 대다수는 어쩔 수 없이 시내에서 교외로 내몰리기에 이르렀고…게다가 배수설비는 완비돼 있지 않고 저지라서 호우가 내리면 매번 가옥이 침수돼 보건위생상 웃지 못할 상황이 벌어졌다'고 한다. 이 지역은 종업원 30명 미만의 공장이 집중돼 있어 그야말로 영세 공장지대의 전형이었다.

1930년 12월 당시 재일동포 수는 총 29만 8000명으로, 오사카시 체류동포 수는 총 7만 7000명이었는데, 그중 3만 명은 제주도 출신 자였다. 이쿠노구의 통칭 '조선초'와 '이가이노', 쓰루하시, 히가시 나리구 나카모토초는 제주도 출신자가 특히 밀집돼 있는 지역이었 다. 그밖에 히가시요도가와구東淀川区와 니시나리구西成区, 미나토구港区 에도 가건물, 판잣집 등 오사카의 빈민가에도 못 미치는 주거 공간 이 집단적으로 산재해 있는 지역이 있었다. 이들 지역의 동포 노동 자는 상상을 초월하는 저임금과 중노동을 강요받고 있었다. 애초에 오사카시 전역에도 불황에 의한 실업자가 증가하고 있어, 노동자의 18%가 실업자였다. 오사카 사람 다섯 명 중 한 명은 실업자였던 셈 이다.

이러한 불황 속에서 1932년 12월 동생 창실昌実이 오사카 에비스 초에서 태어났다. 내가 세 살 때였다. 아버지가 가나자와시에서 오 사카로 거처를 옮길 당시 에비스초 주변은 친척과 마을 사람들 상 당수가 정착하고 있어 여러모로 서로 도울 수 있었다. 아버지는 여전 히 도코바시라 오야카타 밑에서 일하고 있었는데, 이전과는 다르게 산에 원목을 베러 가지 않고 일을 도급하는 방식으로 바뀌었다. 그래 서 마을에서 온 박태정朴太丁이라는 남자와 조를 짜서 상당한 능률을 올렸고, 수입도 제법 좋아 거의 매일 밤 술을 마시며 돌아다녔다고 한다.

5. 정기항로와 고향으로 가는 길

(1) 제주도와 오사카를 오가는 정기항로

앞에서 말했듯이 세계경제 공황의 폭풍이 몰아치는 가운데 거리에는 실업자가 넘쳐나고 있었다. 일본 국내 기업은 식민지로부터 저임금 노동자를 적극적으로 투입해서 도산 위기를 헤쳐 나가려 했다. 제주도에서 일본으로 건너가는 도항자도 급속히 증가해 왔기 때문에 1923년 2월부터는 조선우선朝鮮郵船과 아마가사키우선尼ヶ崎郵船에 의해 제주도와 오사카 간에 정기항로가 개설됐고 기미가요마루君が代丸가 취항해 운항을 시작했다.

정기항로가 처음 운항을 개시했을 무렵에는 승선자들에게 있어 유일한 직항편이라 편리하기도 해서 매우 환영받았다. 하지만 이용자가 증가함에 따라 운임이 점점 비싸졌다. 이 정기항로는 앞서 언급한 두 회사의 제휴에 의한 사실상 독점 사업이었다. 따라서 운임을 올리는 것도 자유였는데, 최종적으로 운임은 12엔50전까지 올랐다. 이는 당시 노동임금의 약 보름치에 해당하는 금액이었기 때문에 너무 비싸다는 목소리가 퍼져나갔다.

이러한 도민의 목소리를 대표해서 1928년 4월 오사카에 거주하는 제주도 출신 유지들에 의해 제주도민대회가 오사카 덴노지天王寺공원에서 개최됐다. 이 대회에서 대표에 문창래文昌來(애월면 출신), 김달

준金達俊 등이 선출돼 대회 결의에 따라 제주도와 오사카 간 정기항로를 독점하고 있는 조선우선과 아마가사키기선尼ヶ崎汽船에 운임 인하를 요구했지만 거절당했다.

같은 해 12월에는 제주도의 사회운동가인 고순흠高順欽(한림면 출신) 등이 기업동맹기선부를 조직해 홋카이도우선회사北海道郵船会社 소유의 제2홋카이마루第二北海丸를 용선해 운항을 개시했는데, 자금 부족으로 중도에 좌절됐다. 이는 유지들로부터 출자금을 모집했으나 뜻대로 모이지 않아 경영난에 빠진 것이 원인이었다.

한편 1928년 4월 제주도민대회에서 선출된 문창래 등은 제주통항조합준비위원회를 조직해 저렴한 운임으로 고향을 왕래할 수 있도록 '우리는 우리 배로'를 슬로건으로 내걸고 광범위한 대중운동을 전개해 나갔다. 이 운동은 상당한 효과를 거둬 간사이関西지방의 제주도 출신자들이 결집했다.

(2) 동아통항조합의 결성

1930년 4월 21일에는 제주통항조합 준비위원회에서 동아통항조합으로 조합 명칭이 변경됐다. 그리고 같은 해 9월 8일 덴노지공회당에서 대의원 150명과 방청자 1000여 명이 참석한 가운데 동아통항조합 결성대회가 개최됐다. 경찰관이 임석해 감시의 눈초리를 보내는 가운데 사회자였던 김달준의 개회 선언으로 시작됐다. 의장 문창래, 부의장 현길홍玄吉弘, 현석헌玄錫憲, 서기 김달준, 김동인金東仁, 성자선成子善 등이 임시 집행부로 선출됐고, 경과보고가 이루어졌다.

회의에서 여러 가지 의안이 승인됐는데 그중에서도 부인부 조직 건, 제주공제조합 박멸 건, 배 운임 건 등이 중요한 안건으로 논의됐다. 최종적으로 조합장 문창래, 부조합장 김달준, 제주출장소장 홍순녕洪淳寧, 이사 고영길高永吉 등 70명을 임원으로 선출하고 폐회했다. 이렇게 결성된 조합에 의해 한 세대당 5엔을 내는 기금 모금 활동이 전개됐고, 한 달 동안 금 6000엔의 기금이 모였다. 이 기금을 바탕으로 홋카이도에 있는 나리타상회 소유의 고류마루蚊龍丸 3000톤을 전세 냈고, 나니와구 다치하초立葉町에 조합 사무실을 마련해 활동을 시작했다.

그리하여 새롭게 출발한 조합은 이미 운항 중인 대형 선사 조선우선과 아마가사키기선에 맞서 운임을 6엔50전으로 정했다. 이 때문에 승객 빼앗기 경쟁은 치열해졌다. 대형회사 측은 12엔이었던 현행 운임을 한꺼번에 3엔까지 내리면서 맞불을 놓았다. 조합 측은 '한시적인 저렴한 운임에 속지 말라'는 슬로건을 내세웠고, 동포들도 조합의 배 고류마루에 운임 6엔50전을 내고 승선했다고 한다. 오사카에는 제주도 출신자가 3만 명 이상 체류했고 그 밖에 효고兵庫, 교토京都 등 간사이 지방에만도 상당수였다. 그들은 스스로의 힘으로 동아통항조합이라는 훌륭한 선사를 설립한 것이 무엇보다 자랑스러웠고, 향토애에 불타는 열정을 불러일으켰다.

가난한 외지인 노동자가 많은 오사카에서 제주도 출신이 모여 조합원이 되고 출자금 한 계좌에 5엔씩, 1만 2000계좌 6만 엔을 모은다는 계획을 실현하는 것은 쉽지 않았다. 그러나 이렇듯 어려운 시기에 '우리는 우리 배로'라는 슬로건에 공감해 제주와 오사카 간 월 2회 왕복할 때마다 매일 정원이 넘는 승객을 태우고 운항할 수 있었다. 그리하여 나리타상회成田商会와의 전세 계약 기간인 1930년 11월부터 1931년 3월까지 5개월 동안의 운항은 무사히 마칠 수 있었다.

이러한 큰 성과를 바탕으로 1931년 4월 26일에는 동아통항조합의 제2회 정기대회가 덴노지공회당에서 개최됐다. 이 대회에서 신임 조합장 현길홍 외에 새 집행부가 선출됐다. 새 집행부는 그간의 경험을 총동원해 조합이 얻은 경험을 토대로 조합이 스스로 배를 소유해서 운항하는 계획안을 발표했고 그것을 결의했다. 그러나 그 사실을 알게 된 경찰 당국은 조합이 선박을 구매하는 것을 방해하기 위해 동아통항조합 본부를 습격해 임원 다수를 체포했다.

이러한 정세 속에서 조합은 비합법적으로 선박 구입 운동을 벌였지만, 목표 금액의 절반에 해당하는 2만 6000엔밖에 모으지 못했다. 그 때문에 부족한 금액 2만 4000엔을 빌려서 5만 엔을 만들고, 이를 선박 구입 준비금으로 삼았다. 조합 임원은 몇몇 선사들과 여러 차례 협상을 벌였으나 특고 경찰당국의 방해로 번번이 실패했다. 그런데 우연히 같은 해 9월 2일 기타니혼기선회사北日本汽船会社 소유의 후시키마루伏木丸와 운 좋게 계약이 성립됐다. 이때도 임원들이 돌아오는 도중에 특고 경찰에게 체포됐는데, 그에 굴하지 않고 같은 해 11월 12일 후시키마루(수량 1만 3000여 톤, 정원 800명 승선, 영국제)가 오사카항으로 예인돼 오자 1000여 명의 조합원이 참석하는 성대한 축하회가 열렸다.

그리하여 후시키마루는 같은 해 12월 1일에 많은 승객을 태우고 오사카항을 출항해 제주도 각 항을 돌았는데, 12월 6일 구좌면 세화리항 앞바다에서 좌초해 승객 170명이 다른 배에 의해 구조되는 사고가 발생했다. 그러나 동포의 열의와 협력으로 선체는 무사히 수리됐고, 1932년 1월 2일에 재취항한 이후 매달 두 차례 승객을 태우고 제주와 오사카를 왕복했다. 하지만 불행히도 항해 기술과 경험 부족으로 두 번째 좌초를 겪고 수리비 등 2만 6000엔의 부채를 짊어지게 됐다.

(3) 조합의 지반 확대 운동

오사카지역의 제주 출신들이 이러한 어려움을 극복하기 위해서는 동아통항조합의 지반을 공고히 할 필요가 있었다. 그래서 오사카지역 동포들의 생활에까지 개입하는 형태의 상호부조 활동이 전개됐다. 1931년 3월에 신촌리소비조합과 한신阪神소비조합이, 8월에는 스미요시住吉소비조합이 결성됐다. 이 소비조합 활동은 대중 속에 뿌리를 내린 활동으로 동아통항조합 활동과 연동해 광범위한 운동을 전개해 나갔다.

또한 동아통항조합은 제주청년동맹과도 제휴해 나갔다. 김달준, 강창보姜昌輔 등이 제주도농민요구투쟁동맹을 맺고 동아통항조합 안에 그 지도부를 두었다. 제주청년동맹에서는 구좌사회민중운동협의회와 오사카구좌청년연합회가 운동에 일정한 역할을 했다. 이 운동의 일환으로 1932년 1월에는 제주도 해녀 800명에 의한 착취 반대 투쟁 파업이 일어났다.

이러한 분위기 속에서 1932년 5월 27일 동아통항조합의 제3회 정기대회가 덴노지공회당에서 개최됐다. 의장 현길홍, 부의장 김동인, 그리고 대의원 490명이 참석했는데, 김달준, 김서옥金瑞玉 등 50명의 간부가 체포됐고 제주도 대의원 8명이 경찰의 방해로 참석하지 못한 것은 유감이었다.

1928년부터 1931년 사이에 제주도에서 오사카항으로 출입한 조선인의 80%는 제주도 출신이 차지했으며, 그 수는 매년 2만 명대에 이르렀다. '제주도 세관출장소 조사통계'에 의하면 1928년에 제주도에서 오사카로 건너온 사람 수는 1만 8153명인 데 비해, 같은 해 오사카에서 제주도에 돌아간 사람 수는 1만 6541명이다. 1929년 제주도에서 오사카로 건너간 사람 수는 2만 1974명인 데 비해, 오사카에서 제주도로 건너간 사람 수는 1만 9962명이다. 1930년에 제주도에서 오사카로 건너간 사람 수는 2만 643명인 데 비해 오사카에서 제주도로 돌아간 사람 수는 2만 5434명이다. 1931년에 제주도에서 오사카로 건너간 사람 수는 2만 2447명인 데 비해 오사카에서 제주도로 돌아간 사람 수는 2만 150명이다.(사법연구 17호)

그러나 운동을 둘러싼 어려운 상황 속에서 조합의 방향성도 어려운 선택을 강요당했다. 동아통항조합 임원 중에서도 김달준, 홍남석洪南錫,

장두환張斗煥 등은 조합에서 일본노동조합전국협의회(약칭 전협)의 활동 자금으로 사용할 재원을 마련하려고 했다. 한편 1932년 5월 30일에 제주도에서 오사카로 건너온 한상호韓相鎬, 김성돈金成敦 등은 전협계 조선인과 비밀리에 협의해 '제주도 해녀사건 희생자 구원 협의회'를 조직했다. 같은 해 8월에는 조합에서 반제反帝오사카지역위원회에 55명이 집단 가입하는 등 조합 내부가 분열 상태에 빠져들었다.

집행부는 재정난을 타개하기 위해 합자회사 동아상회를 설립하는 준비위원회를 열고 이익을 추구하는 방향으로 전환할 필요성을 논의했다. 즉 '동아통항조합을 계급투쟁단체에서 순수영리경영단체로 개칭해야 한다는 의견이 유력하게 대두되기에 이르렀다.'(특고월보特高月報, 1933년 2월분)

그리하여 1933년 2월 15일 오사카시 오카회관에서 대의원 283명이 참석한 가운데 동아통항조합 임시대회가 열렸다. 회의에 들어가 조합이 경영에서 이익을 추구하는 방향으로 전환하는 안건을 논의한 결과, 무기명 투표를 통해 251대91로 집행부의 경제단체로의 방향 전환이 원안대로 가결됐다. 같은 해 6월에는 동아통항조합 임시대회가 재개최돼 신임 조합장 홍재영洪在榮을 선출하고 영리단체로 출발하게 됐다.

그 후 1934년 1월에는 조합이 경영 부진에 빠져 조합 임시대회가 개최됐고, 조합의 해산 문제가 논의됐다. 그 결과 후시키마루를 매각해 부채 정리에 충당하게 됐다. 1935년에는 조합원도 1000명까지 급감했고, 조합은 실질적으로 해산에 이르렀다.

제3장

유년시절

1. 후시키마루를 타고 고향으로

(1) 서당 입문

1933년 여름, 내가 네 살 때였다. 나를 고향에 데려와 민족교육을 받게 하라는 할아버지의 명령으로 누나는 오사카에 사는 친척에게 맡겨두고 우리 가족은 후시키마루伏木丸를 타고 할아버지 곁으로 돌아왔다. 할아버지는 앞서 말했듯이 지역 사립학교 관계자로 손자가 일본에서 일본 학교에 가고 일본인이 되어 버릴 것을 염려해 우리를 고향으로 불러들였다.

아버지와 할아버지 사이에 대화가 잘 통했는지 할아버지 집 근처에 거주지가 마련됐고, 고향에 돌아온 다음 날 공사가 착공에 들어갔다. 그동안 우리는 할아버지가 가지고 있는 집 중 한 채에 살게 됐다. 그 집은 부지가 넓었고 밭이 딸려 있었다. 가옥은 6개 동으로 이루어져 있었고, 각 동은 안채와 두 개의 바깥채로 구성돼 있었다. 가운데 동의 안채에는 조부모가 살고, 입구 쪽 집은 상속자가 될 큰아버지 가족이 살고 있었다. 그 옆으로 작은 과수원과 정원이 있고 과수원을 사이에 두고 그 옆 안채에도 큰아버지 가족이 거주하고 있어 그 입구 쪽 한 동이 우리의 임시 거처가 됐다. 각 동은 각각 돌담으로 둘러싸여 있었는데, 안에서 통행할 수 있게 돼 있어 나는 사촌인 창래昌来와 그 마당에서 놀기도 했다. 창래는 나보다 반년 늦게 태어났는데 그는 이곳은 전부 자기 집이라고 주장하는 오만하고, 건방지며, 그다지 귀여운 구석이 없는 아이였다. 내가 고향에 돌아와 할아버지의 부름을 받았을 때도 할아버지와 만나지 못하게 하려고 내 얼굴을 할퀴며 방해하는 바람에 할아버지에게 인사만 드리고 집으로 돌아온 적도 있었다. 그 후 할아버지의 부름을 받아도 나는 가지 않게 됐다. 이듬해 3월 무렵 할아버지가 병상에서 손주들을 보고 싶어 한다기에 어머니를 따라 우리 형제가 만나러 간 것이 두 번째였고, 그것이 할아버지와 마지막 대면이 되고 말았다.

그 일이 있고 난 후 나는 창래와 더 이상 어울리지 않았고 집을 짓는 현장에서 대부분의 시간을 보냈다.

집을 짓는 작업은 순조롭게 진행됐다. 많은 사람들을 불러 모아 진행되는 공사였고, 아버지가 목수였던 관계로 한 달 만에 안채가 완성됐다. 다른 한 동은 미완성인 채로 이사 왔는데, 오사카에 있는 오야카타로부터 전보가 와서 아버지가 곧바로 오사카에 돌아가지 않으면 안 됐기 때문이다. 당시 시골에는 전화가 없었기 때문에 급한 연락을 할 방법은 전보밖에 없었다. 그래서 오사카에서 전보가 왔다는 이야기는 어른들의 대화를 들어서 알고 있었다. 아버지는 나를 근처 한문서당에 보내고 얼마 지나지 않아 오사카로 출발했다. 그 후로는 어머니 홀로 우리 삼형제를 키워야 했다.

내가 아버지 손에 이끌려 한문서당에 들어간 것은 네 살 때였다. 그곳에는 내 또래의 아이가 없었다. 처음에는 서당에 가면 과자를 줬기 때문에 반쯤은 놀러 갔는데, 며칠이 지나 붓으로 판자 같은 것에 가로줄과 세로줄을 긋는 연습을 매일 하게 됐다. 같은 일을 매일 반복하니 싫증이 나서 서당에 가는 게 싫어질 무렵 훈장이 몇 번이나 엄하게 주의를 주자 나는 훈장이 무서워졌고 빨리 집에 가야겠다는 생각을 하게 됐다. 겨우 붓 연습이 끝났고 그다음으로 천자문 읽기를 시작했다.

1934년 3월 8일 할아버지는 병상에 누운 지 얼마 되지 않아 병세가 급변해 돌아가셨다. 아버지도 장례를 치르기 위해 오사카에서 돌아왔다. 어머니는 어린 손자들이 장례를 치르는 모습을 보아서는 안 된다며 우리 형제는 집에서 놀고 있으라고 했다. 나는 몰래 할아버지의 장례를 보러 갔는데, 참석한 많은 사람들의 행렬이 이어지는 광경을 바라봤던 기억이 지금도 내 뇌리에 남아 있다.

4월이 되자 우리 집과 돌담을 사이에 두고 살고 있던 문우택文友沢과 몇 명의 아이들이 서당에 들어왔다. 내 또래이자 같이 놀던 친구와 함께 공부하게 되어 서당에 다니는 것이 즐거워졌다. 이렇게 한문서당에서의 공부도 천자문 과정을 마치고, 동몽선습 책을 습득하고 있었는데 큰일이 벌어졌다. 1936년 2월 초 어느 날이었다. 그날 훈장은 복습을 하고 있으라는 지시를 남기고 외출을 했는데 좀처럼 돌아오지 않았다. 훈장이 없으니 모두 공부를 하지 않고 놀고 있었다. 선배들이 외출 후 돌아와 경찰이 서당 단속을 왔으니 모두 집으로 돌아가라고 해서 귀가했다. 나도 집에 돌아와서 어머니에게 그 이야기를 전했다. 그런데 얼마 지나지 않아 서당 훈장이 보낸 심부름꾼이 와서 서당에 돌아오라는 것이었다. 그래서 나는 우택과 함께 서당에 갔는데 훈장은 술을 마셨는지 술 냄새가 확 풍겨 불쾌했다.

훈장은 우리에게 '왜 무단으로 돌아갔느냐'고 다그쳤다. 그러면서 '책을 꺼내 읽으라'고 했다. 우리는 왜 이런 때 공부하라는 말을 하는 걸까 하고 당황스러웠다. 우리가 책을 가져오지 않았다고 대답하자 훈장은 화를 냈다. 앞에 나가 바지를 걷어 올리라고 하고는 서당에 준비돼 있던 '정신봉'이라는 특수한 회초리로 때리기 시작했다. 술기운 탓인지 힘이 잔뜩 실린 매를 몇 대나 맞았더니 장딴지가 부어올라 몹시 아팠다. 우리는 아픔을 참으면서 서당을 나왔다. 맞은 것은 아무리 생각해도 교육을 위해서가 아닌 훈장의 감정 때문이었다. 나는 2년 반 동안 서당에 다니며 처음 맞는데, 그 아픔보다 선배들은 건너뛰고 왜 우리 둘만 맞았는지 알 수가 없어 울분을 삭이지 못했다. 그래서 집 근처 '앞동산'이라고 불리던 놀이터에서 느티나무를 힘껏 걷어차며 분풀이를 했다. 집에 돌아와서 어머니에게 더 이상 한문서당에 가지 않겠다고 하자 어머니는 그 이유를 물었다. 우택과 둘이서 훈장에게 맞은 것에 관해 설명하자 일이 커져버렸다. 작은할아버지가 이 이야기를 듣고 한자서당에 쳐들어가서 훈장에게 항의를 하고 서당을 강제로 폐쇄시켰다. 그리고 그 후 우리 마을에서는 한자서당이 다시 열렸다는 이야기는 듣지 못했다.

아버지는 우리를 고향에 남겨 두고 일본으로 돌아가서 두 달 간격으로 편지 속에 생활비로 쓸 현금 지폐를 넣어서 보냈다. 또 일 년에 한 번은 휴가를 이용해 우리를 만나러 왔다. 어머니도 아버지가 보내주는 송금에만 의지하지 않고 농사일을 했다. 할아버지가 돌아가시면서 재산으로 남겨준 작은 밭이 두 군데 있었고, 일본에서 들고 온 돈으로 또 다른 밭을 사들여 당장 필요한 생활비는 그럭저럭 충당할 수 있었다. 아버지가 보내준 돈은 급할 때를 대비한 비상금으로 어딘가에 보관하고 있는 것 같았다. 할아버지 재산의 대부분은 큰아버지 소유였지만, 아버지와 형제들 사이에서 재산 상속 문제가 깔끔하게 정리되지 않았던 것 같다.

당시 우리 집안에서는 조상 제사를 5대 이전까지 지내고 있었다. 그래서 어머니에게도 할아버지의 재산을 나누었으니 제사도 번갈아 가며 지내라고 했다. 그러나 어머니는 고작 조그마한 밭을 받았을 뿐인데 무슨 제사를 지내냐고 못마땅해 했다. 어머니는 표면적으로는 아버지가 곁에 없다는 사실을 이유로 들며 제사를 맡을 수 없다고 거절했기 때문에 이 또한 친족 간에 정리되지 않은 문제가 됐다.

(2) 조부의 세 번째 기일

조선에는 조상의 제사를 지낼 때 무리를 해서라도 성대하게 지내는 풍습이 있다. 그러다보니 비용이 많이 들고 제사 때문에 재산을 날린다는 이야기도 심심찮게 들려왔다. 그래서 1936년 3월 8일 할아버지의 세 번째 기일에 지내는 '대상大祥'이 다가오고 있어도 형제간의 비용 분담 문제가 남아 있었고, 각자가 구실을 만들어 부담을 덜려고 했기 때문에 해결의 실마리가 보이지 않았다. 조선에는 조선시대 500년간 뿌리내린 유교사상이 민중 생활 속에 자리 잡고 있었다. 그래서 사람이 죽었을 때 대부분의 장례는 유교적인 방식으로 치러진다. 유교적 방식은 사람이 죽었을 때 돌아가신 해를 첫 번째 기일로 하고, 만 1년이 경과하면 두 번째 기일로 해 '소상小祥'을 치른다. 만 2년이 되면 세 번째 기일로 '대상'을 치르는데 이로써 고인이 성불한다는 사상이다. 우리 강씨 집안도 유교방식으로 할아버지의 세 번째 기일에 대상을 치르게 됐는데, 그것은 매우 대대적인 일이었다. 할아버지가 생전에 교제 범위가 넓어 많은 조문객이 방문하고, 그 비용도 만만치 않을 것으로 예상됐다. 그러던 중 아버지가 오사카에서 돌아왔고, 아버지는 큰아버지로부터 절반에 가까운 비용 부담을 떠안게 됐다.

할아버지의 대상 당일에는 애월면 경찰로부터 조문객에게 술을 내지 말라는 경고가 있었던 모양이다. 그 이유는 1931년 9월 일본 군부가 중국 동북지방에 침략을 개시한 이래 일본 통치하에서는 준전시경제체제에 놓여 있었기 때문이다. 특히 식민지배하에 있던 조선에서는 그 당시 철저한 검약령儉約令이 실시되고 있었다. 하지만 상주 입장에서는 멀리서 오는 조문객들에게 술 한잔 대접하지 않고 돌려보낼 수는 없는 노릇이었다. 그래서 검약령을 위반하고 술을 대접했다. 대상 당일 아침부터 애월면에 있는 경찰이 조문객에게 술을 내오는지 감시하러 왔다. 경찰 측은 술을 내오는 것을 보고 즉각 중단하라고 경고를 했지만 무시하고 술을 내왔다. 상주 측은 나중에 경찰에 잡혀갈 각오가 돼 있었기 때문에 술이 떨어지면 이웃 마을 하귀리에 있는 술공장에 술을 사러 갔다. 하지만 그곳에는 이미 경찰로부터 팔지 말라는 지령이 내려져 있었다. 그래서 아버지 형제는 협의를 해서 부득이 애월면 경찰의 관할 밖인 한림면 술공장까지 가서 술을 사 왔고 조문객들에게 끝까지 술을 대접했다.

나는 사촌동생 창래와 둘이서 놀고 있었는데 이리저리 둘러봐도 앉을 자리가 없었다. 집 앞 도로 건너편 밭에도 긴 멍석이 수십 장 깔려 있어서 그곳에서 놀았는데, 그곳 역시 조문객이 안내를 받고 자리를 잡고 앉았다. 오후 들어서는 재단법인 사립일신학교 교사가 인솔해 온 많은 학생들이 앉아 있는 것을 보면서 할아버지가 학교와 관련이 있었다는 사실을 어린 나이였음에도 느낄 수 있었다.

그렇게 할아버지의 대상은 무사히 끝났다. 술을 금지하는 단속에 위반한 건과 관련해 경찰에 출두했는데, 경찰 설명으로는 술 판매를 금지하는 법률은 존재하지 않고 준전시체제하에 있으니 검약을 위해 자숙을 하도록 압력이 아닌 '협조'를 요구했다고 해서 그 누구도 경찰 조사는 받지 않았던 것 같다. 훗날 어머니가 이웃과 나누는 대화를 들었는데, 대상에 돼지고기 다섯 마리를 샀는데 그래도 고기가 부족했던 모양이다. 조문객은 제주도 전역에서 왔었다고 한다.

2. 소학교 시절

(1) 벌통 아들

나는 1936년 재단법인 사립일신학교에 입학했다. 할아버지는 나를 이 학교에 입학시키기 위해 일본에서 부른 것이다.

내가 입학할 당시 학교장은 현호진玄浩珍이라는 사람이었다. 담임교사는 문 선생님이라고 불리는 매우 온후한 선생님이었다. 나는 그다지 성실한 학생은 아니었다. 입학하자마자 같은 신입생 강봉훈姜鳳訓과 싸워서 상대의 왼쪽 팔을 삐게 만들었다. 강봉훈은 친척의 아이였는데 그를 실제로 다치게 한 것은 내 힘 때문이 아니었다. 상대가 넘어질 때 자신의 체력이 실리며 난 사고였다. 그런데 내가 봉훈의 팔을 부러뜨렸다고 그의 부모가 어머니에게 항의를 했고, 나는 나쁜 사람이 되고 말았다. 그때 상대의 입에서 아버지 별명을 딴 '벌통 아들'이라는 말이 나왔고, 그때부터 나는 '벌통 아들'이라는 별명을 얻었다. 그리고 좋은 일을 하면 그 친척은 '강선달 손지손자의 제주도 사투리'라고 불리곤 했다. 그 후로는 다툼이 있었던 봉훈의 부모와는 친족관계가 단절되고 말았다.

친척과 관계가 나빠지는 것은 좋은 일이 아니었지만, 혼자서 우리를 돌보는 어머니의 모습을 보고 가까운 친척보다 먼 친척 강석종姜石鐘이 마음을 써주는 경우가 많았다. 그래서 아버지에게 편지가 오면 강석종 삼촌에게 읽어달라고 했다. 편지 속에는 생활비로 현금이 동봉돼 있었는데, 그 집 사람들은 편지를 읽어줘도 내용은 다른 친척들에게 말하지 않았기 때문에 어머니는 안심했다.

(2) 일본어 사용 강요

1937년 3월에 조선총독부로부터 '일본어 사용 철저화'가 각 학교에 통달되고, 내가 2학년이 되던 4월에는 황국신민화의 길로써 '국체명징国体明徵', '내선일체内鮮一体'라는 슬로건도 하달됐다. 이어 7월에 일본이 본격적으로 중국을 침략하기 시작하자 총독부는 전시체계를 선포하고 '애국의 날'을 정하는 등 황민화를 촉진했다. 우리 학교에서는 9월부터 2학년 이상 전교생에게 '국어상용패'라는 것을 준비하게 했다. 조선어를 말하면 벌칙을 줬고, 일본어(국어)가 성적 평가의 기준이 됐다. '패'는 작은 판지(명함 절반 정도의 크기)에 도장을 찍은 것으로, 한 학생에게 다섯 장씩 주고 이 패의 매수에 따라 일본어 성적이 평가됐다.

나는 원래 일본어를 할 수 있었기 때문에 일본에 살 때도 집에서는 어머니와 제주도 사투리로 대화를 나누고, 밖에서는 일본어로 말했다. 제주도에 온 지 몇 년이 지났어도 거의 잊어버리지 않았기 때문에 다른 과목은 몰라도 일본어 성적만큼은 상위권이었다. 상급생이 되자 한문은 웬만큼 할 줄 알아도 일본어 회화가 늘지 않는 학생이 꽤 있었는데, 그들은 조선어를 자기 나름대로 직역해서 말하곤 해서 우스운 상황이 벌어지기도 했다. 예를 들어 '머리가 지끈지끈 아프다'라는 표현을 직역해서 '머리가 따끔따끔 아프다'라고 말한다거나, 혹은 '배가 살살 아프다'라는 말을 '배가 사루사루 아프다'라고 말하는 식이다. 심지어 수업 중에 선생님에게 '화장실 다녀오겠습니다'라는 말을 '선생님, 뒤를 보고 오겠습니다'(조선어에서는 윗사람에 대한 존댓말의 제주도 사투리?) 등으로 말하기도 했다. 참고로 이런 경우 선생님은 국어상용패의 벌칙은 적용하지 않는다. 왜냐하면 이런 말은 일본어라고도, 조선어라고도 할 수 없기 때문이다. 어쨌든 이런 방법으로 일본어 사용을 강제했기 때문에 학생들의 일본어는 단기간에 향상됐다. 그리고 10월이 되자 황국신민 서사皇国臣民誓詞를 암송하게 했다.

우리는 2학년 6월, 선생님의 인솔 아래 산골짜기에 위치한 고성에 소풍을 갔다. 그곳은 제주도 역사에 대해 설명할 때 소개했던 삼별초군 김통정 장군이 구축한 근거지 항파두성 터였다. 길가에는 사람의 발자국처럼 생긴 곳에서 샘이 솟아나고 있었고 우리는 그 물을 마셨다. 시원하고 맛있는 물이었다. 지역 주민으로부터 이 샘은 장수의 발자국에서 샘이 솟아났다 하여 이 마을에서는 '장수물'이라고 불리며, 사람들이 지나가다 물을 마신다는 이야기를 들을 수 있었다.

그런데 소풍에서 돌아오자 어처구니없는 일이 벌어졌다. 어머니는 내 얼굴을 보고 열이 있다며 재웠다. 심한 고열이 났다고 하는데, 그게 무슨 병인지 처음에는 알 수 없었다. 3일이 지나서야 홍역이라는 것을 알았다. 열은 좀처럼 떨어지지 않았고 그로부터 1주일 정도 지나 동생 창실이 홍역에 감염됐다. 동생은 그 때문에 고작 5살의 나이로 세상을 떠났다.

제주도 고성에 있는 김통정 장군 전투 흔적

(3) 황민화 교육과 맨발

전시체제하에서 조선총독부는 황민화 교육을 더욱 촉진하기 위해 1938년 3월 4일 신조선교육령을 공포했다. 종래에는 식민지교육으로서 사립 보통학교는 4년제 인가제도였다. 4년의 과정을 수료한 학생 중 희망자에 한해 보습과에 진학해 그곳에서 2년 과정을 마치면 소학교 6년 졸업을 인정받았다. 그러나 신조선교육령에 의해 대부분의 보통학교는 공립소학교로 개편돼 수학 연한을 4년에서 6년으로 바꾸는 것이 인정됐다.

당시 나는 사립일신학교 3학년이었는데 새로운 교육령에 따라 사립일신학교는 공립학교로 바뀌었고 졸업 연한은 6년으로 바뀌었다. 그러나 공립학교로 인가받기 위해서는 몇 가지 조건을 충족해야 했다. 첫째 학교 설비를 법률로 규정한 대로 할 것, 둘째 학교장은 혼슈本州 (일본본토)에서 파견된 사람이어야 할 것, 셋째 완전한 황민화 교육을 실시할 것, 이 세 가지다. 내가 다니는 사립일신학교는 이 같은 규정을 충족하지 못했기 때문에 당시 학교를 오가는 버스 도로 반대편 100m 정도 앞에 학교 건물을 새롭게 지어 1939년 2월 구엄공립심상소학교로 인가됐다. 게다가 이전까지는 사립학교 현호진이 교장직에 있었으나, 일본에서 신임 교장 신도 아쓰시進藤獨(일명 아쓰시篤志)가 취임해 6월 1일부터 공립학교가 됐다. 또한 우리도 자동적으로 공립학교 학생으로 편입됐다.

새로 부임해 온 신도 교장이 신교사 운동장에 전교생을 모아놓고 한 훈시는 첫째, 매일 아침 조례는 신교사에서 하고 그곳에서 동쪽을 향해 궁성요배宮城遙拜·일왕이 있는 동쪽을 향해 하는 절를 할 것과 둘째, 전선에서 전사한 영령에게 감사의 묵념을 올리는 것이었다. 그리고 전교생이 내일부터 등하교할 때 맨발로 다니라고도 했다. 그때까지 나는 운동화를 신고 다녔기 때문에 맨발로 통학하는 것에 거부감은 있었지만 따르지 않을 수 없어 마지못해 다음 날부터 맨발로 학교에 다녔다. 신도 교장은 또 당장 매주 한 차례 근로봉사의 날을 정하고 학생들에게 신교사 운동장 동쪽에 나지막한 언덕을 만들어 봉안전을 모시도록 명령했다. 그리고 매일 아침 교장의 호령으로 그곳에서 예배를 드리게 했다.

매일 아침 조례에서 교장의 훈시가 끝나면 우리는 구교사로 돌아가 수업을 시작했다. 4학년 때도 문 선생님이 담임을 맡았는데, 그는 매우 온화한 성품이었다. 선생님은 내 동급생 우택의 집에서 아내와 함께 살고 있었다. 우택의 집은 우리 집 뒤에 있었고 우리 집과는 돌담으로 경계가 나눠져 있었다. 그의 집은 쓰레기 하나 눈에 띄지 않을 정도로 청소가 잘 되어 있었고, 학교 교사가 살기에 적합한 집이었다. 그 집은 두 채의 건물로 돼 있었는데 안채에는 우택의 어머니와 동생들이 살고, 입구의 한 채에 선생님 부부가 살고 있었다. 담임선생이 바뀌고 내가 학교를 졸업할 때까지 줄곧 그 집에 살았다. 우택의 아버지도 오사카로 도항해 일 년에 한 번 돌아오는 것 같았는데, 그건 우리 아버지와 마찬가지였다.

내가 4학년 때부터 시작된 신도 교장의 훈시에 의한 맨발 등하교도 매일 열심히 하다보니 어느덧 자연스럽게 익숙해져 추운 겨울날에도 견딜 수 있게 됐다. 다만 학교에서 돌아오면 어머니가 방 입구 복도에 젖은 걸레를 두고 들어올 때는 반드시 발을 닦으라고 따끔하게 말했다. 가끔 잊어버리고 그대로 마루를 지나 뒷마당에 나갈 때도 있었는데 그럴 때면 마루에 난 내 발자국을 발견한 어머니에게 꾸중을 듣기도 했다. 한편 선생님들은 맨발로 다니지 않는 것이 의아했으나 선생님이라 특별한 거라고 여겼기 때문에 별다른 의문은 없었다.

1941년 5학년 마지막 3학기가 시작되는 1월 상순, 제주도에 보기 드물게 눈이 내리던 추운 날이었다. 교장은 '근로봉사의 날'이므로 학교에서 1㎞ 이상 떨어진 수산봉 뒤편까지 가서 벌채된 통나무를 두 사람이 한 조가 돼 짊어지고 오라고 훈시를 했다. 4학년 이상 전원이 참가해야 했다. 우리는 눈이 오는 데도 맨발로 수산봉까지 겨우 올라갔다. 그러나 통나무를 짊어지고 돌아오는 길은 추위는 고사하고 비단눈이 쌓인 땅이 조금씩 녹기 시작하더니 거기에 통나무 무게의 힘이 더해져 발이 자꾸만 빠졌다. 그리고 걷는 동안 다리 감각이 마비돼 학교에 도착하니 모두 교실에 몰려들어 다리를 풀었는데, 나도 그중 한 사람이었다. 중도 포기자도 있었던 것 같다. 지는 것을 싫어하는 사촌동생 창래는 4학년임에도 불구하고 끝까지 통나무를 짊어지고 돌아왔는데, 동상에 걸려 3개월 동안 학교를 쉬어야 했다. 담임인 도쿠야마德山 선생님의 말에 의하면 10%의 학생이 휴학을 했다고 했는데, 교장의 지나친 행동에 학부모로부터 비난이 쏟아졌다.

같은 해 4월 1일부터 법률에 따라 학교명이 구엄공립국민학교로 개칭됐다. 그리고 1942년 2월 초순에 학교에서 2㎞ 정도 떨어진 애월리에 새롭게 '신사神社'가 세워져 우리 전교생은 참배하러 끌려다녔다. 그로부터 얼마 지나지 않아 신도 교장은 전직됐고 다카야 료스케高屋良介 교장이 새로 부임했다.

⑷ 창씨개명과 나

1939년 11월 10일 내가 4학년일 때 조선총독부가 '개정 조선민사령'을 공포하고 12월 26일에 '조선인의 성명에 관한 건' 법률이 시행됐다. 즉 조선의 성을 '일본성'으로 바꾸도록 창씨개명을 강요하는 법률이 시행된 것이다. 이는 조선인의 민족적 자립의식을 말살하기 위한 법률이라 앞에서는 반대운동을 할 수 없었다. 그러나 원로들은 위기감을 느껴 모임을 갖고 이 문제에 대한 논의를 했던 것 같았다.

학교에서는 교원이 솔선수범해 개명하라는 신도 교장의 강경한 발언 때문에 이듬해 1월에는 가장 먼저 담임 홍 선생이 도쿠야마로 개명했고, 나머지 선생님들도 모두 개명했다. 그리고 우리 학생들도 부모가 어떤 성으로 개명했는지 선생님에게 보고하라는 지시를 받았다. 행정기관 등 권력으로부터도 압력을 받고 있어 시급히 개명할 수밖에 없었고, 친족 사이에서는 어떤 이름으로 바꿀 것인지 활발하게 논의됐다. 하지만 개성이 강한 원로들은 자기주장을 내세우며 물러서지 않았다.

하지만 원로 중 한 명이 이름을 바꾸더라도 본명인 '강'이라는 성과 연관이 있는 성명으로 바꿔야 한다는 의견을 내놓았고, 그것을 기본으로 삼기로 했다. 한 원로는 강씨 선조의 유래에 비추어 중국의 염제 신농씨가 기원이니 '신노神農'로 하는 게 좋을 것 같다고 했고, 그보다는 중국에서도 '요시다吉田'라는 지역이 발상지이니 '요시다'로 정하자는 안도 나왔다. 그밖에 '아마노天野'로 하자는 안, 그리고 선조가 제주도에 입도한 지역이 수산봉이기 때문에 '미즈야마水山'가 좋다는 안 등이 나왔고 서로 양보하지 않았다.

나는 5학년 신학기에 들어서면서 학교 담임교사에게 성명에 대한 질문을 받았고, 우리 친족 원로들이 자신의 주장을 내세우며 물러서지 않아 아직 결정되지 않았다고 보고했다. 그리고 신노, 아마노, 요시다, 미즈야마 중 하나로 정해질 것 같다고 덧붙여 말했다. 결국 5월 하순이 되어서야 '요시다'로 개명하기로 결정됐고, 6월 3일 호적상 나는 요시다 창희昌熙가 됐다. 내가 부모로부터 받은 이름은 '강창희姜昌熙'지만, 후에 '강철姜徹'로 이름을 바꾼 것은 학생운동을 하던 때의 일이다.

⑸ 생활물자 통제와 공출

1940년 1월 조선총독부는 조선 각 도에 '경제경찰과'를 설치하고 '총동원 물자 사용 수용령'을 공포해 조선인의 생활 물자를 통제했다.

이는 중일전쟁이 수렁에 빠지고 있는 가운데 일본에서는 물자 부족이 긴급한 과제로 떠올라 이를 메우기 위해 농작물이나 집에 있는 식기류 등의 철물을 강제로 공출시킨 법률이다.

농작물은 주로 쌀과 고구마, 보리 등이었다. 그것들을 모아두는 '식량판매소'라고 이름 붙여진 건물이 우리 학교 옆에 새롭게 지어졌다. 공출용 농작물은 각 마을 구장이 호별로 조사한 명부를 토대로 등록된다. 이 명부를 통해 각 마을 공출자가 공출하는 농작물의 종류와 양을 알 수 있어 필요한 만큼 판매소로 운반해 갔다.

각 마을 주민 부담은 그 마을 촌장의 보고 여하에 따라 양이 증감된다. 즉 촌장 마음에 따라 공출량이 정해지기 때문에 주민들은 촌장에게 자기 집 공출 할당을 조금이라도 줄여줄 것을 애원했고, 촌장의 권한은 당연히 강해져 갔다.

또한 금속제 식기류만 하더라도 전시체제라는 명목으로 촌장이 각 가정을 돌며 식기류를 거두어 갔다. 그 당시 각 가정에서는 금속제 식기는 자취를 감추고 대부분의 가정에서 사기그릇으로 바뀌고 있었다. 제사 등에 사용하기 위해 보관 중인 금속제식기는 일반적으로는 공출 대상물은 아니었는데, 촌장에 따라서는 대상물로 회수해 버리기도 했던 것 같다. 예를 들어 우리 마을 문영백文永伯 촌장도 그중 한 사람이었다. 문영백은 철저한 일제 앞잡이로 마을의 각 가정을 돌며 공출 예정 조사가 끝난 뒤에도 마을 사람이 식량이나 식기 등을 숨겼을지도 모른다는 의심을 품고 은밀하게 각 가정을 불시에 방문해 집 안을 살피곤 했다. 우리 집에도 갑자기 찾아와서는 집 안을 뒤지기 시작했다. 안쪽 식량창고에 들어가 금속제 식기와 쌀 등을 발견하고는 숨겼다고 트집을 잡아 회수해 가려고 해서 어머니와 말다툼이 벌어졌다. 우리 집 식량 공출은 끝났고 식기류도 내놓았는데 아직 부족하다며 조사하러 왔기 때문이다. 문영백이 우리 집은 일본에 있는 아버지로부터 생활비를 받고 있어 생활에 어려움이 없으니 다른 집보다 높은 비율로 공출 할당을 한다고 해서 어머니는 그것에 항의했다. 하지만 문영백이 듣는 척도 하지 않고 무신경하게 도로 가져가 버려서 어머니는 몹시 화를 냈고, 저러다가 결국 천벌을 받을 거라고 억울한 심경을 토로했다. 이런 일은 우리 집에만 국한된 것이 아니었고, 마을 주민 여럿으로부터 촌장에 대한 원망의 소리가 들려왔다.

⑹ 복숭아를 탐내는 형과 함께

내 형은 어릴 때 일어난 사고로 외상성 척수변형증을 앓았다. 이 병은 당시 의학으로는 치료가 어려운 병이라고 의사로부터 선고받았다. 그 때문에 속수무책으로 세월이 흘렀고 형이 성장하면서 병은 점차 악화됐다.

그 무렵 형은 매일 집 안에 틀어박혀 외출을 하려고 하지 않았다. 형은 집에서 자신이 좋아하는 물건을 만들거나 꽃 손질 등을 했다. 나도 형의 심정을 헤아리고 어린 마음에 무언가 위로가 됐으면 해서 소학교 3학년 때부터 형과 함께 화단을 가꾸곤 했다. 나는 소학교에 들어가면서부터 화단에 관심을 가지게 됐는데, 학교 교실 앞에 조성된 화단에 사시사철 아름다운 꽃이 피어 있는 것을 본 것이 계기가 됐다. 그래서 우리 집에도 화단이 있으면 좋을 것 같아 형과 의논해 함께 만들기로 했다. 화단은 수년에 걸쳐 겨우 형태가 갖춰졌고 꽃의 종류도 해바라기, 백일초, 채송화 등 10여 가지나 됐다. 화단은 우리의 마음을 편안하게 해주었다.

내가 5학년이던 6월, 햇볕이 쨍쨍 내리쬐는 여름이 되자 형은 집 뒤뜰에서 화단의 꽃을 마주하고 있으면서도 돌담을 사이에 둔 우택의 집 복숭아나무에서 눈을 떼지 못했다. 그 복숭아나무에는 많은 열매가 열렸고, 우리 집 뒤뜰에도 돌담을 넘어 열매가 달린 복숭아가 늘어져 있었다. 그것을 바라보며 형이 나에게 저 복숭아는 우리 집 돌담을 넘어와 있으니 우리 것이 아니냐고 말하는 것이었다. 나는 그건 아닌 것 같다고 부정했지만, 형은 저 복숭아를 먹고 싶다고 했다. 그것도 혼잣말처럼 말하는 것이었다. 나는 마음속으로 아픈 형은 집에서 밖에 나간 적이 거의 없어 자기중심적이 됐고, 매일 집 뒤뜰에서 그 복숭아만 바라보고 있는 사이에 무언가 착각에 사로잡혀 있는 것 같다고 생각했다. 하지만 어떻게든 형의 욕구에 부응해야겠다고 생각했다.

그래서 나는 우리 집 돌담을 넘은 복숭아를 따기 위해 돌담 위로 올라갔다. 그런데 우리 형제의 대화를 자신의 집 뒤뜰에서 듣고 있던 우택이 내가 복숭아를 따지 못하게 하려고 돌담 위로 올라왔고, 우리는 그곳에서 말다툼을 했다. 돌을 쌓아올려 만든 돌담은 돌과 돌 사이에 틈이 있어 무너지기 쉽기 때문에 그 위에서 싸우면 위험하다는 사실을 서로 잘 알고 있어 말다툼에 그쳤다.

나는 우택에게 내 행동에 대한 정당성을 주장하지 못한 채 돌담에서 내려왔지만, 억누를 수 없는 울분에 휩싸여 아픈 형을 향해 발길질을 하고 말았다. 형이 억울함에 눈물을 흘리는 것을 보고 나는 엄청난 잘못을 저질렀다는 사실을 깨달았지만 사후 약방문이었다. 잠시 후 어머니가 일을 마치고 돌아오자 형이 오늘 있었던 일을 일러바쳤다. 어머니가 화가 나서 옆에 있던 막대기를 들고 나를 쫓아왔기 때문에 나는 집 밖에 있는 돌담을 뛰어넘었다. 그때 돌담이 소리를 내며 무너졌는데 그 순간 나도 돌담 밑에 깔릴 뻔했으나 아슬아슬하게 빠져나왔다.

어머니도 놀라서 혹시 내가 돌담에 깔린 것은 아닌지 확인했고 달아난 것을 알고는 안심하고 집으로 들어갔다. 만약 내가 돌담에 깔렸더라면 운 좋으면 중상, 경우에 따라서는 죽었을지도 모른다. 운이 강했다고 밖에는 달리 설명할 길이 없다.

그러고 나서 나는 그 길로 앞동산에 가서 조용히 내 행동을 반성했다. 동생이 형에게 발길질을 한다는 것은 형이 병약하다고 해도 용서받을 수 없는 일이다. 유교정신의 전통을 계승하는 민족으로서 용서할 수 없는 행위였다. 어리긴 했어도 자연적으로 그 전통을 물려받았을 터인데 큰 잘못을 저질렀던 것이다.

나는 날이 저물어도 그곳에서 꼼짝 않고 계속해서 스스로를 탓했다. 어머니는 어디선가 내 모습을 지켜보았는지 저녁도 드시지 않고 있었다. 그리고 어두컴컴해지자 나에게 다가와 다시는 이런 실수를 하지 말라고 일러주었다. 그 이튿날 어머니는 복숭아를 잔뜩 사왔다. 그리고 가족이 함께 먹었는데 형은 그것을 계기로 나를 용서해주었다. 가족끼리 복숭아를 먹다가 문득 복숭아 씨앗을 심으면 복숭아 싹이 트는 게 아닐까 하는 생각이 들었다. 우리도 복숭아나무를 심자는 형의 제안으로 복숭아 씨앗 세 개를 뒤뜰에 심었다. 운 좋게도 세 개 중 하나에서 싹이 텄다. 그리고 그해 가을에 감 씨앗도 같은 곳에 심었는데, 그것도 이듬해 내가 6학년이 되던 봄에 싹이 텄다. 우리 형제는 몹시 기뻤고, 나는 이 일을 주위에 퍼뜨리고 다녔다. 복숭아와 밤은

3년이라는 말이 있듯이 정말로 금세 훌쩍 자랐다. 우택도 친구로서 함께 기뻐해 주었다.

그리고 얼마 후 나는 원인 불명의 열병에 걸렸다. 낮이 되면 어쩐지 고열이 나고 몸이 떨려서 작은 느티나무가 있는 놀이터 옆에 쪼그리고 앉아 직사광선을 받으며 졸았다. 그 사실을 알게 된 어머니는 말라리아에 걸렸다고 생각했는지 해열에 효과가 있다는 민달팽이를 어디선가 구해와 생미역에 싸서 먹이려고 했고, 나는 도망치고 말았다. 그 후로는 어머니에게 두 번 다시 열이 있다는 말을 하지 않기로 했지만, 여전히 낮이 되면 몸이 나른해지면서 권태감이 밀려왔고 열 때문에 같은 장소에서 쪼그리고 앉아 졸았다. 근방 사람들이 그 모습을 보고 소문을 내고 다녀서 어머니는 서둘러 아버지에게 편지를 부쳐 빨리 약을 보내달라고 부탁했다.

말라리아는 모기에 의해 매개되는 전염성 열병인데, 그 당시 제주도에는 특효약이 없었다. 얼마 후 아버지가 말라리아 특효약 '염산 키니네'를 보내줘서 그것을 복용하고 건강을 되찾을 수 있었다. 뒤에서 다시 언급하겠지만 나는 그로부터 수십 년 후 의료분야에 종사하게 되는데, 말라리아에 걸려 약으로 구원받은 것은 이를테면 원체험의 하나다.

(7) 꿈을 안겨준 마쓰오카 선생님

당시 나는 결코 얌전한 우등생이라고는 할 수 없었다. 소학교 3학년 때부터 같은 반에서 친한 여섯 명과 마을 공회당 광장에서 축구 놀이를 했다. 축구라고 해도 당시는 축구공을 손에 넣을 수 없었기 때문에 평범한 고무공으로 축구 놀이를 했다. 우리는 학교에 갈 때는 맨발로 등교하고, 집에 돌아오면 운동화를 신고 축구 놀이를 했는데, 매일 하지는 않았고 일주일에 두세 번 정도 했다.

우리 집에서 마을 공회당에 갈 때 집에서 빙 돌아가면 조금 멀어졌는데 그것이 귀찮아서 직선 코스로 갔다. 그것은 우택과 함께 가기 위해서이기도 했지만, 우택의 집 돌담을 넘어야 하기 때문이기도 했다.

4학년이 되자 어머니는 처음으로 공부의 중요성에 대해 이야기했다. 학교를 졸업하면 아버지 곁으로 보내겠다는 생각을 했기 때문이었겠지만, 나를 걱정하기 시작하면서 친족들과 상담을 하기도 했던 것 같다. 나는 여전히 공부에는 관심이 없었지만, 어머니가 집 안에 친구들을 데리고 와서 야학을 하라고 한 것에는 놀랐다. 그 이야기를 듣고 친구들에게 상담을 하자 모두 찬성해 5월쯤부터 세 명이 집에 모여 야학을 시작했다. 그 당시에는 아직 전기가 없어 석유램프를 사용했다. 처음에는 학교에서 배운 교과서를 성실하게 공부했는데, 두 달 정도가 지나자 싫증이 나서 모여도 공부를 하지 않게 됐다.

그래도 친구들은 자기 집에 있기는 심심했고, 야학이라는 명분이 있으니 부모들이 밤 외출을 허락한다는 사실을 알고 있었다. 그래서 모두들 야학을 그만둔다는 말은 하지 않았고 나도 무언가 함께 즐길 수 있는 게 있지 않을까 생각했다. 7월이 되니 더위도 찾아와 우리는 공부에 완전히 싫증이 나서 무언가 자극적인 것을 찾고 있었다.

마침 야학 친구 김여훈金汝訓의 집이 조금 떨어진 곳에 있었고, 나도 그 근방은 잘 알고 있었다. 마을 변두리에 참외를 재배하는 큰 밭이 있는데 그곳은 주인이 도둑을 막기 위해 밭 가운데 오두막집을 지었고, 긴 몽둥이까지 놓아두었다고 여훈이 알려주었다. 그 말에 흥미를 느꼈고 스릴을 느끼고 싶어 그곳에 가기로 했다. 여름 달빛에 비쳐 밭의 모습이 잘 보였는데, 여훈이 자신은 얼굴이 알려졌다며 옆쪽으로 살짝 물러섰다. 하는 수 없이 내가 앞장서서 오두막에 다가갔는데, 오두막 안에서 누군가가 우리의 움직임을 살피고 있었다. 내가 오두막에 가까이 다가가자 기다렸다는 듯이 큰소리로 고함을 지르며 몽둥이를 치켜들었고 나는 쏜살같이 도망쳐버렸다. 오두막을 지키던 사람은 내가 누구의 아들이라는 것까지 알고 있었다. 밭주인이 '벌통'(아버지의 별명)의 아들이 참외밭을 턴 주범이라는 이야기를 흘렸는지 이튿날 작은 마을에 소문이 쫙 퍼져 아무런 피해가 없었음에도 불구하고 나는 불량소년이라는 낙인이 찍히고 말았다.

내가 공부에 관심을 갖기 시작한 것은 한 선생님과의 만남이 계기가 됐다. 1941년 4월 1일 내가 12살 때 총독부에서 국민학교령이 공포되어 당일 실시됐다. 우리 학교 명칭은 구엄공립심상소학교에서 구엄공립국민학교로 변경됐다.

당시 담임교사는 1년마다 교체됐는데, 그해에는 마쓰오카松岡 선생님이 우리 반을 맡게 됐다. 본명은 장기우張基佑라고 하며 일본에서 유학하고 막 돌아온 20대 초반의 청년 교사였다. 선생님은 학교에서 빌려준 우택의 집에 입주했다. 아직 젊고 독신이었기 때문에 여러 가지로 친근감이 느껴지는 분이었다. 마쓰오카 선생님의 본가는 애월리로 학교에서 3㎞ 정도 떨어진 곳에 있었는데 통근하기에는 조금 먼 것 같았다. 그래서 선생님은 학교에서 지정해준 우택의 집에 들어왔는데, 그로부터 얼마 후 선생님은 결혼해서 부인과 함께 살게 됐다.

마쓰오카 선생님의 신혼생활은 매우 순조로워 부부 모두 늘 웃음이 끊이지 않았다. 그 모습은 지금도 내 뇌리에 남아 있다. 마쓰오카 선생님은 외형적으로는 다가서기 어려운 타입이었다. 그런데 결혼하고 나서는 자상해져서 사람이 이렇게나 달라질 수도 있구나 하고 감탄했었다. 물론 부인이 미인이었음은 두말할 나위가 없었다. 내가 놀러 나갈 때는 우리 집과 우택의 집을 구분 짓는 돌담을 넘어 우택의 집 마당을 가로질러 갔는데, 그때는 어쩔 수 없이 마쓰오카 선생님 방 옆을 지나가게 된다. 즉 좋든 싫든 선생님의 가정이 어떠한 모습인지 알게 된다. 우택과 둘이서 선생님 방을 들여다보고 있으면 선생님은 '요것들 봐라'하고 웃음을 지어 보이며 거기서 뭐하냐고 부드럽게 타일렀다. 선생님은 학교 수업 시간에도 부인 이야기를 늘어놓곤 했다.

선생님은 밝은 분위기 속에서 수업의 절반은 학교에서 지정한 교과서, 나머지 절반은 교과서 이외의 사회문제나 일본의 상황, 서양 역사를 가르쳐주었다. 내 시야는 교과서 중심의 딱딱한 수업에서 처음으로 벗어나 크게 넓어지기 시작했다. 아버지가 일본에 있다는 이유로

나의 꿈은 일본으로 옮겨갔다. 또한 소학생신문을 받아 학생들에게 읽히곤 했는데, 그럴 때면 어김없이 반장인 고성보高成寶가 지명되기 일쑤였다. 고성보는 나보다 나이가 많았지만 가정 형편이 어려워 2년 늦게 학교에 들어왔는데, 늦게 들어온 만큼 열심히 공부했다. 선생님은 반 학생 모두에게 조금이라도 읽게 하려고 읽기 쉬운 만화부터 읽게 했다. 당시 소학생신문은 매주 한 차례 배달돼 학생들이 돌려 읽었는데 대부분의 학생들은 만화 이외에는 관심을 갖지 않았다. 만화는 '간다씨神田さん'라는 제목으로 연재됐다. 나는 우등생은 아니었지만 모처럼의 기회니까 읽어 보았을 뿐 특별히 재미있지는 않았다. 그보다는 조금 더 연장자를 타깃으로 하는 기사가 내 관심을 끌었다.

나는 선생님이 교과서 내용보다 더 많은 시간을 들여 교과서를 벗어난 이야기를 해주실 때 넋 놓고 들었다. 가령 서양 역사를 이야기할 때의 로마제국이라든가, 시저나 나폴레옹 같은 이야기를 들려주실 때면 내 작은 가슴에도 커다란 꿈이 펼쳐지는 것 같았다.

나는 서둘러 일본에 있는 아버지에게 편지를 보내 서양사 책을 보내달라고 부탁했다. 그러자 아버지가 책을 보냈는데, 역사와는 아무런 관련이 없는 군국주의 『전일본 국민에 고하다全日本国民に告ぐ』(육군대신 아라키 사다오荒木貞夫 저)라는 책이었다. 나는 어린 나이였지만 그 책을 보고 아버지의 무지함에 실망했다. 생각해보면 아버지는 책방과는 인연이 없는 사람이기 때문에 분명 지인에게 부탁해 구입했을 터이니 책 내용은 전혀 알지 못했을 것이다. 아버지는 장인의 길을 걸

어온 사람이기에 책이라곤 읽은 적이 없었을 것이다. 그런데도 아들의 편지를 받고 남에게 부탁하면서까지 책을 사서 보내주었다고 생각하니 내심 기뻤다.

나는 마쓰오카 선생님이 가르쳐준 서양사 책과는 다르지만 그래도 아버지가 보내준 책을 열심히 읽었다. 처음 단행본을 읽는 기쁨 때문에 누이동생을 돌보면서도 읽고, 노는 것도 포기하며 잠깐의 시간도 아껴가며 읽어나갔다. 책 속에 조금 어려운 용어가 있어도 그 의미를 해석하려고 노력했다. 잘 모르면 그곳을 건너뛰고 읽었다. 읽는 데 열중한 나머지 동생에게 화상을 입힌 적도 있었다. 밥을 짓기 위해 솔잎을 지피던 아궁이 불이 내 무릎에 앉혀 놓은 동생의 발에 옮겨 붙은 것이다. 동생 울음소리에 불이 내 발 밑에서 타오르고 있는 것에 놀라 옆에 있던 물동이의 물을 끼얹는 바람에 화상은 오히려 더욱 심해졌다. 여동생은 이 화상으로 한 달 넘게 치료를 받았지만 아직까지도 그 흉터가 남아 있다.

그리하여 소학교를 졸업할 무렵에는 그 책을 일단 다 읽기는 했으나 내용을 알 듯 모를 듯 책을 읽었다기 보다 글자를 읽은 듯한 결과로 끝났다. 12살짜리 소년에게 군국주의는 이해하기 힘들었다. 하지만 그럼에도 그 책에 매달려 끝까지 읽은 경험은 나에게 자기 만족감과 자신감을 심어주었고, 인격 형성에 큰 도움이 됐다. 당시 전시하에 있어 작은 섬에서는 애당초 단행본이라는 것을 좀처럼 손에 넣기 어려웠고 하물며 소학교 학생이 그것을 접한다는 것 자체가 믿을 수 없는 행운이었다. 그 책은 지금 생각해보면 군국주의에 치우친 책이긴 했다. 그래도 그 책은 내가 독서하는 습관을 기르게 해준 계기가 됐다.

(8) 누나의 결혼, 막내 누이동생의 눈과 미신

마쓰오카 선생님 덕분에 갖게 된 넓은 시야, 특히 서양의 자유롭고 민주주의적인 사고방식은 내 꿈을 크게 넓혀 주었다. 그러나 집에 돌아오면 당시 조선의 낡은 관습이 큰 영향력을 발휘했다. 그것은 매우 봉건적으로 우리 집의 경우 모든 것이 장남인 형 중심으로 돌아가는 일상생활을 의미했다. 어린 나이였지만 두 가치관의 간극에 위화감을 느꼈다. 어머니는 당시 조선인 가정의 여성으로서 결코 특이한 사고방식을 갖고 있지는 않았다. 하지만 나는 마쓰오카 선생님의 전향적이고 자유로운 사고방식에 희망을 느끼고 있었다.

1939년 5월 아버지로부터 오사카에서 아버지를 돌보던 누나가 결혼을 했다는 편지가 왔다. 편지를 읽고 어머니는 혼자 불만을 토로했다. 전년 가을에 편지로 약혼을 한 사실을 알렸지만 어머니는 반대한다는 편지를 보냈는데 그것을 무시당했기 때문이다. 누나의 결혼 상대는 일본에 살고 있었다. 어머니는 사위 쪽 집안 분위기에 문제를 느끼고 있었고, 차라리 일본으로 돌아가서 자신의 손으로 딸을 시집보내려고 했던 것 같다. 어머니는 오사카에서 제주도로 돌아올 때 13살짜리 누나를 친족에게 맡겼는데 아버지는 누나를 데려와 자신의 뒷바라지를 시켰다. 누나는 어머니가 없는 동안 주부 노릇을 해왔기 때문에 시집을 보낼 때는 어머니 손으로 패물만이라도 해주고 싶었던 것 같다. 결국 어머니는 결혼에는 반대했지만 두 사람이 행복했으면 좋겠다고 이해해줬다. 그러나 가족이 제주도와 오사카에서 따로 떨어져 사는 것이 너무 부자연스럽고 불행하다고 통절히 느끼고 있었다.

어머니는 내가 민족교육을 받을 수 있도록 나를 오사카에서 제주도로 데려왔는데, 그 결과 형의 병세는 악화됐고, 동생 창실을 잃어 내가 집안의 대를 잇는 유일한 존재가 돼버렸다. 어머니는 옛날 사고방식을 갖고 있었기 때문에 가문을 잇는 문제에 관해서는 내 밑에 두 명의 여동생이 있어도 논외로 여겼다. 그래서 내가 소학교를 졸업한 후에는 오사카로 돌아가 가족이 한 지붕 아래에서 살 생각이었다. 즉 제주도를 임시 거처로 여겼던 것이다. 두 여동생 중 창월昌月은 건강해 부모 손이 많이 가지 않았지만, 그 밑에 막내 여동생 창숙昌淑은 어려서부터 몸이 허약해 언제나 창백한 얼굴을 하고 있었다.

나는 학교에서 돌아오면 막내 창숙을 보살펴야 해서 놀러가지 못할 때가 많았다. 때로는 내 등에 업고 놀기도 했다. 어머니가 마당 가운데 멍석을 펴고 동생을 놀게 했을 때의 일이다. 동생의 울음소리를 듣고 어머니가 곁으로 가니 작은 뱀이 다가오고 있었다. 놀란 어머니는 막대 끝으로 그 뱀을 돌담 밖으로 내던졌다. 그날 밤부터 동생은 전에 없이 울기 시작했다. 밤새 울음을 그치지 않을 때도 있었는데, 그때부터 열이 나더니 두 눈이 멀고 왼쪽 눈에서는 고름 같은 것이 나오기 시작했다. 어머니는 걱정이 돼 약 3㎞ 떨어진 애월의 한 의원을 찾아가 치료를 받았지만 효과가 없었고, 심지어 의사도 원인을 알 수 없다고 했다. 그래서 침구사를 찾아가 침 치료를 했지만 효과가 없었다.

어머니는 갖은 애를 다 썼지만 방법이 없어 망연자실한 모습으로 밤중에 무심코 천장을 보았는데, 얼마 전 밖에 내던졌던 뱀이 찰싹 달라붙어 있었다. 그것은 환영이었는데 어머니 눈에는 실재하는 모습으로 비쳐 보인 것이다. 어머니는 그야말로 신에게 의지할 수밖에 없다고 생각해 노형 마을에서 온 할머니에게 물었더니 동생은 갑자기 다가온 뱀에 충격을 받아서 넋이 나갔고 '넋들이'를 해야 한다고 했다. 즉 충격으로 몸 안에서 영혼넋의 일부가 이탈했기 때문에 영혼을 다시 몸 안으로 돌려보내야 한다는 것이었다. 노형 할머니 같은 사람은 삼신할망이라고 불렸다. 삼신할망이란 여성이 출산을 할 때 산파 역할을 하고, 태어난 아이가 유아기를 지나기 전까지 무병 무탈하기를 기원하는 역할을 담당하는 할머니이다. 어머니는 이 삼신할망에게 기도를 부탁했지만 차도가 없어 어쩔 수 없이 '심방'을 찾아가 물으니 '굿'을 하라고 했다. '굿'은 사자공양의 진혼의례 행사로 이 또한 그것을 행하는 '심방'에 의해 일종의 신비성을 가지며 일련의 신에게 기원을 드리는 의식이다.

어머니가 '심방'에 의해 '굿'을 하는 것은 처음이지만, 동생을 위해서 신불에 의지해 기원하는 어머니의 마음을 절절히 느낄 수 있었다. 이렇게 '심방'을 통한 '굿'이 끝나자 우연인지는 몰라도 어느새 여동생의 눈은 회복됐다. 그렇게 두 눈이 치유되기까지 3개월가량 걸렸던 것 같다. 그로부터 70여 년이 지난 지금도 그 후유증은 남아 있다.

제주도에는 지금도 여전히 무속신앙이 잠재적으로 남아 있으며, 많은 사람들이 소위 인간의 육체를 이탈하는 현상을 체험한다고 한다. 제주도에서는 오랜 전통을 가진 무속신앙은 일종의 원시적 종교이기 때문에 사회적으로 천한 취급을 받아 왔다. 하지만 무속신앙은 인간이 치유하는 과정에서 정신적인 요소의 중요성을 우리에게 가르쳐주고 또한 거대한 힘을 지닌 자연에 대한 경외심을 키워줄 수 있지 않을까.

1940년 가을, 아버지로부터 편지가 왔다. 그리고 아버지가 도코바시라床柱·도코노마의 장식기둥 일을 그만두고, 분야가 다른 주물 기술을 습득하기 위해 조카가 운영하는 주물공장에서 일을 돕기로 했다는 소식을 알렸다. 아버지가 말하는 조카는 20년 전 쯤 오사카에 불러들인 누나의 아들인 김대우金大佑·김대홍金大弘 형제로, 히가시나리구에서 가네다金田주조공업소를 경영하고 있었다.

앞서 잠시 언급했듯이 당시 히가시나리구는 주물공장 등 소기업이 밀집한 지역이었다. 그곳은 조선인 노동자들이 모여 있어 주물공들의 출입이 잦은 곳이기도 했다.

(9) 형의 죽음과 어머니의 통곡

한편 어머니는 내가 소학교를 졸업하면 아버지 곁으로 가서 가족이 함께 살기를 꿈꿨다. 하지만 아버지가 도쿄에서 새로운 사업을 시작했고, 그것이 궤도에 오르기 전까지는 일본에 갈 수 없다는 것을 알고 있었기 때문에 나만 일본에 보낼 생각이었다.

나도 소학교 6학년이 되어 마쓰오카 선생님의 영향을 받아 공부에 대한 의욕을 불태우고 있었다. 나는 일본에 가서 중학교 시험에 떨어지면 아버지에게 죄송할 것이라는 생각을 진지하게 하게 됐다. 그것은 어머니에 대해서도 마찬가지이다. 어머니는 할아버지의 명령으로 나와 형제를 제주도에 데려와 8년 동안 홀로 우리를 키워주셨다. 그것에 보답하기 위해서라도 열심히 할 각오였다. 어머니는 여전히 부지런한 사람이어서 자투리 시간을 아껴서 늘 무언가를 했고 손을 쉬게 하는 일이 없었다.

집에는 아픈 형과 두 명의 누이동생이 있었는데, 동생들은 아직 어렸기 때문에 날이 어두워지면 불안했다. 당시에는 밤에도 전기가 없었고, 석유램프도 절약하느라 잘 쓰지 않았다. 그래서 어머니가 일 때문에 조금 늦어지거나 하면 여동생들은 근처에 사는 친척 강일부姜—富 집에 가 있었다.

일부의 아버지는 술을 좋아해서 술 마시고 취하는 경우가 많았는데, 인품이 훌륭하고 한학을 비롯한 학식이 뛰어난 사람이었다. 그래서 어머니는 그에게 아버지에게서 온 편지를 읽어달라고 하거나 상담을 부탁하거나 했다. 어머니는 근처에 큰아버지가 있어도 선을 그으며 그다지 가까이 하려 하지 않았던 것 같다. 큰아버지는 실질적인 호주戶主이며 가독家督을 계승하고 있으므로 가장이다. 가장이기 때문에 조상을 모시는 일 등으로 돈이 필요하다며 아버지가 일본에서 매달 돈을 얼마씩 보내오는지 알려고 했다. 어머니는 그것을 알고 있었기 때문에 모두 비밀로 하고 싶어 했던 것 같다.

형은 두 누이동생이 일부의 집에 가버리면 어두컴컴한 집 안에서 혼자 집을 지켰다. 그런 일들이 종종 있었는데 지금 생각하면 미안한 기억으로 남아 있다. 형은 소년이었는데 몸이 아팠기 때문에 혼자서 외롭게 자신의 처지를 슬퍼하며 풀이 죽어 있지는 않았나 하는 생각이 든다.

1942년 봄이 되자 어머니는 아버지의 새로운 사업이 성공하기를 바라며 학교를 졸업하는 나를 아버지가 있는 곳으로 무사히 보낼 생각만 했다. 그런데 3월 초에 형이 감기로 인한 급성폐렴으로 목숨을 잃었다. 어머니는 평소 아픈 형을 걱정했는데 갑자기 세상을 떠나 큰 충격을 받았다. 일본에서는 돗토리현에서 갓 태어난 장남을 잃고, 제주도에서는 동생 창실을 잃고, 그리고 이번엔 형 창우마저 잃었으니 어머니의 슬픔을 이루 말할 수 없었다. 어머니는 세상을 떠난 형의 장례를 마치고 홀로 슬픔에 젖어 그리움을 노래에 실어 운명의 슬픔을 혼잣말처럼 읊조렸다.

어머니는 내가 도쿄에 가는 것과 관련해서도 출발 직전에 도항 중지 신청을 했다. 나도 형의 죽음으로 슬픔에 잠겨 있는 어머니에게 아버지 곁으로 가겠다고 말할 수 없었다. 어머니가 나를 일본에 보내지 않은 것은 형을 잃은 슬픔 때문이기도 했지만, 아들 셋을 잃고 유일한 후계자로 남은 내가 일본에 가는 도중 배에서 갑작스러운 사고라도 당해 혈통이 끊길까봐 걱정했다는 것을 나중에야 알았다.

아버지가 어머니에게 다시금 나를 도쿄로 보내라고 재촉하는 편지를 보낸 것은 알고 있었지만, 어머니 앞에서 그 사실을 말할 수는 없었다. 그러다 중학교 수험일이 지나버렸고, 4월 중순이 됐을 무렵 어머니는 그제야 아버지에게 편지를 보냈다. 어머니는 나 혼자만 일본에 보내기는 불안하니 사촌형 창원昌元과 함께라면 보내겠다고 생각했고 아버지도 우리를 맞이하기 위한 준비를 서둘렀다.

사촌형 창원은 나보다 두 살 위로 학교를 졸업하고도 빈둥거리고 있었는데 그 이야기를 듣고는 매우 기뻐했다. 나보다 나이가 많은데다가 오사카에서 아버지를 여의고 고생을 하고 있었기 때문에 그가 함께 가는 거라면 어머니도 마음을 놓을 수 있었던 것 같다. 그렇게 해서 아버지로부터 우리 두 사람의 도항증명서를 받았고 5월 말에 일본에 가게 됐다.

드디어 도쿄에 가게 되어 수산리에 사는 외사촌형 송화춘宋花春에게 작별 인사를 하러 갔다. 그는 조금 기다리라고 말하고는 옆에 있는 나뭇가지를 잘라 창칼로 불과 약 10분 만에 '요시다'라는 창씨개명한 성을 새겨주었다. 나는 기념으로 받은 도장을 소중히 도쿄까지 가지고 갔다. 훗날 도쿄의 한 '도장장이'가 그 도장을 보고 대단한 명작이라며 감탄했던 기억이 난다.

내가 사촌형 창원과 둘이서 일본으로 떠나던 날 아침, 일찍 일어난 어머니가 손수 간단한 요깃거리를 만들어 우리에게 건네며 배 안에서 먹으라고 했다. 어머니는 애월항까지 배웅하면서 세심한 주의를 주었다. 사촌형 창원의 어머니의 모습은 배가 출항할 때까지 보이지 않았다. 곧이어 '기미가요마루君が代丸'가 항구 안벽보다 조금 떨어진 곳에 닻을 내리고 있었다. 안벽에는 작은 배가 우리를 태우기 위해 기다리고 있었는데, 우리가 그 배로 옮겨 타자 어머니는 슬픈 표정을 지었고 우리에게 작별 인사조차 하지 못하고 있었다. 어머니와의 헤어짐은 마음이 아팠다. 우리가 탄 작은 배에서 본선으로 옮겨 탈 때까지 어머니가 안벽에 홀로 서서 배웅하던 정경은 내게 이생에서의 이별과도 같은 느낌을 주어 누군가 뒷머리를 잡아당기듯 미련으로 남았다.

제4장

소년시절 - 일본에서의 생활

1. 기미가요마루를 타고 귀환

나는 일본으로 출발하기 위해 애월항에서 어머니에게 작별을 고하고 '기미가요마루君が代丸'에 승선했다. 배가 항구에서 멀어져 가는 데도 안벽에 서서 하염없이 우리를 배웅하는 어머니의 모습이 한없이 처량하고 마음속 깊은 곳에서 왠지 모를 슬픔이 복받쳐 올라 어쩔 도리가 없었다.

배는 제주도 각 항구를 돌아 오사카항까지 하루 반 만에 도착했다. 오사카항에서는 누나의 남편 김성국金成国이 우리를 마중 나왔다. 처음 만나는데 그가 우리를 발견하고는 자신의 이름을 밝혔기에 매형이라는 사실을 알았다. 매형은 우리를 니시나리구西成区 쓰루미바시鶴見橋의 집으로 데려갔고, 나는 누나와 만났다. 누나와는 내가 4살 때까지 오사카에서 함께 살았기 때문에 당시의 추억은 잊지 않고 있었다. 누나는 나를 아껴주었고, 자주 데리고 다녔다. 나와 누나는 어릴 적 추억담을 밤이 깊도록 나누었지만, 그것이 누나와의 마지막 이별이 될 줄은 꿈에도 생각하지 못했다.

당시 누나에게는 세 살배기 딸과 한 살배기 아들이 있었는데 매우 건강하고 귀여운 아이들이었다. 우리는 누나 집에서 밤을 새고 이튿날 매형 김성국을 따라 도쿄東京로 향했다. 오사카에서 도쿄까지 급행으로 8시간이나 걸려 겨우 도쿄에 도착했다. 매형도 도쿄는 처음이라고 했다. 아다치구足立区 모토키本木를 찾기 위해 여러 사람에게 물어 간신히 니시아라이西新井 긴비칸金美館이라고 하는 영화관을 찾아 그곳에서 1~2분 정도 떨어진 곳에 있는 미쓰요시光善주조공업소에 도착했다. 그 공장은 큰길에서 조금 들어간 곳에 있었는데, 입구에는 문이 있었고 문을 들어서면 오른쪽에 작은 사무실과 침실 겸용 다다미畳·짚으로 만든 일본식 전통 바닥재 10장짜리 방이 있었다. 아버지는 그 방에서 우리를 기다리고 있었다. 아버지는 매년 휴가를 이용해 고향에 돌아왔는데 도코바시라床柱·도코노마의 장식기둥 일을 그만두고 주물공장 경영을 준비하게 되면서 지난 2년 동안은 돌아오지 않았다.

여기서 주물에 대해 간단히 설명하자면, 주물은 세 종류로 분류된다. 첫째로 선철주물이다. 이것은 일반적인 선철 등을 가리키지만, 제조 시 상당히 넓은 부지를 필요로 하기 때문에 도쿄나 오사카 같은 대도시에서는 찾아보기 힘들고 지방도시에 분산돼 있다. 둘째로 놋쇠, 포금주물이다. 이것은 구리와 주석, 아연 등의 합금으로 만들어지는 것을 말한다. 셋째로 경합금이다. 이것은 알루미늄과 같은 가벼운 금속을 지칭한다. 이 중 놋쇠, 포금, 경금속 등의 주물은 넓은 부지가 필요 없으므로 대도시에 집중돼 있다. 참고로 말하자면 기술에 있어 기본적으로 큰 차이는 없지만, 이러한 주물공업은 모두 군수산업과 연결되는 것이었다.

아버지는 이 주물공장을 경영하기 위해 오사카 히가시나리구에서 사촌형 김대홍金大弘이 경영하는 가네다金田주조공업소에서 일을 도우며 도쿄 진출을 모색하고 있었다. 사촌형 김대우金大佑도 같은 생각을 갖고 있었기에 도쿄에 사는 지인이자 우메다梅田에서 소바메밀국수집을 운영하는 친척 송두호宋斗昊를 만나게 됐다. 그를 만나 보니 그도 같은 뜻을 지녔음을 알고 김대우는 송두호와 함께 모토키本木 2초메丁目·번가에 미쓰보시三星주조공업소를 세우게 됐다. 아버지도 거의 같은 시기에 모토키 1초메에서 미쓰요시주조공업소를 설립했다. 1941년 봄의 일이었다. 또한 같은 시기에 김대우와 같은 고향 출신인 오동춘吳東春 역시 모토키에서 구레모토吳本주조공업소를 설립해 아다치에 세 개의 주물공장이 생겨나게 됐다.

우리를 데리고 온 매형은 다음 날 오사카로 돌아갔고, 아버지는 사촌형 창원昌元에게 장래에 대해 물었다. 아버지는 창원에게 나와 함께 학교에 가라고 권했는데 창원은 고향에 있는 어머니와 여동생에게 보낼 돈이 필요하니 일을 하겠다고 했다. 아버지는 이제 15살이나 됐고 더 이상 학교에 가라고 강요할 수는 없으니 자신이 선택한 길을 올바로 걸어가라고 했다. 그리하여 우리는 아버지와 셋이서 다다미 10장짜리 방에서 생활을 시작했다. 식사는 외식 중심으로 '모토키식당'과 '이로하식당' 중 한 곳에 가서 좋아하는 음식을 주문했고, 식사비는 월말에 지불했다. 모토키식당은 2003년까지 대를 이어 영업을 계속하고 있었다.

1942년 6월 2일 아버지는 나를 아다치제2고등소학교에 데리고 가서 편입 절차를 마치고 돌아갔다. 담당인 고바야시小林 선생님이 교실로 데려가 수업 중인 학급 학생들에게 "조선에서 온 요시다 창희吉田昌熙

군이니 오늘부터 사이좋게 지내거라"라고 나를 소개했다. 그리고 내 자리는 맨 앞 오른쪽으로 이케다 마사요시池田正義의 옆자리로 정해졌다. 나는 두 달이나 늦게 편입을 했기 때문에 모두를 따라잡기 위해 필사적이었다. 이 학교에 편입하고 일주일째, 영어 수업이 끝난 뒤 쉬는 시간에 나는 영어 단어 카드를 외우느라 집중하고 있었다. 그 틈을 타 뒤에서 카드를 집어 들고는 '시험 볼 때 커닝하려고 카드를 사용한다'며 큰소리로 나를 비방하는 사람이 있었다. 그러고 나서 그(이타가키板垣)는 "조선, 조선, 우습게 보지 마!"라고 괴성을 지르고 각종 비방을 쏟아내며 돌아다녀서 어안이 벙벙해 있는데, 내 옆자리 이케다군이 교실에 들어와 그 장면을 보고 나를 감싸주었다. 그러자 그는 궁지에 몰렸는지 내 단어카드를 창밖으로 내던져버렸다. 나는 처음으로 화가 치밀어 올라 그에게 덤비려 했으나 이케다가 나를 막아 세우며 저런 녀석은 상대하지 말라고 달래서 겨우 냉정을 되찾았다. 나중에 내가 교실에서 나오자 몇 명이 나를 찾아와 저 애는 '악질'이라며 잘 참았다고 격려해주었다. 또 다른 한 명은 나를 밖으로 살며시 불러내, 실은 자신은 아이누인훗카이도 등지에 거주하는 소수민족이라고 말하면서 '무엇이든 참아야 한다'고 말해주었다. 그리고 그는 자신이 아이누인이라는 사실을 비밀로 해달라고 말했다. 나는 처음으로 아이누인이라는 말을 알게 됐는데, 그것이 무엇을 의미하는지는 알 수 없었다. 나중에야 아이누인도 조선인과 마찬가지로 차별을 받는다는 사실을 알게 됐다.

집에서 학교까지는 걸어서 30분 정도 걸리는데, 전시 상황이라 학교로 향하는 도로에는 차는 물론 자전거조차도 거의 다니지 않았다. 초가지붕과 판잣집이 띄엄띄엄 보이는 정도의 전원풍경이 펼쳐지는 지역이었다. 나는 하굣길에 친구도 없이 그저 혼자 책을 읽으며 그 길을 지나서 돌아왔기 때문에 한 시간 정도 걸렸던 것 같다.

나는 제주도에서 도쿄에 도착하자마자 마쓰오카松岡 선생님이 가르쳐준 서양사 책을 읽고 싶었다. 아버지에게 책을 살 돈을 달라고 졸라도 "학교 교과서 이외에는 읽지 말라"고 말하며 돈을 주지 않았다. 집 근처를 돌아다니다가 우연히 작은 책방을 발견했는데, 그 책방은 대여 전문 책방이었다. 책 종류는 많지 않았지만 내가 읽고 싶은 책이 있어 얼른 책을 빌려 왔다. 책 대여 요금은 삼일을 기준으로 하루 연장할 때마다 요금이 추가됐다. 학교에 다니면서 단행본을 사흘 만에 읽기는 어려웠다. 아무리 열중해서 읽어도 나흘이나 닷새씩 걸리는 경우가 많았다.

아버지가 교과서 이외에 그 어떤 책도 읽지 못하게 했기 때문에 나는 아버지가 안 계실 때 독서를 했다. 사실 아버지는 집에 거의 안 계셨기 때문에 그다지 걱정하지는 않았다. 하지만 일을 끝내고 공장에서 돌아온 사촌형이 독서를 방해했다. 때로는 교과서를 숨기기도 했다. 그 바람에 수업시간에 책이 가방에 들어있지 않아 곤란한 상황에 처하기도 했다. 그 때문에 사촌형과는 자주 싸웠다. 나는 사촌형에게 대여 책방을 소개해주며 책을 읽으라고 했지만 형은 책에 관심이 없었고 내가 공부하는 것을 탐탁지 않아 했다. 아마도 사촌형 입장에서는 자신은 일하고 나만 학교에 가는 것이 달갑지만은 않았을 것이다.

아버지는 이러한 상황을 보고 사촌형제일지라도 공부하는 사람과 일하는 사람이 한 방에서 함께 지내기는 어렵다고 생각했던 것 같다. 바로 그 무렵 니시무라西村라는 아버지 지인이 새롭게 주물공장을 경영하고 싶다며 우리 집에 자주 와 있었다. 그가 공장 설비는 이미 모두 갖추어져 가동되기 직전이라고 말하자 아버지가 사촌형을 입주 고용해달라고 부탁을 했고, 그 결과 흔쾌히 승낙을 해주어 사촌형은 서둘러 이사를 갔다.

2. 영화관 불빛 아래서

사촌형이 떠난 뒤 고요한 밤이 찾아왔다. 그 고요함이 나를 고독의 늪으로 몰아넣을 줄은 꿈에도 생각 못했다. 아버지는 매일 밤 어디론가 나갔다가 내가 아침에 일어나면 옆에 누워 있는 생활이 얼마간 지속됐다. 사촌형이 떠난 뒤 한동안은 학교 공부에도 집중할 수 있었다. 대여 책방에서 빌린 책도 사흘 만에 다 읽을 수 있었다.

그러던 어느 날 밤, 주위의 정적을 깨고 공장 안에서 희미하게 기계가 움직이는 소리가 들려왔다. 공장 안에는 기계가 없을 텐데 무슨 소리인지 귀 기울여 들어 보아도 잠시 간격을 두었다가 이내 다시 들려왔다. 내가 책상을 앞에 두고 앉아 있는 바로 옆은 얇은 베니어판 한 장으로 방과 공장 사이를 구분해 놓았다. 평소에도 신경 쓰이는 자리라 더욱 예민하게 반응한 것이다. 처음에는 무시했는데 그 소리가 계속 들려서 공부를 할 수가 없었다. 나는 그대로 이불을 뒤집어쓰고 잠이 들었다. 그리고 아침이 오면 내 옆에 아버지가 누워 있었으므로 지난밤의 일은 먼 과거의 일처럼 잊어버렸다.

나는 오늘도 아무렇지도 않은 듯 학교에 가고, 수업이 끝나면 책을 읽으며 집으로 돌아온다. 그리고 공장이 문을 닫고 어둠이 내릴 무렵 고요가 나를 감싼다. 나는 밤의 고요함이 두렵다. 책을 챙겨 집을 뛰쳐나와 근처 영화관에 가서 그곳 간판의 불빛으로 책을 읽었다. 그 영화관의 간판이 꺼지는 오후 10시까지 책을 읽다보니 누구에게랄 것도 없이 자연스럽게 나에 대한 소문이 퍼져 공부를 열심히 하는 아이라는 이야기를 듣게 됐다. 그러나 도저히 집에 있을 수 없는 소년이 영화관 불빛 아래 잠시나마 마음의 평안을 찾으려 했던, 그런 나의 심정을 어른들은 알지 못했다.

이런 상황이 한 달 넘게 이어지다 보니 나는 몸과 마음이 한계에 다다랐다. 어느 날의 일이었다. 그날도 집에서 책을 들고 현관을 나서자 뒤쪽 2층 집에서 단란한 가족의 즐거운 웃음소리가 들려왔다. 나는 그 웃음소리를 듣는 순간, 순간적으로 고향에 있는 어머니와 누이동생의 얼굴이 떠올라 지금의 내 처지가 그 화기애애한 웃음소리와 겹치며 고향이 한없이 그리워졌고, 고향에 돌아가고 싶다는 생각에 눈물이

절로 났다. 향수병에 걸렸던 것이다. 고향 생각에 사로잡힌 나는 흘러내리는 눈물을 손으로 닦으며 방으로 들어가 책상으로 향했다.

이제 무서움도 어딘가로 날아가 버려서 될 대로 되라고 생각하기에 이르렀다. 그리고 책상에 놓여 있던 원고지에 연필을 놀렸다. 나는 그 무렵 글짓기 연습을 하고 있어서 원고지는 늘 책상 앞에 놓여 있었다. 그래서 자연스럽게 내 심경에 관해 쓰게 됐고, 마음에 떠오른 주제는 '머나먼 고향을 그리며'였다. 가장 먼저 떠오른 것은 어머니와 누이들, 그리고 친구들이었다. 고향 산천은 아름다웠고 마음속 가득히 그리운 추억이 펼쳐졌다. 그것이 어린 시절의 이야기가 되어 눈물 훔쳐가며 원고지 400자짜리 여섯 장을 다 썼을 때, '아아 고향이 그립다, 고향에 돌아가고 싶다, 공부 따위는 아무래도 좋다!'라는 생각으로 모든 것이 부질없게 느껴졌다. 그리고는 피곤했는지 책상 앞에서 잠이 들었다.

아버지가 몇 시에 돌아왔는지는 모르나 나를 깨웠다. 아버지가 이불 속에서 자라고 해도 나는 들은 척도 하지 않았다. 아버지에게 반항했고 이토록 무신경한 아버지 말 따위 듣고 싶지도 않았다. 나는 책상 앞에서 아침을 맞았다. 그렇게 지난밤은 거의 잘 수가 없었다. 나는 아버지에게 처음으로 반발했다. 그리고 "고향에 보내주세요! 공부는 고향에서도 할 수 있습니다"라며 아버지에게 항의의 뜻을 강하게 전했다.

그러자 아버지는 처음으로 속마음을 털어놓았다. 아버지는 우리 가족 모두를 부르고 싶었는데, 이제 막 운영을 시작한 주물공장이 안정되지 않아 불러들일 준비가 되지 않았던 것이다. 우선 소학교를 졸업하는 나를 중학교에 입학시키기 위해 먼저 일본에 불렀다고 한다. 그리고 올해 안에 어머니와 누이들을 부를 테니 그때까지 열심히 공부하라고 해서 내 마음은 안정을 되찾았고, 아버지의 지시에 따르기로 했다. 그리고 그날부터 아버지는 밤 외출을 하지 않았다.

3. 군국주의와 구타

아버지와 이야기를 나누고 닷새 후, 아버지는 모토키 2초메에 있는 친척 집에 잠시 머무르라고 하면서 나를 데리고 백부의 집에 갔다. 백부는 아버지가 오사카에서 도쿄로 올라올 때 동행한 것 같다. 백부에게는 강창학姜昌鶴이라는 아들이 있었다. 나보다 한 살 아래인 동생이라 이 동생과 한 방에서 생활하게 됐다. 그는 창남昌男이라고 불렸으며, 오사카에서 나고 자라 일본 교육을 받았기 때문에 조선어는 전혀 모르거나, 어쩌다 알아듣는 정도였다. 당시 세키하라関原소학교 6학년이라고 했다. 그 집은 세키하라소학교 뒤편에 있었는데 단층집으로 다다미 6장짜리와 다다미 2장짜리 방 두 칸밖에 없어서 나는 다다미 2장짜리 방에서 창남과 함께 생활하게 됐다. 비록 좁은 방이었지만 지금까지 고독한 생활에 시달렸던 나에게는 천국이었다. 다만 한 가지 고민은 공부할 장소가 없다는 점이었다.

나는 밤에는 창남의 방에서 자고 아침이 되면 집으로 돌아와 낮에 공부를 하는 이중생활을 시작했다. 학교가 여름방학 기간이라 중학교 편입시험 공부가 가능했다. 하지만 낮에는 공장에 사람들이 많이 드나드는 데다 방이 더워 창문을 모두 열고 있었는데 좋든 싫든 내가 공부하는 모습을 사람들이 들여다보는 탓에 어수선해서 집중할 수 없다는 문제가 있었다. 집 근처 협화회協和会 보도원補導員인 가나오카金岡라는 사람이 매일같이 우리 집에 드나들었다. 그는 내가 공부하는 것을 보고 중학교 편입시험을 준비한다는 사실을 알게 돼 어느 중학교에 가려고 하느냐고 자꾸만 물었다. 자신의 외아들이 혼고本郷중학교에 갔다고 자랑하듯 말하는 게 입버릇이어서 내가 어떤 중학교에 지원하는지 관심이 있는 듯했다.

아버지 또한 가나오카의 영향으로 수험 지망학교를 자꾸 물어서 진절머리가 났다. 나는 제주도에서 온 지 얼마 되지 않았기 때문에 어디에 어느 중학교가 있는지 알지 못했고, 어느 중학교든 같은 중학교인데 학교를 선택한다는 사실 자체가 탐탁지 않았던 것 같다. 그것은 내가 제주도에서 와서 고등소학교에 들어갈 때부터 차별을 받아온 인간이었기 때문이었고, 학교에 차이를 두고 차별하는 것에 거부감이 있었다.

나는 중학교 편입시험을 보려고 했을 때부터 지망학교를 마음속으로 정해두고 있었다. 스이도바시水道橋에 있는 다이세이大成중학교이다. 이 학교에 지원하려는 이유는 우리 마을 선배가 다니던 학교였고, 우리 집 근처에 사는 사람이 다이세이중학교에 다니고 있었기 때문이었다. 별로 특별한 의미는 없었다.

나는 창남의 집에 머물면서 생기를 되찾았다. 창남은 나를 친형처럼 따르며 늘 따라다녔다. 창남도 학교가 여름방학에 들어가서 낮에는 거의 나와 함께 있었다. 그는 하는 일 없이 빈둥거렸다. 내가 수험 공부를 하는 모습을 보고 따분한 표정을 짓곤 했다. 그리고 밖에 나가 근처 소년들과 놀고 있을 때도 내가 잠시 쉬려고 그곳 놀이터에 나타나면 모두에게 나를 자신의 형이라고 소개하며 의기양양해했다. 그는 외아들이었기 때문에 나와 같은 고독감이 있었던 것 같다. 그 점은 마음이 맞아서 그가 같이 따라다니는 것이 처음에는 기뻤지만, 점점 생각의 차이를 느끼게 됐고 거리를 두게 됐다.

나는 창남으로부터 노는 법을 배워 그의 친구들과 함께 어울려 놀수 있었다. 나는 제주도에서 온 지 두 달 남짓밖에 되지 않았기 때문에 발음의 차이를 느꼈다. 나는 내 일본어 악센트가 강하다는 것을 알고 있었기 때문에 그들과 함께 놀면서 언어 공부를 했다. 발음 때문에 친구들에게 놀림을 받기도 했지만, 그때마다 창남은 나를 감싸주었다. 나는 창남 덕분에 일본에서 노는 법을 배웠고, 그 또한 하나의 일본 문화이므로 가는 곳마다 도움이 됐다. 그 이후로 나는 문화의 원류는 언어로부터 비롯된다고 생각하게 됐다.

같은 해 8월 초순 무렵 아버지가 갑자기 내일부터 집에 와서 자라는 이야기를 했다. 오사카의 숙부가 내일부터 도쿄에서 아버지의 일을 돕게 됐기 때문에 더 이상 혼자 집에 있을 일은 없다는 것이었다. 그렇게 창남 집에서의 숙식을 끝내고 집으로 돌아가게 됐다.

1942년 9월 나는 다이세이중학교 편입시험에 합격했다. 이 학교에 입학하고 나서 처음으로 다른 세계에 뛰어든 것 같은 기분이 들었다. 아다치足立제2고등소학교는 엄격한 규율이 없는 편안한 곳이었지만, 그런 평화로운 세계에서 갑자기 군국주의적 교육을 하는 세계에 뛰어든 듯한 느낌이었다.

이 중학교에 입학하고 보니 상급생이 교문 입구에 서서 하급생의 따귀를 마구 때리는 것이었다. 예를 들어 교문에 서 있는 상급생에게 군대식 경례를 하도록 돼 있었는데, 그 경례가 마음에 들지 않으면 따귀를 맞아야 했고 옷차림에서 무심코 단추가 끌러져 있으면 "너는 정신 상태가 글러 먹었다"며 따귀를 때리는 등 요컨대 상급생의 마음에 들지 않으면 따귀가 날아왔다.

또 매주 한 차례 상급생이 하급생 교실을 돌며 그곳에서 전원 복장 검사를 했다. 그중 한 사람이라도 복장에 문제가 있으면, 가령 단추가 풀어져 있다든가, 복장을 제대로 갖추지 못한 경우 그 반 전원이 함께 따귀를 맞았다. 나도 나 때문이 아니라 반에서 누군가가 걸리는 바람에 우리 반 학생들과 함께 따귀를 맞은 적이 두어 번 있었다. 어쨌든 무언가 작은 일이라도 트집을 잡아 반 전원을 일렬로 세운 뒤 차례대로 '하나, 둘'하고 알아서 스스로 호령을 하게 하고 소리가 작으면 따귀를 때렸다. 나는 난생 처음 따귀를 연달아 맞았는데, 상급생이 잔뜩 힘을 실어 때리는 바람에 너무 아팠다. 얼굴이 따끔거렸다.

이렇듯 학교는 군대식으로 바뀌고 말았다. 2학년 가을에는 고이시카와小石川운동장에서 군사 교련을 받았다. 그 무렵 태평양전쟁이 치열해지면서 우리는 공부도 중요하지만, 그보다 중요한 것은 심신 단련이라는 말을 들었다. 그 말이 학교를 졸업하면 모두가 군인이 된다는 것을 의미한다는 생각이 들었다. 이와 같은 답답함 속에서 유일하게 마음에 평온함을 가져다준 것은 학교 앞 미사키초三崎町부터 진보초神保町 일대가 일본 제일의 헌책방 거리라서 100여 곳 이상의 책방이 줄지어 있다는 사실이었다. 나는 이따금 그 책방들에 들러 서서 책을 읽곤 했다.

4. 내가 처음으로 본 아다치

아다치에는 스미다강隅田川, 아야세강綾瀬川, 나카가와강中川(이전의 도네강利根川) 등 큰 하천이 흐른다. 1920년부터 1930년 초까지 이 지역은 농업지대였다. 내가 처음 아다치에 왔을 때는 이 세 개 하천이 호우 때는 자주 범람에 시달렸으며, 특히 스미다강 범람은 아다치 지역을 비롯해 아라카와荒川 지역의 미카와시마三河島, 미노와三ノ輪에 이르기까지 그 피해가 미쳤다.

반면 아다치 지역은 사방이 강으로 둘러싸인 지리적 조건을 이용해 배를 통한 교통이 주민 생활에 큰 역할을 했다. 1940년까지는 주로 모든 물자수송을 배에 의존했기 때문에 강변에는 사람들이 이동수단으로 사용하는 나룻배에서 펼쳐지는 시장이 많이 열려 활성화됐다.

또한 육로의 경우, 도쿠가와 막부德川幕府가 막부의 전략적인 도로로써 에도江戸를 중심으로 5개의 가도街道를 직접 지배했는데 그중 하나가 닛코가도日光街道이다. 그 가도의 출발점에 있는 것이 1594년 9월 스미다강에 세워진 센주대교千住大橋이다. 이 다리는 1927년에 현재의 강철 다리를 놓기 전 딱 한 번 대홍수에 휩쓸린 적이 있다고 한다. 에도시대부터 이 다리를 통해 다이묘大名·영주의 참근교대参勤交代·다이묘들이 정기적으로 에도에 머무는 제도나 상인을 포함한 많은 사람들의 왕래가 빈번했다.

이 다리에 의해 교통량이 증가하고 그곳을 왕래하는 사람들을 상대하는 상업이 생겨나면서 지역은 활기를 띠었다. 아다치 지역에는 청과물시장(얏차바ヤッチャバ－)이 생겨나 도쿄도 내 각 방면에서 청과물 도매업자가 거래를 하기 위해 모여들었고, 그 옆에는 어시장도 생겨나 활기를 띠게 됐다. 또한 왕래하는 사람들을 위해 숙박시설이 생겨나면서 센주주쿠千住宿로 발전했고, 급기야 음식점과 메시모리온나飯盛女·유녀를 두는 게 공인됐다. 이것이 센주 유곽의 시작이지만 1960년에 매춘방지법의 시행으로 폐지됐다.

이렇게 아다치는 도로의 확장 발전과 함께 근대화로 변모하는 가운데 매년 발생하는 아라카와(스미다강) 수해로부터 주민을 보호하기 위해 아다치 구역 내에 인공 강을 만들기 위한 개착공사가 진행됐다. 이 공사로 1913년 8월부터 1924년까지 11년의 세월을 들여 완성한 것이 아라카와방수로荒川放水路라고 불리는 강이다. 1965년에는 행정 당국이 이 강의 명칭을 아라카와방수로에서 '아라카와'로 정했다. 행정 당국은 1923년 9월에 일어난 관동대지진 이후 새롭게 도시계획을 작성했는데, 당시 아다치는 도쿄부 미나미아다치군南足立郡이었으나 1932년 5월부터 시 안에 편입되면서 도쿄시 아다치구가 됐다.

아다치구는 대부분이 농업지대여서 매년 발생하는 홍수에 시달리던 습지대였는데, 인공 강인 아라카와방수로가 완성된 이후 급속히 발전했다. 교통망 정비가 진행돼 1924년에 센주신바시千住新橋가, 1922년에는 니시아라이바시西新井橋가 각각 완성됐다. 그 후 니시아라이바시는 노후화됨에 따라 1961년에 우메다에서 그리 멀지 않은 새로운 철근 다리로 바뀌어 현재에 이른다. 이 새로운 철근 다리로 인해 악명 높은 파출소는 폐지됐고, 새롭고 넓은 100호선 도로가 다케노즈카竹ノ塚 방면까지 건설됐다. 1934년 아다치구와 아라카와구를 나누는 스미다 강에는 최신식 강철 다리인 오타케바시尾竹橋가 세워졌고, 이로 인해 아라카와 방면보다 아다치에 들어오는 사람이 급속히 증가했다.

오타케바시와 니시아라이바시의 중간 지점에는 1926년에 도쿄전력의 수요에 따라 건설된 화력발전소가 있다. 이 건물은 4개의 굴뚝이

높게 솟아 있는 것이 특징으로, '도깨비 굴뚝おばけ煙突'이라고 불렸다. 하지만 노후화되고 능률이 떨어져 1963년 발전소가 해체되자 사람들에게 친근감을 주던 큰 굴뚝도 자취를 감췄다.

니시아라이바시를 건너면 길은 세 갈래로 나뉜다. 오른쪽으로 돌면 '우메다의 아카후도梅田の赤不動'라는 부동존不動尊이 안치된

1960년 무렵 네 개의 굴뚝 '도깨비 굴뚝'
(니시아라이바시 미나미즈메 부근에서 촬영·
아다치구립향토박물관 소장)

메이오인明王院이 있어 지역 주민들에게 친숙하다. 또한 왼쪽으로 돌면 모토기신도本木新道이고 그 앞에는 니시아라이다이시西新井大師가 있는데, 826년에 고호대사弘法大師가 재난에 시달리는 이들을 위해 관세음보살과 고호대사상을 사찰 본당에 안치한 것으로 전해진다. 이 대사상을 신앙의 대상으로 삼는 액제개운厄除開運의 영지로서, 가내 안전과 소원 성취를 바라는 사람들이 많아 문전성시를 이루고 각종 가게가 늘어서게 됐다. 이 니시아라이다이시를 기점으로 버스가 운행했고, 1922년 8월에는 니시아라이바시까지 운행을 했다. 1936년에는 아사

쿠사浅草 마쓰야松屋 도부선東武線역까지 운행했으나 현재는 모두 폐지
돼 니시아라이다이시와 기타센주北千住역 사이를 왕복하는 노선버스
만 운행하고 있다.

다리에서 갈라진 세 갈래 길 중앙에는 당시 삼엄한 검문소 역할을
했던 파출소가 있었는데, 그곳을 왼쪽에서 가로질러 들어가면 모토키
세키바라거리다. 이곳은 1932년에 모토키세키바라상점가本木関原商店街
로 만들어졌다. 이 상가를 따라가면 세키바라산関原山 후도다이쇼지
不動大聖寺가 나오는데, 이 절을 사람들은 세키바라후도손関原不動尊이라
고 부르기도 하고, 또한 친밀감을 담아 단지 '오후도손お不動尊'이라고
부르기도 했다. 다시 이 도로를 따라 안쪽으로 들어가면 니시아라이
역전西新井駅前이 나온다.

모토키 세키바라 지구는 도로가 좁고, 골목이 복잡하게 얽혀 있었
는데 상점이나 집들이 늘어선 골목으로 들어가면 마을 공장이 산재돼
있었다. 이 마을은 농촌지대에서 시가지로 변모해가는 한편, 낡은 전
원 풍경도 여전히 남아 있었다. 조금 떨어진 곳에는 목장도 있었다.
1943년까지만 해도 아다치구 내에는 30여 개의 목장이 산재해 있었
으며, 사육되는 젖소는 약 950마리였다고 한다. 그러나 도시화와 환
경 문제 때문에 그 이후에는 점차 사라져 갔다.

5. 아다치에서 조선인 커뮤니티의 시작

1914년 제1차세계대전이 일어나자 일본은 군수경기로 노동력이 부족했다. 특히 피혁산업과 관련된 분야는 도쿄의 기네가와木下川, 미카와시마三河島, 기타센주北千住의 피혁산지대에서 조선피혁주식회사에 이르기까지 활기를 띠고 있었다. 또한 일본에서는 이 전쟁으로 피혁산업뿐만 아니라 섬유공업을 비롯한 각종 산업에 이르기까지 수요가 확대됐다.

일본 정부는 수도 환경을 정비하기 위해 여러 법령을 제정했다. 예를 들어 1873년 '피혁수제업자의 이전명령'이 경시청령으로, 1888년에는 '폐지 수거 및 수집, 신발 수리 단속규칙紙屑買ヒ及紙屑拾ヒ及ヒ下足直ヲシ渡世取締規則'이 제정됐다.

폐품줍기는 메이지明治 초기부터 히가시우에노東上野, 시바신모초芝新網町, 요쓰야사메가하시四谷鮫ヶ橋, 고이시카와小石川의 센카와千川 등을 중심으로 폐품수집상에 의해 실시되다가 1903년 경시청령에 의해 아라카와의 닛포리日暮里, 미카와시마三河島로 이전됐다. 또한 1915년 폐품영업단속규칙屑物営業取締規則, 1917년 폐품영업금지조치법屑物営業禁止措置法을 거쳐, 1927년에는 아라카와방수로의 북쪽에 위치한 아다치의 모토키로 강제적으로 내몰렸다. 이 중에는 조선인 남녀가 여럿 포함돼 있던 것으로 보이며, 그 이후 모토키는 폐품업자와 그 관계자들의 중심지가 돼 갔다. 모토키는 어느새 '고물상', '넝마주이' 마을로

차별적 시선을 받게 됐다. 이 차별적 용어가 사용된 것은 원래 도쿄 시내 곳곳에 있던 폐품업자를 아라카와의 닛포리, 미카와시마로 강제로 이전시켰을 무렵부터였다. '폐품업자'는 시내의 쓰레기를 주워 모아 그중에서 종이류나 넝마, 금속류 등을 찾아내 오야카타親方·우두머리 장인가 경영하는 폐품수집업체에 납품해 돈을 받고 있었다. 그래서 이 직업을 멸시하는 의미로 '넝마주이(바타야バタ屋)'라는 호칭이 퍼져나갔다.

이러한 이유로 아다치구의 모토키에는 '폐품업자'가 모여들었다. 하지만 닛포리, 미카와시마에도 폐품업자는 남아 있어 1931년에 이르러서도 미카와시마 8초메에 '마루로쿠나가야丸六長屋', 통칭 '마루로쿠'가 1000채의 나가야長屋·줄사택·일본식 목조 연립주택를 세우고 '폐품업자'를 모아 영업을 이어나가고 있었다. 그리하여 닛포리, 미카와시마에는 1939년에 이르러서도 폐지업체가 380채, 넝마장수가 260채 (『아라카와대감荒川大鑑』)가 남아 있었다.

아다치구에 조선인이 정착하게 된 것은 1923년 9월 관동대지진 이후부터이다. 도쿄부의 통계에 의하면 조선이 일본의 식민지가 된 1910년부터 3년 후인 1913년 12월에 센주千住, 니시아라이西新井, 이코伊興, 하나하타花畑 등에 조선인 남성 7명과 여성 6명, 총 13명이 거주해 왔다. 하지만 이듬해에는 남성 2명, 여성 4명이 센주와 니시아라이에 거주한 것으로 보아 정착할 장소가 없었던 것 같다.

1930년대 후반부터 모토키에는 폐품업자가 모여들어 나름대로 활

구 니시아라이바시(1961년 촬영·아다치구립향토박물관 소장)
1922년 3월 완성(목제). 길이 435.6m, 폭 6.5m, 현재 니시아라이바시 상류 가교.

기를 띠었다. 이때까지 모토키는 농업 관계자가 많았으며, 그 밖에는
이렇다 할 직업은 별로 없었다. 훗날 아다치구의회 의원 시미즈 우시
마사淸水丑政씨가 관동대지진 때 자경단自警團에 의한 조선인 학살 위기
를 피해 니시아라이바시를 건너온 조선인을 도왔던 이야기를 내게 해
주었는데 그 당시 그 역시 폐품업자 등을 두고 폐품수집업체를 운영
하고 있었다고 한다.

아다치에 조선인이 본격적으로 증가하기 시작한 것은 앞서 말했듯
이 1927년에 폐품업자가 아라카와에서 아다치의 모토키로 강제 이전
해 왔을 때부터이며, 그해 조선인 수는 약 180명이었던 것이 이듬해
에는 500명 정도로 증가했다.

당시 아다치 주민들은 대부분 농업으로 생계를 이어가고 있었다. 그러나 폐품업자가 아라카와에서 이전해오자 폐지 재생에 눈을 돌린 많은 농가가 자신의 집 마당이나 공터를 이용해 폐지 재생 일을 시작했다. 이에 아다치에는 농업과 종이 재생업을 하는 겸업농가가 증가했다.

나는 1942년 5월에 제주도에서 아버지의 부름을 받고 아다치 모토키에 왔는데, 그 당시의 일을 떠올리면 이곳이 과연 도쿄가 맞는지 의구심을 갖는 일이 많았다. 모토키초에는 폐지업자들이 거주하는 나가야가 많았고, 하수는 흐르지 않아 진흙탕이 됐으며 모기가 대량으로 발생해 악취를 풍기고 있었다.

모토키에서 '폐지업자'가 주워 모은 것은 오야카타가 폐품수집업체로부터 매입한다. 오야카타는 매입한 물건을 각종 용도별로 구분해 그 분야 전문업자에게 판매한다. 당시 내가 아버지를 통해 알게 된 사람 중에 같은 제주 출신으로 종종 우리 집에 찾아와 아버지와 민족 독립 문제를 놓고 논의를 했던 재일조선인 한학자 강계림康桂林이라는 사람이 있었다.

그는 매우 학식이 높은 사람이었는데, 생활 수단으로 '폐품업자'를 여러 명 거느린 폐품수집업체를 운영하고 있었다. 이 시대 조선인 인텔리는 당국으로부터 위험분자로 간주돼 조금이라도 수상하다고 여겨지는 자는 미행을 당하거나 신변조사를 당하기도 했다. 그래서 그런 인텔리들 중에는 일부러 초라한 생업에 몸을 숨기고 자신의 지성을 위장하는 사람도 있었다. 사회주의나 독립운동으로 이어질 수 있는 사람들은 특히 이런 경향이 강했다.

그의 밑에는 대학에 다니는 인텔리가 여럿 있었는데, 한번은 그중 한 사람과 이야기할 기회가 있었다. 그는 이름은 밝히지 않았지만 조선독립운동과 사회주의운동에 관련돼 있는 듯했고 내게 여러 차례 민족 이야기, 인생 이야기, 철학 이야기 등을 해주었다. 그때 나는 민족의 일 이외에는 잘 알지 못했다. 그러나 그가 가르쳐준 삶과 철학은 그 후로도 뇌리에서 떠나지 않았다. 그는 아침에는 폐품업자로서 어둑어둑한 새벽녘부터 짐수레를 끌고, 달그락 소리를 내며 니시아라이바시를 건넌다. 전쟁 중이었기 때문에 아무도 신경 쓰지 않았지만, 그 무렵 짐수레는 바퀴가 굴렁쇠로 돼 있어 움직이면 소리가 시끄러웠다. 그것을 끌면서 쓰레기통 따위를 뒤지고 다니다 돌아와 오전 8시 전에는 대학에 가는 생활을 하고 있다고 했다.

당시 학생이 학교를 다니면서 할 수 있는 일이라고는 신문배달이나 우유배달 정도였는데, 그 일을 얻을 수 있는 학생은 그나마 운이 좋은 편이었다. 일자리를 얻지 못하는 학생은 무엇이든지 하지 않으면 안 됐다.

일반적으로 폐품류는 폐품업자에 의해 수집업체에 모이면 종류별로 분류되고 종이는 헌 신문, 헌 잡지, 헌 책 등으로 분류된다. 헌 옷도 분류되는데, 주물공장 등에서 금속을 녹여 짜 맞출 때 헌 옷을 여러 겹 겹쳐 만든 두꺼운 장갑이 필요했기 때문이다. 우리 아버지도 공장 용광로에서 낡은 장갑을 사용했다. 또한 금속류도 철, 포금 등으로 분류됐고 그것을 전문적으로 취급하는 업자도 등장했다. 이처럼 분업이 발달하면서 조선인들은 생계 수단을 찾아갔다. 그들은 생계를 꾸릴 수 있게 되자 형제나 친척, 같은 고향 사람까지 불러 일을 넓혀나갔다.

그 무렵 아다치에는 자투리 가죽을 손에 넣어 생활을 꾸리는 조선인도 많이 볼 수 있었다. 1883년 미카와시마, 기네가와木下川 지역에 피혁업자가 형성돼 있었는데, 일본 정부는 근대도시계획의 필요성 때문에 인구의 유입과 근대산업의 전개에 따라 강제로 피혁산업을 아다치방면으로 이전할 것을 명령하는 수단을 취했다. 1911년 9월에 조선피혁산업주식회사가 설립됐고, 1914년에 제1차세계대전이 일어나자 일본은 군화, 장화 등을 대량 수주해 군수경기는 호황을 누렸다. 일본에서는 생산이 늦어져 조선산 제품까지 총동원해도 할당량을 달성하지 못하는 상황에 이르렀다. 이 때문에 미카와시마와 마치야町屋뿐만 아니라 아다치의 센주 피혁공장도 활기를 띠게 됐다. 특히 피혁제품의 생산이 주문을 따라가지 못해 조악품粗惡品의 출현이나 가격의 폭등, 악질 거래업자의 횡행과 같은 문제도 나타났다. 이 시기에 이르러 생산 확대가 시급해졌고 노동력 부족을 메우기 위해 많은 조선인이 현장에 투입됐다. 그리하여 조선에서 저임금 노동자를 들여옴으로써 이들 회사의 경영은 크게 확대됐다.

그 무렵 모토키 마을에도 상당수의 조선인이 들어왔지만 일자리가 없어 피혁공장에 가서 자투리 가죽을 받아 와 이용하는 사람들이 늘었다. 1942년쯤에는 모토키초 조선인이 자투리 가죽을 들여와서 자전거 체인처럼 구멍을 뚫어 밴드를 만드는 광경을 여러 번 보았다. 나가야 입구에 둥근 나무 그루터기를 자른 받침대를 놓고 자투리 가죽을 그곳에 올려놓는다. 그리고 나무망치로 두들겨 구멍을 낸 다음 그것을 이어서 밴드를 완성한다. 이런 방법으로 자투리 가죽을 능숙하게 효과적으로 활용해 체인 밴드를 만들었는데 고안한 사람이 누구이고, 그것이 언제 적 이야기인지는 알 수 없다. 참고로 이렇게 다양한 형태로 전시 피혁산업에 종사했던 조선인들이 전후 아다치에서 고급 가방과 초등학생용 책가방란도셀 등을 제작하게 된다.

6. 폐품업자와 민비

1943년 정월, 일본에 건너와 아버지와 둘이서 생활을 시작하고 첫 설날을 맞이했다. 그러나 즐겁기만 했던 설도 내게는 매우 따분하게 느껴졌다. 제주도에서의 정월은 많은 친구들과 이런저런 놀이를 하는 즐거운 날이었음을 떠올리며 아버지와 사촌형, 나 이렇게 셋이서 일본에서 맞이하는 정월의 쓸쓸함을 달랬다.

다만 한 가지, 어머니와 여동생들이 얼마 안 있으면 일본에 오기 때문에 그날을 손꼽아 기다리는 것이 즐거움이었고, 그 재회의 날을 꿈에서도 그리곤 했다. 사촌형도 입주해 일을 하면서 야간학교를 다니고 있어 만날 기회가 별로 없었지만, 오랜만에 만나니 반가웠다. 정월이 지나자 아버지는 어머니와 여동생들을 맞이하기 위해 집을 알아보기 시작했다. 얼마 후 아버지가 찾아낸 집은 공장에서 걸어서 3분 정도의 거리에 있고, 부지는 40평이 넘었다. 집 현관은 길가에 인접한 각지角地로 뒤뜰이 넓었고 다다미가 각각 6장과 3장이 깔린 방과 다다미 20장이 깔린 넓은 마루가 있었다.

아버지는 2월에 들어서자 오사카에서 숙부를 불러 집을 봐 달라고 부탁했고, 그 사이에 공장 운영에 지장이 없도록 준비를 마치고 어머니를 데리러 제주도로 향했다. 아버지는 열흘 정도 머무를 예정으로 갔기 때문에 숙부와 나는 한 방에서 지냈다. 술과 담배는 일절 하지 않는 성실한 성격이지만, 그 대신 놀기를 좋아했고 퉁소와 일본민요에 소질이 있었다. 그 밖에도 화투놀이를 좋아해 공장에서 일을 마치고 저녁식사 후에는 숙련공들과 어울려 밤마다 화투를 치기도 했다. 이 것을 누가 경찰에 밀고했는지, 혹은 우연인지 형사 두 명이 와서 이런 비상시에 어째서 도박을 하느냐고 호통을 치며 경찰에 연행하려 한 적이 있었다. 숙부는 화투를 친 것은 사실이지만 내기는 하지 않았다고 변명했으나, 형사들은 태도가 반항적이라며 숙부와 참가자들에게 폭행을 가하며 억지로 경찰에 끌고 갔다. 경찰서에서는 무슨 일이 있었는지 알 수 없지만 늦은 밤이 돼서야 네 명 모두 돌아왔다. 나는 어린 마음에도 그 당시 형사의 횡포에 분개했다. 이 일을 계기로 나는 장래에 변호사가 돼 억울하게 죄를 뒤집어쓰고 눈물을 흘리는 약자들의 편에 서고 싶다는 열망을 품게 됐다.

1943년 2월 15일에 아버지는 제주도에서 어머니와 여동생들을 데리고 돌아왔다. 그리하여 우리 가족은 빌린 집에서 새로운 생활을 시작했다. 나는 어머니와 여동생들과의 약 1년 만의 재회에 너무 기뻐 가슴이 벅차올랐다. 여동생 창숙昌淑은 집 바로 맞은편에 살고 있는 야마다山田씨의 딸과 이사 온 그날부터 함께 놀았다. 말은 통하지 않아도 같은 또래니까 어떻게든 손짓 발짓을 써가며 친해지고 친구가 된 것 같다.

아버지가 제주도에 가서 어머니를 데리고 일본으로 돌아가려고 했을 때 누나는 어머니가 보고 싶은 마음에 이미 오사카에서 두 아이를 데리고 제주도에 와 있었다. 누나는 어머니를 한번 보고 오사카로 돌아갈 생각이었지만, 감기가 심해져 폐렴에 걸리고 말았다. 누나는 임시 비자로 제주도에 건너갔지만, 병 때문에 어머니와 함께 일본에 돌아갈 수 없게 됐다. 어머니가 도쿄에 도착하고 한 달 후에 누나가 제주도에서 세상을 떠났다는 소식이 들려왔다. 그 말을 듣고 어머니는 통곡하며 일본에 함께 데려오지 못했다는 자책감에 사로잡혔다. 어머니는 아버지를 따라 두 명의 여동생과 오사카항에 내렸을 때, 마중 나온 매형에게 누나의 병세가 악화됐다고 하소연했다. 그러나 매형은 누나를 데리러 제주도에 갔으면서도 누나가 폐병에 걸렸으니 곁에 가지 말라는 무지한 그의 부모의 말을 듣고 어린 두 아이들마저 방치한 채 오사카로 돌아와 버렸다. 그의 냉혹한 처사에 가슴이 아프면서도 허무하게 세상을 떠난 누나의 마지막을 생각하면 나는 아직도 그를 용서할 수 없다.

우리가 이 집에 이사 온 후로 아버지 지인들이 거의 매일 밤 찾아와 아버지와 술잔을 기울였다. 특히 앞서 언급한 한문학자 강계림(당시 강홍康虹으로 불림)과는 말이 잘 통했는지 사흘에 한 번씩 집에서 술을 마시며 세상 돌아가는 이야기를 나누었다. 때때로 금기어가 된 조선 독립론에 대해 조선말로 논의하는 소리가 옆방에 있는 내 귀에도 좋든 싫든 들려왔다. 강계림은 한번 읽어보라며 내게도 책 한 권을 가져다주었다. 호소이 하지메細井肇의 『여왕 민비女王閔妃』(1931년, 월단사月旦社)라는 책이었다. 그는 헌 종이 등을 모으는 사업 관계상 헌 신문이나 잡지, 헌 책 등을 많이 가지고 있었고 그중에서 필요한 서적을 발견하면 보관해 두는 것 같았다. 이 물건들은 모두 폐품으로 버려진 것을 폐품업자가 모아온 것이다.

나는 강 학자에게서 받은 책을 처음에는 좀처럼 이해하기 어려워 흥미 위주로 읽었다. 하지만 읽다 보니 엄청난 책이라는 사실을 깨달았다. '여왕 민비'는 조선시대 말기에 민씨 일족이 권력을 장악하고 왕비까지 배출했는데, 일본 군부에 의해 학살당하고 마는 '을미사변'에 대해 쓴 책이었다. 나는 이 책을 읽고 비로소 일본 군국주의의 침략성을 알게 됐다.

그 후로 나도 모르는 사이에 민족성에 눈을 뜨게 됐다. 학교에서 철저한 군국주의 교육을 받는 것에 대해서도 반항심이 강해졌다. 하지만 무엇을 어떻게 해야 할지 알 수 없었다. 그래서 폐품업자 대학생에게 배웠듯이 모든 학문의 기초는 철학에서 비롯된다는 가르침에 충실하기로 마음먹었다. 다행히도 학교 앞 진보초神保町 일대는 서점가여서 그 근처를 걷는 일이 잦았다. 나는 철학책을 사려고 했는데 어떤 책을 골라야 할지 몰라서 서점 한 군데를 여러 번 드나들었다. 중학생 소년이 전문서 코너에서 어슬렁거려서인지 어른들의 시선이 느껴지기도 했다. 그 시선이 부담스러워 나는 좀처럼 책을 책꽂이에서 꺼낼 수 없었고, 결국 책을 손에 넣은 것은 꽤 오랜 시간이 지나서였다.

어머니가 일본에 온 지 두 달 가까이 지난 4월에 두 여동생은 모토키소학교에 무사히 입학했다. 다만 아버지가 운영하는 주물공장이 어떻게 되어 가고 있는지가 걱정됐다. 아버지는 주물공들의 일로 골머리를 앓았는지 매일 아침 6시 전에 일어나 담배를 피우면서 한숨을 내쉬는 모습을 여러 번 볼 수 있었다. 당시에는 주물공을 확보하기 위해 오사카를 수차례 오가며 좋은 조건을 약속하고 데려오는 상황이었다. 숙련공의 수가 절대적으로 부족한 상황에서는 어쩔 수 없는 일이었다. 이런 사실을 알고 있는 주물공들 중에는 자신의 기술을 터무니없이 비싸게 팔아넘기는 이도 있었다. 경영자의 약점을 잡아 약속한 급여를 받고도 불만을 토로하며 임금 인상을 요구하기도 했다. 만약 응하지 않으면 인근 다른 주물공장에 가겠다고 으름장을 놓았고 실제로 그것이 원인이 돼 공장 경영자들끼리 실랑이를 벌이기도 했다.

1943년 7월에 오사카에서 데려온 윤병원尹秉元 형제도 그러한 부류의 숙련공이었다. 아버지가 오사카에 숙련공을 모집하러 갔을 때 마침 어떤 사람의 소개로 만났는데, 기술에 자신이 있으니 무엇이든 할 수 있다고 하기에 높은 급여를 약속하고 데리고 왔는데 불량품만 내놓았다. 그로 인해 단골 거래처에서도 신용을 잃어 경제적으로 큰 손실을 입었다. 아버지는 고민 끝에 포금 주물 제조를 당분간 중단하고 윤병원이 전문으로 하는 경금속 알루미늄제품을 만들기로 했다. 알루미늄 제품 중에서도 냄비류는 전시하에서 통제에 위반되지만 그동안의 손해를 만회하기 위해서는 알루미늄 냄비를 제조하는 수밖에 없었다. 아버지는 마음먹고 냄비 주문을 받아 생산을 시작했다.

이 시기에 들어서자 일본 정부는 협화회協和会를 통해 재일조선인에 대해 철저한 전쟁 협력을 요구했다. 협화회란 1939년 6월에 결성된 관제단체로 중앙협화회라는 곳이 전국 34개 지역 협화회의 총본부였다. 임원은 내무성과 경시청 간부와 특고경찰관으로 구성됐고, 중앙본부에도 그 앞잡이로 조선인이 들어가 있었다. 전국 각지에서 조선인이 협화회 보도원으로 임명됐고, 특고경찰의 밀정 역할을 하고 있었다. 그리고 재일조선인에게는 전원 협화회 수첩이 주어지고 상시 휴대하도록 의무화했다. 물론 보도원의 역할은 재일조선인의 동향을 감시하고 밀고하는 것이었다. 그 말인즉슨 재일조선인이 항상 특고경찰의 감시 아래 놓여 있다는 것을 의미했다.

내가 살고 있는 모토키초에는 두 명의 협화회 보도원이 배치돼 있었다. 한 사람은 하세가와長谷川 아무개이고, 또 한 사람은 가나오카金岡

아무개인데 본명은 창씨개명 이후라서 알 수가 없다. 하세가와는 무직으로 어떤 일을 하며 생활하는지 알 수 없었지만, 다른 한 명인 가나오카는 작은 나가야의 한 구석에 살며 집 입구에 너비 1간間·여섯 자, 길이 1간 반 정도 되는 곳에 나무 그루터기인 통나무를 둥글게 자른 받침대를 놓고 자투리 소가죽을 들여와 앞서 말한 '체인 밴드'를 만들었다.

가나오카 보도원은 아버지 공장 근처에 살기도 해서 매일 공장에 와서 안을 들여다보고는 무엇을 제조하는지 숙련공에게 물어보고 돌아갔다. 그러한 상황에서 윤병원 형제를 중심으로 알루미늄 냄비를 만들었는데, 가나오카 보도원은 그 사실을 눈치챈 듯했다. 그는 매일같이 공장에 왔다가 말없이 돌아가는 일을 반복했다. 공장에서 제품이 완성되면 인근 창고에 리어카로 운반해 가는데, 두 달 정도 지나면 창고가 가득 찬다. 니시아라이 경찰특고과特高課 내선계內鮮係 형사가 그때를 기다렸다는 듯이 갑자기 공장에 쳐들어왔다. 아버지와 숙부가 통제령 위반 현행범으로 연행되자 숙련공들은 놀라서 어쩔 줄 몰라했다. 숙련공들은 누군가가 경찰에 밀고한 것 같다고 말하기도 했다.

아버지와 숙부는 경찰에 연행된 지 엿새 만에 집에 돌아왔다. 아버지가 어머니에게 이야기하는 것을 들어보니 경찰 내에서는 별다른 조사도 없었고, 그저 잡담이 절반 정도였다고 한다. 아버지는 경제와 관련한 통제 위반이기 때문에 구금되지 않고 벌금만 내면 될 줄 알았다고 혼잣말을 했다. 아버지가 경찰서에서 풀려난 다음 날 아침 공장에 가보니 숙련공들도 출근해 있었다. 다 같이 석방을 기뻐하고 있는데 가나오카 보도원이 축하하러 와서는 자신이 뒤에서 경찰 인맥을 동원해 손을 써준 덕분에 빨리 나올 수 있었다고 생색을 냈다. 아버지는 일단 감사를 표하고 그가 돌아간 뒤에 누가 밀고를 했는지 조사를 시작했다. 그리고 창고에 쌓아 둔 냄비를 확인하러 갔더니 경악할 만한 일이 벌어져 있었다. 창고는 커다란 자물쇠를 채운 뒤 이중 사슬로 단단히 잠가 뒀는데 그것들이 부서진 채 안에 쌓아둔 냄비가 모두 사라져 버린 것이다. 피해 신고를 했는데 니시아라이경찰도 전시하에서 창고 털이 사건은 처음 다룬다고 했다. 이 사건으로 아버지는 큰 충격을 받았고, 공장 숙련공들에게도 사정을 설명한 후 공장은 문을 닫았다. 그리고 매일 밤마다 홧김에 술만 퍼마셨다. 이 일로 우리 집은 모든 것을 잃을 위기에 처했다. 당시 알루미늄 냄비는 일반적으로 생산되지 않았기 때문에 비싼 가격에 팔렸다. 주문처에 납품하면 지금 물가로 따지면 억대가 넘는 금액이었을 것이다. 아버지는 이 창고 털이가 가나오카 보도원과 특고경찰 둘 중 한 명의 공모에 의한 것이라고 단정 지었다. 그리고 이렇게 큰일은 한두 사람의 힘으로 할 수 있는 것이 아니라 뒤에서 어떤 권력이 움직인 것이 틀림없다고 했다. 그 일이 있고 나서 가나오카 보도원과는 거의 만나지 않게 됐다. 아버지는 온갖 인맥을 동원해서 이 사건의 범인을 잡으려고 안간힘을 썼지만, 아무래도 증거가 없었다. 정황상 증거만으로는 딱히 방법이 없었다.

아버지는 얼마 후 냉정을 되찾고 공장 재개를 준비했다. 이번에는 원래 해오던 포금 주물로 재출발하려고 오사카에 가서 숙련공들을 데리고 왔다. 그리고 그해 11월 중순 공장은 겨우 돌아가기 시작했다. 그 무렵 사무원으로 일하고 싶다며 누구의 소개도 없이 한 청년이 불쑥 면접을 보러 왔다. 그는 제국상업학교 야간에 다니고 있고 자신의 이름을 진공력秦孔曆이라고 했다. 아버지는 일하면서 공부하는 학생들을 안타깝게 여겼기 때문에 곧바로 채용했다. 그런데 이 학생은 사무원 일을 전혀 몰라서 섭외 분야에서 아버지의 보조로 일하게 됐다.

7. 알루미늄 냄비와 아버지의 징용

1944년 4월에 돌연 아버지에게 소집영장이 발부됐다. 아버지는 45세나 됐는데 징용이라니 믿을 수 없는 모양이었다. 하물며 공장을 운영하고 있었기 때문이다. 아버지는 '왜 나일까?'라며 한참을 자문자답했다. 혹시나 지난해 7월 알루미늄 냄비를 제조한 통제 위반이 원인이 아닐까 하고 이런저런 생각에 잠겼다.

아버지는 누군가를 통해 그 기괴한 창고 털이 사건을 내밀히 조사하고 있었다. 그 와중에 징용 영장이 발부된 것이다. 징용 때문에 사건이 묻히는 것이 억울했던 아버지는 어떻게든 징용 검사를 피해야 한다고 생각했다. 그래서 모 아니면 도라는 생각으로 간장 한 잔을 마시기로 했다. 아버지는 원래 몸이 튼튼해 술 한 되를 마실 정도의 애주가

였지만 간장을 마신 뒤에는 참기 힘들었는지 괴로워했다. 하지만 징용검사에는 웬일인지 무조건부로 합격을 받았고, 다치카와立川 해군항공창立川海軍航空廠에 군속지금의 군무원으로 배치됐다.

아버지는 다치카와에 가기 전에 단골 거래처의 모회사인 아세아펄프공업주식회사에 가서 곤노今野 부장이라는 사람과 상의했다. 그러자 징용 영장이 발부된 이상 따르지 않을 수 없지만 조금이라도 빨리 돌아올 수 있도록 손을 써주겠다고 했다. 그리고 또 다른 방법으로 군수산업 협력공장이 되는 길도 있다고 조언해 주었다. 아세아펄프공업은 일본 해군성 관리공장이기 때문에 마음만 먹으면 아버지의 공장이 해군성의 '협력공장'이 되기 위한 절차 신청을 하기가 용이하다는 것이었다. 아버지는 그 이야기를 듣고 한참을 고민했지만 어쩔 수 없이 협력공장 허가 신청을 하기로 결심했다. 이를 위해 사무소도 불편한 모토키초가 아니라 시타야구下谷区(현 다이토구台東区) 가나스기金杉 2초메의 도덴都電·도영 노면전차정류소 앞으로 옮기기로 하고 신청을 위한 준비를 했다. 그리고 아버지는 자신이 없는 동안 오사카에서 불러 온 숙부를 공장 책임자로 하고 진공력에게 업무 내용을 지시한 뒤 다치카와 해군항공창으로 출발했다.

그리고 나서 매월 1회의 외박 허가일에 집에 돌아와 공장 상황 보고를 듣고, 그 이튿날에 다치카와에 돌아가기를 반복했다. 수지 관련 등 금전과 연관된 업무는 어머니가 담당하기로 돼 있었지만, 실질적으로 내가 대리를 맡고 있었다. 아버지가 직접 운영할 때부터 틈나는 대로 은행 출입을 도왔기 때문에 전혀 문제가 없었다.

나는 학교에서 돌아오는 길에 이따금 가나스기 2초메 사무소에 들를 때가 있었다. 여자 사무원은 아무것도 하지 않고 사무실을 지키는 경우가 많았고, 일하는 모습은 거의 볼 수 없었다. '군 협력공장' 인가가 나기 전이었기 때문에 묵인하는 상태였던 것 같다. 나는 공장 현장에는 거의 출입하지 않았는데 8월 하순에 공장에 갔다가 입구 간판이 바뀐 것을 발견했다. 원래 이름은 미쓰요시光善주조공업소였는데, '후미노文野주조공업소'가 돼 있었다. 그리고 간판 이름과 동일한 후미노라는 성을 쓰는 사람이 공장 입구 사무실에 앉아 있었다. 나는 깜짝 놀라 공장 안에서 숙부를 찾았는데, 보이지 않았다. 그래서 장인과 이야기를 해보니 숙부는 진공력과 갈등을 빚어 오사카에 돌아가 버렸다는 것이다. 그래서 나는 진공력이 숙부를 내쫓은 다음 후미노라는 사람을 공장 경영자로 불러들였고, 그것이 기업 탈취라는 사실을 깨달았다.

나는 즉시 다치카와 해군항공창에 가서 아버지를 면회하고 그 내용을 보고했다. 아버지는 9월 휴가를 이용해 돌아왔을 때 진공력과 후미노를 내쫓고 공장을 폐쇄해 버렸다. 아버지는 곤노 부장에게 사정을 설명하고 하루라도 빨리 자신이 돌아가 공장을 재개할 수 있도록 간청했다. 곤노 부장도 걱정하며 아버지의 징용 기간 단축을 위해 관계 각처에 손을 썼다. 정확히 두 달 뒤 '해군대신 시마다 시게타로嶋田繁太郎'라는 이름으로 '해군협력공장' 허가증을 받았다. 나는 서둘러 다치카와에 가서 아버지에게 허가증이 나왔다고 보고했다.

그해 11월에 모회사 곤노 부장이 외교담당자로 이소베磯辺保良라는 사람을 파견했다. 그는 대학을 졸업했고 질병 때문에 군대에는 가지 않았지만 상당한 수완가였다. 아버지는 우메다梅田에 살고 있던 강성룡이라는 먼 친척의 집 2층을 빌려 그곳에 이소베를 살게 했다. 나는 가끔 그의 방을 찾아가 공장 재개에 대한 상담을 했는데 쉽지 않은 듯했다. 아버지는 한 달에 한 번 집에 돌아와 공장 재개를 위한 지도를 해 주었지만 실제로 둘이서 공장을 돌리기는 어려웠다.

그 무렵 미군의 공격은 날로 격렬해져 1944년 7월 7일 사이판 섬이 함락됐다. 18일에는 도조 내각이 총사퇴하고, 8월에는 일본 1억국민 총무장이 각의閣議·국무회의에서 결정돼 특공대가 편성되는 지경에 내몰렸다. 11월 27일에는 마침내 미군기 B29가 도쿄를 대규모로 공습하는 사태에까지 이르렀다.

일본 정부는 군수산업의 생산력을 한층 더 높여야 한다는 생각에 사로잡혀 있었다. 아버지의 공장 재개도 이런 상황 속에서 조금이라도 군수품 생산력을 높이는 게 시급한 문제로 떠올랐다. 그러한 이유로 모회사의 곤노 부장도 본사 상층부를 통해 아버지의 징용 기간이 단축되면 군의 협력공장이 재개돼 생산력에 도움이 될 것이라고 군부를 설득했다. 그리하여 그해 12월 말에 아버지는 제대를 인정받고 집으로 돌아왔다.

8. 도쿄 대공습과 아버지의 공장

1945년 정월은 우리 가족에게 최고의 해가 될 것 같았다. 아버지는 곧바로 공장 재개에 착수했다. 공장이 재가동되고 얼마 지나지 않아 헌병 장교가 공장 현장 시찰을 나왔다고 했다. 본사에서는 생산량을 무조건 늘리라고 성화였다. 제품 납품이 늦어질 경우에는 평소라면 불합격인 제품도 모두 합격시켜 납품하도록 했다. 당시 군수공장 시설은 대부분 지방으로 소개疏開하거나 공습으로 피해를 본 상태여서 생산력 저하는 고질적인 문제였다. 아세아펄프공업만 하더라도 본사를 남겨두고 공장을 이바라키茨城로 소개했다. 무엇보다도 전선이 확대됨에 따라 늘어난 보급선을 유지하기 위해 다수의 함선이 손실됐고 그것을 보충하는 일은 시급한 과제였다.

1945년이 되자 미군기 B29는 연일연야 공습을 시작했고, 도쿄는 수도로서의 기능을 할 수 없을 정도로 폐허가 되고 말았다. 아다치구 내에서도 학동소개学童疎開·공습에 대비해 도시부의 아이들을 농촌 등으로 피난시킨 것를 비롯해 일반 주민의 지방 소개가 늘었지만, 조선인에게는 고향 조선으로 돌아갈 것인가, 일본에 남을 것인가라는 선택지밖에 없었다. 나는 아버지가 공장을 경영하고 있어 소개라는 선택은 더더욱 있을 수 없는 일이었다. 아버지가 돌아온 것은 군수품 생산을 하는 조건과 교환한 것이었기에 공장을 떠날 자유는 사실상 존재하지 않았다.

그러나 3월 10일 아버지 공장의 생산이 겨우 궤도에 올랐을 무렵

공장도, 가나스기의 사무소도, 아니 그뿐만 아니라 우리의 주거지도 모두 소실됐다. 도쿄대공습이었다.

3월 10일, 그날은 여느 공습과는 달랐다. 땅거미가 질 무렵부터 우리 주위에는 무슨 일이 일어날 조짐인지 어쩐지 불안한 분위기가 감돌았다. 심상치 않은 분위기를 느끼고 있던 찰나 공습경보 사이렌이 울리기 시작했다. 우리 집은 뒤뜰에 꽤 커다란 방공호를 갖추고 있었는데, 이웃 사람들 모두가 아라카와 둑으로 피난하는 것을 보고 함께 대피하기로 했다. 여동생 창월昌月은 우에노上野라는 운송업체의 삼륜차에 태워 다른 곳으로 대피시켰다. 나와 부모님, 막내 여동생 창숙昌淑은 아라카와 둑으로 대피했다. 아라카와 둑은 인파로 넘쳐나고 있었다. 조금 전까지는 멀리서 미군기를 요격하는 고사포 소리가 울려 퍼졌지만, 오후 9시에는 고사포 소리가 그치고 미군기의 대편대大編隊 엔진음이 점점 크게 울리기 시작했다. 그리고 폭탄이 터지는 소리와 소이탄 불덩이가 사방을 불바다로 만들었다. 나는 강둑 너머 먼 곳이 대낮처럼 불타는 광경을 남의 일처럼 바라보고 있었다. 그러나 순식간에 우리 마을 모토키초에도 소이탄이 떨어지면서 불길이 치솟았다. 나는 창숙을 데리고 둑 위 사람들 무리에서 내려와 70m쯤 앞에 있는 강둑까지 걸어갔다. 이제 안전하다고 생각한 것도 잠시, 우리 남매의 머리 위로 새빨간 불덩이가 떨어져 동생이 쓰고 있는 두건에 불이 옮겨붙었다. 나는 순간적으로 동생을 강에 밀어 넣었고 어찌할 바를 몰라 그 자리에 그대로 서 있었다. 그때 속이 텅 빈 소이탄의 원통 모양

쇳조각들이 무수히 떨어져 땅에 박혔다. 거의 제정신이 아니었는데, 무언가를 생각할 여유조차 없을 정도로 순식간에 일어난 일이었다.

내가 정신을 차리고 여동생을 강에서 끌어냈을 때는 달빛 아래 우리 남매의 주위에서 그 원통 모양의 쇳조각에서 튀어나온 액상의 무언가가 불타고 있었고, 쇳조각은 근처 흙 속에 깊이 박혀 있었다. 우리 머리 위를 스쳐 간 소이탄은 70m 앞 니시아라이바시의 목조 난간을 태우고 있었다. 만약 저 쇳조각이 우리를 직격했다면 즉사했거나 그에 가까운 중상을 입었을 것이다.

도쿄 일대는 미군기의 무차별 폭격으로 보기에도 무참한 상태에 빠졌고, 사망자 약 8만 3000명, 부상자 약 10만 명, 가옥 소실 약 23만 호, 이재민 약 100만 명에 달했다. 우리 가족도 주택과 공장을 잃었고, 옷만 겨우 걸친 채 피난 중이었으므로 돌아갈 곳은 없었다. 굶주림과 추위를 견디면서 아침을 맞이하자 아버지와 어머니는 임시 거처를 알아볼 궁리를 하기 시작했다. 다행히 사촌형 집이 소실을 면했기 때문에 잠시나마 신세를 질 수 있었다. 그러나 언제까지나 신세만 질 수 없어 지낼 곳을 찾고 공장 재건을 생각해야 했다. 나도 학교가 불에 타버렸기 때문에 앞으로 어떻게 해야 할지 고민했다. 그렇지만 어머니가 머지않아 세키하라 상점가 안의 한 채가 비어 있다는 사실을 발견하고 그 집에 세 들어 살게 됐다.

아버지는 이소베와 공장 재건을 위해 모회사와 상담을 하며 움직였고, 그 사이에 임시 공장을 짓기로 했다. 우메다초에 있는 약 140평 규모 공터의 넓은 창고를 빌려 준비에 착수했다. 아버지는 5월부터 겨우 공장 조업을 시작했지만, 모회사는 증산에 쫓기고 있었기 때문에 아무리 빠른 속도로 제조를 해도 '늦다'고 성화였다. 한편 7월 말일 자로 군수성軍需省으로부터 '공장 부흥 명령서'라는 것이 내려왔다. 군사권을 배경으로 공장의 건설 용지로 적당한 장소가 있으면 토지 소유자의 의사와 상관없이 점유할 수 있으며, 공장 건설뿐만이 아니라 그에 필요한 건축자재까지 지급된다는 내용이었다. 하지만 이 명령서에 따라 새로운 공장 용지를 물색하던 중, 8월 15일 일본의 패전으로 전쟁이 끝났다.

아버지는 모회사에 납품한 제품의 대금을 회수하도록 섭외 담당 이소베에게 지시했지만, 그는 패전으로 의욕을 상실해 일을 하려고 하지 않았다. 모회사 자체도 회사의 기능이 정지됐고 임원의 부재로 인해 대금 회수는 불가능했다. 아버지는 종업원까지 거느린 상태에서 앞으로 어떻게 공장을 운영해야 할지 몰라 암중모색을 했다.

9. 독학에 뜻을 품고

앞서 기술했듯이 우리 가족은 1945년 3월 10일 도쿄대공습으로 모든 것을 잃고 말았다. 내가 살던 집도, 아버지가 경영하던 주물공장도 소실됐고, 내가 다니던 다이세이중학교까지 불에 타버렸다. 나는 실의의 구렁텅이에 빠졌다.

어머니가 빌린 주택으로 이사를 가게 됐는데 공습이 발생할 때마다 아라카와에서의 소이탄 기억이 떠올랐다. 연일연야 B29의 공습에 시달리며 도망칠 곳이 없는 나는 죽음에 대한 두려움에 떨고 있었다. 같은 해 5월에는 내가 이사한 마을에도 미군기에 의해 무수히 많은 폭탄이 투하됐다. 폭탄이 머리 위를 스치듯 떨어지는 순간에는 섬뜩한 소리가 났고 살아있다는 느낌이 들지 않았다. 그 소리의 행방이 내 생사를 결정짓기 때문이었다.

나는 실의에 빠져 계속 방황했고 불타 사라진 학교 주변을 거닐면서 화재를 모면한 몇 안 되는 책방을 둘러보기도 했다. 학교가 불타면서 교과서까지 전부 불에 타버려 아무것도 가지고 있지 않은 나에게는 독학의 길밖에 남아 있지 않았다.

바로 그 무렵, 독학에 열중하는 소년이 있다는 소문을 들었고, 그와 만나게 됐다. 그의 본명은 김경윤金景潤이었고, '겐健'으로 불렸다. 조선어가 전혀 통하지 않는 2세이며, 개인적으로는 조선인과 교류가 없는 사람이었다. 그는 나보다 한 살 위로, 장차 독학으로 철학의 길을 걷고 싶다고 했지만 실력은 알 수 없었다. 내가 찾아낸 그와 나의 유일한 공통점은 우리 두 사람 모두 철학을 공부한다는 것이었다. 이후 나는 그와 함께 공부를 하게 됐다. 그것이 우리 둘이 절친한 친구가 되는 출발점이 됐다.

우리 집이 세키하라 상점가 거리로 옮긴 후로는 겐과 자주 만나 함께 공부하기 위한 의논을 했다. 내가 이전에 구입한 기히라 다다요시 紀平正美의 『철학개론哲学概論』(이와나미서점岩波書店, 1916년)을 둘이서 읽고, 심도 있는 토론을 하기로 했다. 우리 집은 사람의 출입이 잦아 그의 독방에서 공부를 시작했다.

철학책을 둘이서 소리 내어 읽고, 그 내용에 우리 나름대로의 해석을 덧붙여가며 토론을 했다. 몇 가지 의문점은 있었지만 대가가 쓴 이론이므로 틀림없다고 믿으면서 읽었다. 예를 들어 기히라의 '철학개론'은 '인간은 신에 의해 부여됐다는 생각은 코페르니쿠스의 태양중심설, 다윈의 생물진화론에 의해 근본적으로 타격을 받았다'(1쪽)로 시작된다. 우리는 이러한 문장에 감동해 거듭 소리 내어 읽었다. 마지막에는 '철학개론'에서 좋아하는 부분을 암기해 버릴 정도로 열심히 읽었다. 나는 기히라에게 영향을 받은 이래 신의 존재를 부정하게 됐다.

하지만 의문점도 있었다. 예를 들어 '철학개론'에는 학문이란 '지식을 위해 지식을 추구하는 것'이라든가, '연구자는 무엇을 위해 연구하는가 라는 물음에는… 그들은 그 목적을 모른다'(3쪽)라든가, 혹은 '유물론은 이미… 마음이라는 존재를 완전히 부정하고 물질을 유일한 실재로 삼기에 이르렀다'(215쪽) 등과 같이 쓰여 있었다. 요컨대 '철학개론'에서는 학문의 연구라는 것은 자기만족에 그치는 것임을 강조하고 있었다. 대가가 쓴 책이라 나는 그것을 틀림없다고 믿고는 있었지만, 정말 그래도 되는 걸까 하는 일말의 의심은 있었다. 또한 유물론에서는 물질만 존재할 뿐 마음이란 존재하지 않는다는 구절을 읽었을 때, 나는 그러면 유물론이라는 것은 도대체 무엇일까 하는 의문이 들기 시작했다. 당시 나에게는 그런 의문들에 대해 가르쳐줄 스승이 없었다. 겐과 둘이서 하는 독학은 공습의 공포를 잠시나마 누그러뜨려 주었다. 토론을 하고 있을 때만큼은 폐허도, 공습경보도, 모두 잊을 수 있었다.

그러나 한편으로 그것은 구체적인 목표가 없는 학문을 위한 학문이기도 했다. 시대적 흐름도 있었지만, 우리는 파스칼이나 쇼펜하우어와 같은 허무주의적 철학에도 심취했다.

미군의 공습은 나날이 격화돼 본토 상륙까지도 염두에 둔 준비 체제가 구상되고 있었다. 군부는 조선에서 친일파로 몰린 문화인들을 간다神田 YMCA에 불러 강연회를 열었다. 거기에는 많은 조선인 학생이 동원됐고, 그 안에는 사복 헌병도 섞여 있었다. 강연의 목적은 학도지원병에 응모시키는 것으로 연사들의 이야기도 모두 그와 관련된 화제에 집중돼 있었다. 이에 반발한 한 학생은 사복 헌병에게 연행됐다. 얼마 후에 그 학생과 같은 아파트에 살고 있던 친구 앞에 헌병이 네모난 상자를 들고 나타났다. 상자 안을 들여다보니 그것은 사람의 잘린 목이었다. 그런 소문이 조선인 학생들 사이에 그럴싸하게 퍼져, 내 귀에도 전해졌다. 이 이야기를 해 준 학생의 비창한 표정이 지금도 인상 깊게 남아 있다.

제5장
민족이 해방되고

1. 일본의 패전과 재일동포

1945년 8월 15일 일본의 패전 소식이 전해졌다. 이때 내 뇌리를 스친 것은 관동대지진 때 일어난 조선인 학살사건이다. 나도 그 이야기를 전해 들어 알고 있었는데, 이번에도 같은 전철을 밟을까봐 내심 두려웠다. 나는 동생들에게 학교를 쉬도록 하고 외출을 하지 못하게 각별히 당부한 뒤 지인에게 상담을 받으러 다니며 상황을 지켜봤다. 과거에 아버지와 트러블이 있었던 가나오카金岡 등 협화회協和会 보도원補導員의 움직임에도 주의할 필요가 있었다. 앞서 말했듯이 협화회 보도원은 특고경찰의 앞잡이로 조선인의 움직임을 감시하고 밀고하는 역할을 하고 있어 이들이 어떻게 나올지는 예단하기 어려웠다.

모토키초本木町의 보도원 두 명의 움직임을 보면 가나오카 보도원은 3월 10일 공습으로 행방불명이 됐다. 하지만 민족이 해방된 지금 그는 그때까지 원한을 산 사람들에게 쫓기는 신세가 됐다. 나머지 한 명인 하세가와 보도원은 패전 다음 날부터 일본군 장교용 일본도를 허리에 차고 무언가를 경계하듯이 걷고 있었는데 그도 어느샌가 자취를 감추고 말았다.

며칠이 지나자 지역 조선인들은 해방의 기쁨을 외치며 여기저기서 모여들었는데, 무엇을 어떻게 해야 할지 모른 채 '조선독립만세!'만을 외쳤다.

과거 일제 강점기 당시, 전쟁 전과 전쟁 중에 걸친 경찰 당국의 재일동포에 대한 탄압은 매우 극심했다. 전시 상황의 악화로 일본 내 치안 단속을 위해서도 조선인 단속은 갈수록 삼엄해지고 있었다. 예를 들면, 나에게 깊은 인상을 남긴 사건이 있다. 내가 살던 지역은 도쿄 중심가로 나가기 위해 니시아라이바시西新井橋를 건너야 하는데 그 다리 옆에 파출소가 있었다. 이 니시아라이바시파출소는 당시 일종의 관문 역할을 하며 조선인에 대해 탄압적인 행동을 취했다. 마을에서 야마노테선山手線 우구이스다니역鶯谷駅까지 가기 위해서는 몇몇 파출소를 지나야 하는데, 그중에서 가장 성가신 파출소가 니시아라이바시 북쪽 파출소였다. 이 다리 남북 양쪽에 파출소가 있었는데 남쪽 파출소는 다리에서 떨어져 있어 문제가 없었다. 문제는 그 바로 앞을 지나야 하는 북쪽 파출소였다. 모토키초에서 나올 때도 번거로운데 돌아올 때도 운이 나쁘면 불러 세웠다. 북쪽 파출소 앞을 지키고 서 있는 경찰관은 다리를 건너는 행인을 늘 감시하다가 조금이라도 미심쩍으면 '잠깐 멈춰'라고 불러 세우고 꼬치꼬치 캐물었다. 그리고 조선인이라는 사실을 알게 되면, 협화회 '수첩'을 보여 달라고 했다. 때로는 주머니에 무엇이 들어있을지 모른다며 신체검사 같은 것도 했는데, 특히 문제가 된 것은 여성에게까지 신체검사에 가까운 행동을 하게 했다는 점이다. 경찰관의 횡포를 묵과할 수 없어 반발하는 조선인도 많기는 했으나 대부분은 억울해도 참고 넘어갈 수밖에 없었다.

그러한 상황에서 모토키초 주민인 강극종姜克鐘 등 소년 4명이 5월의 어느 안개 낀 밤에 니시아라이바시 난간 116개에 하얀 분필로 '조선독립만세'라고 썼다. 이들은 현행범으로 체포돼 니시아라이경찰서에서 아라카와荒川, 미나미센주南千住의 각 경찰서로 옮겨졌고, 독립운동 지도자 이름을 대라는 고문을 당했다고 한다. 그들은 고문을 견뎌 냈고, 결국 석 달 만에 풀려났다. 강극종 등은 독립운동을 도모할 만한 소년들은 아니었지만, 이 파출소가 조선인에게 저지르는 차별과 횡포를 참다못해 독립만세라고 썼던 것이었다.

이러했던 니시아이바시파출소도 전후에는 통제경제 단속과 외국인등록증명서 검사가 주요 업무로 바뀌었다. 하지만 시대가 변했다 한들 파출소 경찰관들의 대응은 전쟁 전 '어이, 이봐', '잠깐 와봐'에서 '어이'라든가 '잠깐'으로 바뀐 정도였다. 건방진 태도는 여전했다. 1960년 10월 100호선 도로건설 공사에 따라 이 악명 높은 파출소는 폐지됐다. 이때 비로소 해방된 듯한 기분이 든 것은 나 혼자뿐일까.

이야기의 순서가 바뀌었지만 어쨌든 전쟁이 끝나서 이처럼 비정상적인 상황은 확연히 달라졌다. 그러한 분위기 속에서 빨리 고향에 가고 싶어 가재를 정리하는 사람들이 속속 생겨났고 그 숫자는 날로 늘어만 갔다. 내 아버지도 그중 한 명이었는데, 아버지는 공장에 있는 남은 주물을 재료로 가정용 식기를 만들 준비를 시작했다. 당시 아다치에는 주물공장이 네 곳밖에 없었는데 그중 가장 먼저 고향에 귀환한 사람은 구레모토吳本제작소의 오동춘吳東春이었다. 그는 공장 정리를 마친 후 그곳에서 일하던 같은 고향 사람인 전영호全栄澔에게 모든 설비를 넘기고 제주도로 돌아갔다.

아버지는 남은 재료로 하루빨리 그릇을 만들기 위해 숙련공들을 모집하기 시작했지만, 예전에 함께 일했던 숙련공들은 각지에 뿔뿔이 흩어져 결국 해를 넘기고 말았다. 그래도 1946년 2월에는 식기류 제조를 끝내고 짐을 싸서 아버지 대리인이 도쿄항에서 전세 낸 어선에 식기류와 가재도구를 함께 싣고 제주도로 출항했다.

고향인 제주도에 짐이 무사히 도착했다는 사실을 확인한 후 우리 가족도 귀환하기로 돼 있었다. 그런데 예상치 못한 사태가 벌어졌다. 전세 낸 배는 이내 시코쿠四国 앞바다에서 경비선에 나포돼 화물을 압류당하고 말았고, 이 문제는 재판에서 다투게 됐다.

아버지는 서둘러 현지에 가서 현지 변호사에게 부탁해 재판에 넘겼다. 그러나 1년 가까이 싸운 끝에 결국 패소하고 말았다. 몰수된 화물은 끝내 돌아오지 않았다. 게다가 아버지는 재판에서 이길 수 있다고 믿었기 때문에 소송비용으로 저축해둔 돈을 몽땅 쏟아부었다. 아버지는 시코쿠에서 돌아올 때 시즈오카静岡에 사는 옛 죽마고우 이계백李季白(훗날 조선총련 중앙본부 부의장)의 집에 들러 귤을 트렁크에 가득 싣고 그것을 선물로 갖고 돌아왔다. 전쟁이 끝난 지 얼마 되지 않아 귤이 비쌌기 때문에 서민은 구경조차 하기 힘들었는데, 우리 남매는 처음으로 귤을 질리도록 먹었다. 이렇게 우리 가족은 전 재산을 날리고 돌아가고 싶어도 돌아갈 수 없게 돼 일본에 체류하게 됐다.

2. 전후 사회 혼란

(1) 암거래상과 신흥 벼락부자

일본이 패전한 직후 스즈키 간타로鈴木貫太郎 내각은 '군수용 보유 물자 자재의 긴급 처분 명령'을 각의閣議·국무회의에서 결정했다. 이 시기에 일본이 가지고 있던 군사물자와 자재가 어느 정도였나 하면, 휘발유, 알루미늄, 철강에서 생활물자에 이르기까지 당시 일본 경제를 1년 반 이상 지탱할 수 있는 분량이었다고 한다. 이는 당시 금액으로 약 2400억 엔, 현재 금액으로 환산하면 30조 엔 상당의 막대한 분량이었다. 스즈키 내각의 방출 명령에는 '불하拂下·국가 또는 공공 단체의 재산을 개인에게 팔아넘기는 일는 원칙적으로 유상으로 한다. 단 불하 대금은 즉시 전액 지불을 요하지 않는다'라고 돼 있었다. 요컨대 이것은 해석 방법에 따라 어떻게든 할 수 있다는 것이다. 실제로 이 처분에 직접 관여한 것은 고위관료, 정치인, 군 간부, 군수회사 중역, 어용상인 등이었는데, 이들이 이 물자를 처분하는 방법은 여러 가지였다. 공습으로 소실됐다거나 혹은 불량품이라는 명목으로 물자는 순식간에 어둠의 루트로 사라졌다.

그로부터 보름 후 히가시쿠니노미야 나루히코東久邇宮稔彦 내각이 들어서자 옛 군수물자의 방출이 너무 심하다며 '방출 중지 명령'을 내렸다. 하지만 그때 회수한 것은 구 육·해군 모두 불과 30%가 채 되지 않앗다.

이렇게 구 일본군과 연결되는 조직에는 상당한 물자가 축척돼 있었으나, 패전 후 부정하게 처리돼 그 존재는 은닉돼 있었다. 이것들은 '은퇴장물자', '은닉물자' 등으로 불렸다.

1946년 1월 21일에는 도쿄東京·이타바시板橋·다키노가와구滝野川区의 구 육군조병창에서 대량의 은닉물자가 발견됐다. 지역 주민 3000명이 몰려들어 쌀, 콩, 목탄 등 다량의 은닉장물의 양도를 요구했으나 책임자였던 고바야시 군지小林軍次(전 육군소장)는 다키노가와구청에 양도했다며 이를 거부했다. 이에 대해 주민들은 양도서가 위조임을 폭로하고 구청장에게 구민 선출 위원 20인을 통해 공정가격의 반값으로 구민에게 배급할 것을 허용하도록 했다. 그런데 같은 달 25일에 도쿄도는 경시청을 움직여 은닉장물을 압수했다. 이때 물자의 대부분은 암거래 브로커를 통해 암시장으로 흘러 들어갔다고 한다.

반면 일반 서민은 패전에 따른 혼란 속에서 굶주림에 시달리고 있었다. 일본 전국에서 무려 1300만 명의 실업자가 거리를 배회했는데, 농촌 출신자나 자본가의 자제를 제외하면 허탈과 기아의 밑바닥에서 기어오르기 위해 무엇이든지 해야 했다. 아사히朝日신문에 따르면 9월 6일까지 우에노上野의 부랑아 232명이 경찰에 의해 수용됐고 11월 17일까지 우에노, 아타고愛宕, 요쓰야四谷 경찰서 관내에서 150명이 아사했다고 한다. 또한 12월 15일부터 17일까지 3일 동안 우에노 지하도의 부랑자 2500명이 일제히 수용됐다는 보도도 있었다.

1946년 1월 10일 기준 번화가에 나온 노점은 250곳, 1만 7667곳에 달하며, 2월 5일 자 마이니치每日신문은 도민의 절반은 암거래되는 쌀로 생활하고 있다고 보도했다. 같은 해 여름, 80채 정도의 가건물 구조의 시장이 오카치마치御徒町 부근에 등장했다. 거기서 팔리는 것들의 대부분이 감미품, 특히 이모아메芋飴·고구마사탕였고, 이것이 현재 '아메요코アメ横·도쿄 다이토구에 위치한 재래시장'의 유래가 됐다고 한다.

이모아메의 원료 운반은 행상꾼의 일이었다. 경제경찰이 엄중히 감시하기 시작하자 행상꾼들은 우에노역에서 한 정거장 더 간 오카치마치御徒町에서 내리게 됐다. 시장이 오카치마치 근처에 생긴 것은 그런 사정 때문이었다. 당시 우에노역은 도호쿠東北, 조에쓰上越, 조반常磐, 신에쓰선信越線의 상하선으로 하루 120편의 열차가 운행되고 있었다. 이 열차에 20만 명의 승객이 탑승해 물건을 사러 몰리는 셈이어서 표 한 장 구하기가 쉽지 않았다. 역 밖에서 3일을 꼬박 기다렸다가 표를 사는 것은 당연하고, 물건을 사는 것도 우에노역을 통과할 때는 경제경찰이 언제 단속할지 몰라 겁을 먹었다고 지인으로부터 전해 들었다.

1949년 6월이 되자 경시청은 물자 흐름이 점차 호전돼 경제면에서 단속할 필요성이 없다며 '도로교통단속법'에 의한 교통질서 유지를 위한 노점 단속에 중점을 두게 됐다. 전후 4년 만에 비로소 정상적인 상태로 복귀한 것이다. 1951년 1월 12일에는 연합국군총사령부(GHQ)의 권고에 따라 노상에서의 노점은 교통에 방해가 된다고 하여 이들 노점은 모두 폐쇄됐다.

이처럼 전후 혼란기에는 은닉 물자의 부정한 뒷거래가 끊이지 않았다. 국가가 법률에 의해 통제품으로 지정한 생활물자가 단속망을 뚫고 암시장으로 흘러들어갔다. 그에 따라 막대한 이익을 얻은 이도 나타나고, 이러한 상황이 신흥 벼락부자를 만들어 낸 것도 그 후 일본 경제를 생각하는 데 있어 간과할 수 없는 사실이다.

그리하여 전후 일본 경제는 마치 국민 대다수가 암거래상이 된 것처럼 혼란기를 거쳤으며 간신히 정상화로 돌아선 것은 1950년대에 들어서면서부터였다. 일본의 패전은 재일조선인에게는 식민지 정책으로부터의 해방이었으며, 그 기쁨은 이루 말할 수 없는 것이었다. 하지만 그와 동시에 조선인은 일본의 각종 일터에서 방치돼 실직 상태였다. 직장이 없는 조선인이 갈 만한 곳이라고는 쉽게 일을 할 수 있는 암시장 정도였다.

(2) 귀국을 향해

1945년 8월 15일 제2차세계대전은 일본의 패배로 종결됐다. 조선은 일본의 식민지에서 해방됐는데, 그때 이미 일본에는 236만 명의 조선인이 체류하고 있었다. 그들 대부분은 전쟁 중에 강제로 일본에 끌려가 탄광과 광산, 군수공장, 군사시설, 토목공사 현장 등에서 중노동에 종사했다.

일본의 패배로 그들은 강제 노동에서 해방됐다. 하지만 일본 정부는 이들에게 아무런 보상도 하지 않았다. 재일동포들은 무일푼에 가까운 상태로 방치됐고 그에 대한 책임 있는 대책은 마련되지 않았다. 이런 불안정한 상황 속에서 전국 각지에 재일동포 단체가 잇따라 조직됐다. 같은 해 10월 25일에는 그들 단체의 전국 조직으로 재일본조선인연맹(조련)이 결성됐다. 조련의 주요 목적은 체류 동포가 귀국할 때까지 생활을 돕고, 귀국 동포를 지원하는 것이다. 그 사이 일본 국민과의 우호 증진을 도모하는 것도 목적 중 하나였다. 그리고 모국어를 모르는 자녀에 대해서는 귀국해서도 조국 사회에 자연스럽게 녹아들 수 있도록 조국의 언어와 역사를 가르치는 것이 중요했다. 조련은 그러한 목적을 갖고 출범했다.

초창기에는 민족교육을 위해 공장 일부나 절, 일본학교 교실 등의 시설을 빌려 조선의 언어와 역사를 가르치는 강습소 형태로 운영했다.

그러나 제반 사정으로 재일동포의 귀국이 장기화됨에 따라 그 자제들에게 민족교육도 실시하는 본격적인 학교로 발전해 나갔다.

조련은 귀국자를 돕기 위한 출장소를 시모노세키下關와 하카타博多에 설치하고 귀국자의 편의를 도모하는 사업을 적극 추진해 나갔다. 일본 정부가 강제연행자의 수송을 우선시하는 상황에서 남아 있던 일반 동포를 독자적으로 지원하기도 했다.

그 당시 재일동포의 대부분이 귀국하는 날을 애태우며 손꼽아 기다렸다. 같은 해 9월 말이 되자 시모노세키에 약 2만 명, 하카타에 약 1만 명의 귀국자가 집결해 길가에 텐트를 치고 한 달 가까이 승선 순서를 기다렸다. 그러나 귀국자들이 끊임없이 몰려들어 수습이 안 되고, 환자까지 발생하는 형국이었다.

조련은 일본 후생성과 운수성과 협상해 귀국자의 수송 업무 일체를 총괄하고 귀국자 명단 작성, 귀환증명서의 발행에서 특별수송열차 계획, 승선 절차 알선, 귀국자가 가져갈 수 없는 재산 관리까지 도맡았다. 또한 일본 정부를 상대로 승선지에 숙박소 설치, 선박 증편을 요구하거나 귀국동포원호회와 조선인구호회를 결성하는 등 다양한 활동을 전개했다.

9월 2일 상륙한 연합군은 점령군 정책 각서에 따른 지령을 차례로 발령했다. 그중에는 다가오는 11월 18일부터 12월 30일까지 매일 1000명의 귀국자를 수송할 계획의 지령도 포함돼 있었지만, 귀국자가 출항지에 수만 명 대기하고 있는 상황에서 언 발에 오줌 누기였다. 게다가 출항지에서는 위생 상태가 악화돼 이질과 티푸스 환자가 발생하는 바람에 귀국 업무가 일시 중단될 수밖에 없게 됐다.

이 때문에 귀국자 중에는 어선을 빌려 비합법적인 방법으로 귀국하는 사람도 꽤 있었다. 내 친척도 지인들과 어선을 빌려 귀국하던 중 기뢰를 건드려 일행 전원이 숨지는 사고를 당했다. 당시 상황으로 볼 때 시신조차 찾지 못했고, 또 버팀목을 잃은 가정은 붕괴되고 말았다. 이런 이야기는 헤아릴 수 없을 정도로 많다.

재일동포의 인구수는 1945년 8월 15일 기준 약 236만 명이었으나, 1946년 12월 말까지 1년 4개월 만에 193만 명이 귀국길에 올랐다.

이 중 102만 명은 합법적으로 귀국했지만, 81만 명은 비합법적으로 귀국한 것으로 알려졌다. 또한 갖가지 사정으로 64만 7000명이 일본에 잔류해야 했다.

가장 큰 사정은 1946년 3월에 연합군 총사령부에서 발령한 '38도선 이북에 본적을 둔 자는 귀환 정지'라는 통달이었다. 이로써 이들은 고향에 돌아갈 수

귀국하는 친구와의 기념사진(1945년 11월)

없게 됐다. 게다가 같은 해 4월 1일부터 귀국자는 1인당 무게 250파운드(영국 기준 1파운드=약 450g) 이하의 짐밖에는 가지고 갈 수 없게 됐다. 이는 일본 국내에 있는 재산을 국외로 반출하는 것을 제한하기 위한 조치였다. 그래도 고향에 돌아가기를 희망하는 사람들의 수는 점점 늘어, 그들은 250파운드를 초과할 경우 초과하는 만큼을 재일본조선인연맹에 기부하고 돌아갔다.

이와 함께 연합군 총사령부는 '귀환 희망자 등록'을 1946년 3월까지 마치지 않은 자는 귀국 권리를 상실한다는 통보를 발표했다. 이에

등록 신청을 한 재일조선인은 51만 4000명에 달했는데, 당시 64만 명 중 대다수가 귀국을 원하고 있었음을 알 수 있다. 연합군 총사령부는 같은 해 8월 8일 자 각서 '조선으로 혹은 조선으로부터 귀환 건'에서 재일조선인의 귀국 업무의 완료는 특수한 사정이 생긴 자를 포함해 12월 31일까지로 한정하고, 그 이후에는 '어떤 경우에도 귀환의 연기는 허용되지 않는다'고 통지했다.

일본 정부는 재일조선인의 귀국 최종 기한이 결정되자 곧바로 재일조선인을 대상으로 한 '외국인 등록령'의 공포를 각의에서 결정했다. 1947년 12월 기준 재일조선인 수는 59만 8000명이며, 이를 기초로 외국인 등록이 실시됐다.

그러나 일본 법률상 재일조선인은 일본 국적 소지자이므로 각의에서 재일조선인은 당분간 외국인으로 규정해 국적란에 '조선'으로 기입하도록 결정했다. 이때부터 재일조선인은 외국인으로 등록됐고 새로운 재일조선인 사회를 형성하는 출발점이 됐다.

1946년 10월 3일에는 조련 내부에서 의견 대립으로 분열된 사람들에 의해 재일본조선거류민단(민단)이 결성됐다. 이듬해 2월에는 도쿄 본부가 설치됐지만 실상은 동포들 사이에서 구체적인 활동을 시작하기까지는 좀 더 시간이 걸렸다.

3. 아다치 동포 조직과 변천

전후 일본에서는 재일동포에 의한 많은 동포조직이 만들어졌다. 그중에는 현재까지도 존속하고 있는 것도 있고, 소멸하거나 발전적 해체를 한 것도 포함돼 있다. 이 장에서는 아다치의 재일조선인에게 있어 큰 의미를 가진 조직의 변천과 그 역사적 사실을 확인해 두고자 한다.

(1) 조련과 하부조직

전후 혼란 속에서 아다치의 조선인은 고향에 돌아가기 전까지 먹고 살길을 찾아 헤맸다. 1945년 10월 15일에 조련이 결성되자 같은 해 10월에 도쿄본부가, 그리고 아다치구와 가쓰시카구葛飾区가 연합한 조호쿠城北지부가 결성됐다. 또 그 하부조직으로 아다치에는 센주千住와 센주야나기하라千住柳原 지역이 센주분회가 됐다. 센주분회는 센주 2초메丁目에 있는 오상은呉相殷이 운영하던 산케이産経신문판매소를 사무소로 하고, 분회장에도 오상은이 선출됐다. 분회 임원에는 센주코토부키초千住寿町에서 스낵 술집 '마이히메舞姫'를 운영하던 조규석趙奎錫, 센주 3초메 기타센주北千住역 앞에서 자전거 보관소를 운영하던 조용규趙鎔奎 외에 손도연孫道淵 등이 있었다. 술집 '마이히메'의 조규석은 훗날 귀화해 니시야마 다케히코西山武彦로 이름을 바꾸고 신주쿠新宿에서 미용실을 경영하며 전일본미용신문을 발간하는 등 활약해 무사시 노武藏野시의원이 됐다. 기타센주역 앞에서 도요하라자전거 보관소를 운영하던 조용규는 전쟁 중 내가 중학교에 다닐 때 자전거를 맡기면서부터 알게 됐다. 자전거를 맡길 때 말의 억양으로 보아 조선인임을 알고 서로 통성명을 했다. 그 당시 기타센주역은 작은 단층건물이었는데, 광장이라고 부를 수 있을 정도로 면적이 넓지 않았다. 보관소는 기타센주역을 등지고 왼쪽 모퉁이에 있었는데, 역전 개발 사업으로 철거돼 다른 곳으로 옮겨졌다. 그는 훗날 도쿄제4조선인초급학교 교육회장에 취임했다. 이러한 사람들이 센주분회의 중심 멤버였다. 멤버 구성은 다양했지만, 모두 일찍부터 이 지역에 살고 있었고 민족의식이 높은 사람들이었다.

그 다음으로 결성된 것이 모토키분회로, 같은 해 10월 하순에 아다치구 모토키 1초메(현재의 세키하라関原 1초메 6번 20호)를 사무소로 해 조직됐다.

분회장 박용봉朴龍奉 부분회장 정홍기鄭洪基 총무부장 한치권韓致権

경제부장 민영우閔永祐 사회부장 박태정朴太丁 재정부장 김성삼金聖三

청년부장 김군옥金君玉

친분과 열의를 우선시한 인사였기 때문에, 선출된 사람들의 임원으로서의 능력은 미지수였다. 분회장 박용봉은 전시부터 분회사무소에 살고 있던 사람으로 그 지역의 유력자였다. 그는 이렇다 할 직업도 없었고, 부인과 아들이 일을 하며 생계를 꾸리고 있었다. 그 자신은 지역 동포 간의 다툼 중재와 상담 등을 하며 지냈고, 동포들 사이에서는 신망이 두터운 사람이었다. 부분회장 정홍기는 성실한 사람으로 무난한 인품의 소유자였다. 총무부장 한치권은 사무면에서 뛰어나 매월 회비 수금을 위해 회원의 집을 일일이 방문하기도 했다. 사회부장 박태정은 고향이 나와 같아서 그의 아들과 나는 친구였다. 그는 이듬해 조호쿠지부에서 분리돼 아다치지부를 결성할 때도 사회부장이 된 사람인데, 선동 연설을 잘했다. 그가 연설을 할 때면 어김없이 '삼천리강산'이라는 말을 사용했기 때문에 별명도 삼천리강산이 됐다. 삼천리강산이라고 하면 이름을 대지 않아도 아다치구에서는 누구나 아는 사람이됐다. 그 역시 그 이름을 즐겨 사용했다. 삼천리강산이란 한반도 남쪽 제주도의 한라산에서 북쪽 백두산에 이르는 전 민족의 총칭으로, 이말은 동포사회에서 의견 대립을 완화시키는 역할도 했다. 경제부장 민영우는 사업가로, 여러 종류의 사업을 했다. 미나스三益아파트와 같은 부동산업도 하고, 훗날 미나스영화관을 모토키초와 센주야나기하라 두 곳에서 운영하기도 했으며, 주유소를 경영하기도 하는 등 경제적으로 상당한 수완이 있는 사람이었다. 재정부장 김성삼은 분회사무소와 도로를 사이에 둔 맞은편에서 고철상을 하고 있어 재정을 맡겨도 되겠다는 부회장의 판단 하에 선출됐다. 하지만 나중에 그는 모토키 1초메(현재 100호선 근처)에 분회사무소로 약 16평의 건물을 매입할 당시 문제를 일으키고 만다. 청년부장 김군옥은 분회장의 이웃에 살고 있었다. 유도 초단이라고도 2단이라고도 했는데, 덩치가 커서 실질적으로는 분회장의 보디가드와 같은 존재였다. 지금 설명한 이들이 모토키분회 조직의 중심 멤버였다.

분회장 자택 응접실을 임시 사무소로 만들었으나 많은 사람들이 드나들기에는 비좁아서 조속히 사무소를 확보할 필요가 있었다. 게다가 분회사무소 건물에는 세 가구가 살고 있었는데, 분회장 박용봉, 청년부장 김군옥 외에 사무실 입구 정면에 문창하文昌夏라는 사람이 살고 있었다. 하지만 사무소라 사람들이 자주 드나들고 매일 시끄러워 그는 끊임없이 불평을 늘어놓았다. 분회장은 베니어판 한 장을 사이에 두고 바로 옆에서 생활했기 때문에 그와 친분도 있어, 연맹사무소는 재일동포들에게는 공적 기관과도 같은 존재이니 조금만 참아달라고 설득을 했지만 그것도 한계에 이르러 마침내 정면충돌로 번지고 말았다.

그 결과 단체를 등에 업고 있는 사람들을 이길 수 없어 문창하는 아사쿠사浅草 방면으로 이사를 갔다. 그리고 얼마 후 12월 초순에 분회사무소로 적당한 집이 나왔다. 모토키 1초메(현재 세키하라 1초메 18번지)에 위치한 약 16평 규모 단층건물을 매입해서 일부를 수리해 사무소로 만들었다. 이 건물을 살 때 소유자 명의자를 분회 재정부장 김성삼이 제멋대로 자신의 명의로 했다가 후에 문제가 되는데, 이때는 아무도 알 턱이 없었다.

모토키분회에 소속된 지역은 모토키, 세키하라, 우메다梅田, 다카사고高砂, 고탄노五反野, 니시아라이 일부에 이르며, 무려 아다치 동포의 과반수를 차지하고 있었다. 1946년 12월 도쿄도 통계에 따르면 아다치구 재일조선인(남북조선인 총칭) 수는 742명으로 나타났다. 아다치가 가쓰시카葛飾와 연합한 조호쿠지부에서 떨어져 나와 조련 아다치지부가 된 것은 같은 해 1월 중순 이후다. 이미 아다치에는 모토키분회와 센주분회가 조직돼 활동하고 있었고, 이것이 지부 결성의 바탕이 됐다. 결성대회는 아다치지부의 결성대회라기보다 모종의 연설회 같은 형태로 모토키소학교 강당에 약 60명의 동포가 모여 실시됐다. 당일 행사장 연단 뒤에는 윤병옥尹炳玉 외에 8명의 간부단이 자리했고, 사회는 김만유金万有가 맡았다. 연사는 변해중辺海中 외 5명으로 4명은 간부단에서 나왔고 1명은 청중석에 있던 내 고향 선배인 송훈신宋勲信이 나와 열변을 토했다. 나는 고작 17세에 불과했지만, 정치에는 관심을 갖고 있었기 때문에 그의 손에 이끌려 이 대회에 참가했다. 다섯 사람의 연설이 끝나고 조련 중앙에서 온 사람 중 문화인으로 유명한 김두용金斗鎔의 인사 겸 강연이 있었다. 나는 그 연설이 끝나자마자 돌아가 버려서 나중에 있었던 일은 직접적으로는 모른다. 그러나 나중에 전해 들은 바로는 조련 아다치지부 위원장에 윤병옥이 선출됐다고 한다. 그리고 지부 사무소는 모토키 2초메 18번지 오야마大山철강소(사장은 손孫모라고 칭함) 사무소에 임시로 마련됐다.

그러나 아다치 동포 조직이 동포기업 사무소와 같은 공간을 사용하면 지부 임원회조차 열 수 없기 때문에 이에 관해서는 모토키분회 사무소에서 열도록 했다. 이에 아다치지부는 모토키분회와 실질적으로 하나가 돼 버렸다. 이러한 상황을 개선하기 위해 동포들 사이에서 지부 사무소를 조속히 확보하기 위해 자금 모으기 운동이 일어났다. 그리고 때마침 오야마철강소 근처 모토키 2초메 2222번지(현재 모토키 2초메 13번 11호)에 453평의 땅이 매물로 나와 이를 취득할 수 있었다. 건물은 아다치구 고탄노미나미초五反野南町에 있는 덴리교天理教 우메지마梅島교회가 낡은 교회 건물을 재건축한다는 이야기를 한 동포로부터 전해 듣고는 이를 싸게 매입해 해체하고 후보지로 옮겨와 조립했다. 이로써 조련 아다치지부 사무소는 비로소 제 기능을 갖추게 됐다. 사무소가 기능하게 되자 그 하부조직으로 모토키분회, 센주분회를 기반으로 오키노興野분회, 고호쿠江北분회, 그리고 센주야나기하라분회가 조직됐고 이후 아야세綾瀬에서 로쿠가쓰초六月町, 하나바타花畑 방면 지역을 망라한 후겐普賢분회가 조직됐다. 이리하여 조련은 1949년 단체 등 규정령에 의해 강제 해산될 때까지 6개 분회로 운영됐다.

1946년 4월 10일이 되자 조련 청년부 보안대와 자체대가 해산됨에 따라 같은 해 5월 10일에 재일본조선인민주청년동맹(이하 민청)이 결성됐다.

아다치에서는 4월 이전에 민청 아다치지부 준비위원회가 조직됐고, 사무소는 조련 아다치지부 사무소를 함께 사용하는 형태로 설치됐다. 준비위원장에 유단인柳端仁, 부위원장에 김창형金昌瀅이 취임했는데, 결성대회에서도 이와 마찬가지로 인사가 이루어졌다. 이 단체들은 1949년 9월 8일 단체 등 규정령의 적용으로 조련과 함께 해산됐고 그에 관련된 단체의 재산은 모두 몰수되고 말았다.

(2) 민단과 하부조직

재일본조선거류민단(약칭 민단)은 1946년 10월 3일에 결성됐다. 민단 구성원은 조련 내에서 의견 대립으로 이탈한 사람들과 조선건국촉진청년동맹(약칭 건청, 1945년 11월 16일 결성, 위원장은 홍현기洪賢基)이 분열된 일파, 신조선건설동맹(약칭 건동, 1946년 1월 20일 결성, 위원장은 박열朴烈) 사람들 등이었다. 1947년 2월 도쿄본부가, 1948년 6월에는 아다치·가쓰시카葛飾연합지부가 결성됐다.

그리고 1949년 5월에 아다치 동포 58명에 의해 민단 아다치지단이 결성돼 단장에 김주봉金周奉(오타케바시尾竹橋병원 이사장)이 선출됐다. 지단사무소는 1950년에 들어서면서부터 모토키 1초메 936번지 옛 무라타村田고무공장 터를 수리하고 그곳에 설치해 활동을 시작했다. 그 후 민단 아다치지단 사무소는 1960년 이후 센주나카이초千住中居町에 있는 정동순鄭東淳의 회사인 모리모토森本건설㈜로 일시 이전했다. 그리고 1974년 4월에 민단 아다치지단 신회관 건설위원회가 발족해, 1980년 9월 12일에 센주사쿠라기초 2초메 11-4호에 한국아다치회관이 건설돼 지금에 이른다.

민단 참가 단체로서 1952년 아다치한국인납세저축조합(조합장 김주봉)이, 1965년 3월 20일에 대한생활협동조합(조합장 정동순)이 설립됐다. 또한 1961년 5월에 도쿄한국인상공회(회장 이강우李康友)가, 1962년 2월에 재일한국인상공연합회가, 그리고 1993년 3월에는 아다치한국인상공회(회장 현공수玄枡洙)가 결성됐다.

(3) 민족학교의 전개

민족교육은 전쟁 전부터 전국 각지에서 비합법적으로 실시돼 왔다. 그러나 그것은 민족교육의 내용을 운운하기보다는 민족의식의 고조가 주된 목적이었다. 아다치의 민족교육은 1945년 8월 15일 민족 해방 이후에 본격화됐다. 시작은 같은 해 9월 하순에 아다치구 우메다초(현재 니시아라이사카에초西新井栄町)에 있던 도아東亜공업㈜(사장 윤병옥尹柄玉)의 공장 일부가 개조돼 아다치조선초등학원으로 출발했다. 교장에는 윤병옥, 전임교사에는 강명재姜明才를 임명해 약 30명의 아동에게 조선말과 역사를 가르쳤다. 같은 해 10월 1일부터 아다치구 센주아사히초千住旭町의 센주제2소학교 교실을 빌려 권태훈権泰勲이 조선말과 역사를 가르쳤다. 이곳 역시 30명 가까운 아동을 모아 조선말과 역사 교육을 실시했다. 또한 10월 30일에는 아다치구 고탄노미나미초에 덴리교 우메지마교회의 강당을 빌려 한용익韓用益이 조련아다치학원을 열어 조선말과 역사를 가르쳤다. 이 학원의 아동 수는 60명 정도라고 하는데, 자세한 내용은 알 수 없다.

1947년 2월에는 아다치구 내에서 앞서 언급한 세 곳에서 민족교육이 이루어지던 것을 한곳으로 통합해 아다치구 모토키초 1초메 25번 6호에 도쿄아다치조선초등학원이 세워졌다. 그동안 윤병옥이 교장을 맡아 학교 건설과 학교 운영에 큰 기여를 했는데, 이를 계기로 임광철林光澈(훗날 도쿄조선중고급학교 교장)이 교장으로 취임했다. 동시에 아다치조선학교관리조합이 설립돼 학교 운영에 관여하게 됐고, 이것이 훗날 재일조선학교교육회가 됐다.

학원은 1948년 4월 1일에 학교명을 '도쿄조선제4초급학교'로 바꾸고, 아동 수도 260명으로 늘었다. 이러한 조선학교는 재일동포들이 자녀들에게 자신들이 받지 못했던 교육을 시켜 꿈을 실현하는 장소이기도 했다. 그러나 1948년 4월 10일에 효고현兵庫県지사의 지령으로 조선인학교 폐쇄령이 내려지는 사건이 일어났다. 이에 재일동포들은 폐쇄령에 반대하는 운동을 전국적으로 전개했다. 이것이 한신교육사건阪神教育事件이다.

도쿄에서는 같은 해 4월 27일 도내 14곳의 조선인학교 관리조합(현재의 교육회) 이사장과 교장이 체포됐다. 다음 달 3일 조선인교육대책위원장과 모리토森戸 문부대신 간에 각서가 교환돼 일단 해결을 보았으나, 이듬해 1949년 9월 조련이 단체 등 규정령에 의해 강제 해산되자 조선학교도 조련 재산이라는 이유로 폐쇄 명령을 받았다. 이는 민족교육의 괴멸 위기라고 해도 될 정도의 사태였다.

일본 정부는 도쿄도를 통해 조선인학교를 도립학교로 개편하고, 같은 해 12월 20일부터 '도쿄도립제4소학교'로 지정했다. 이에 따라 지금까지 조선인 교사가 가르치던 민족교육은 정규과목(정규교과)에서 제외되고, 과외로만 인정하게 됐다. 즉 학교의 통상수업은 일본 정부가 인정한 교과서로만 이루어지며, 수업이 끝난 후 과외활동으로서 민족교육을 인정한다는 것이었다. 하지만 그때까지 사용하던 교과서에서 갑자기 일본어로 쓰인 교과서로 변경된다 하더라도 대다수의 아동은 따라갈 수 있을 리가 없었고 혼란이 일어났다.

같은 해 12월 20일 도쿄도 측에서 파견돼 부임해 온 신임 교장 아카와 세키阿川뿀를 비롯한 일본인 교사들과 기존 학교장인 한용익과 조선인 교사, 그리고 학부모들이 모여 협의를 했다. 나는 학부모를 대표해 아카와 교장에게 조선인 교사들을 그대로 유임시키고 서로 협력해 달라고 부탁했다. 그러나 일본인 교사들은 대답하기를 꺼렸다. 결국 두 명의 조선인 교사를 채용하고 나머지 교사는 교사의 보조원 신분으로 굴욕을 참으며 교단에 서게 됐다. 보조원에게는 급여가 전혀 나오지 않았기 때문에 그들의 생활비는 동포 학부모들의 모금으로 메울 수밖에 없었다.

이 같은 일본 당국의 행태는 재일조선인 입장에서 보면 민족교육을 내부에서부터 붕괴시키려는 의도로밖에 보이지 않았다. 그것이 어렵다는 것을 알자 이들은 새로운 수를 썼다. 5년 후인 1954년 10월 4일 도쿄도교육위원회는 재일조선인PTA도쿄도연합회(현재의 도쿄조선학교교육회)에 대해 돌연 '도립조선인학교는 1955년 3월 31일을 끝으로 폐교한다'고 통고했다. 그리하여 1955년 4월 1일 자로 '도쿄도립제4조선인소학교'는 이번에는 도쿄도로부터 '학교법인 도쿄조선학원' 설립을 인가받아 일반 사립학교로서 또다시 조선인에 의해 자주적으로 학교 운영을 시작하게 됐다. 아다치에서는 같은 해 5월 25일 '도쿄조선제4초급학교'로 개칭했고 아동 수도 점점 증가했다.

다만 아다치에서는 초급부(소학교)를 졸업한 뒤, 중급부(중학교)로 진학하기 위해서는 옆 아라카와구에 있는 도쿄조선제1초중급학교로 보내는 수밖에 없는 상황이었다. 그래서 아다치 학교에 중급부를 신설하는 문제가 제기됐는데, 자금 문제가 골칫거리였다.

아라카와 초중급학교에서는 수용하기 어렵다는 말을 그 전부터 자주 들어와서 어쩔 수 없이 1964년 4월 1일 아다치의 제4초급학교에 중급부를 신설하게 됐다. 그러나 중급부 신입생이 2학년으로 진학할 무렵에는 이미 교실이 부족해졌고 수용 능력은 한계를 넘어섰다. 동포들 사이에서는 새로운 학교 건물을 원하는 목소리가 운동으로 확산돼 1965년 신교사건설위원회가 결성됐다. 전임 사무국장은 강상기康賞琪로 정해졌고, 나도 비전임 사무국차장을 맡게 됐다. 건설위원장을 누구로 할지 토론을 벌인 끝에 이성달李成達로 결정됐다. 학교 건설비는 8500만 엔이고, 그 자금을 모으는 데 1000만 엔이라는 거액의 기부금을 내는 회원을 4명으로 하여, 4000만 엔을 기반으로 해야 했다. 그러기 위해서는 자금력이 약한 이성달을 건설위원장으로 선출하되 무리이기는 하지만 1000만 엔을 기부하도록 해야 했다. 그렇게 해서

1000만 엔 출자자는 이성달, 김만유, 고복영高福英, 김창수金昌寿 등 4명으로 늘었다. 그런데 고복영과 김창수는 1000만 엔을 개인이 아니라 두 사람이 공동으로 운영하는 주와카세이中和化成라는 회사 이름으로 출자하겠다는 의사를 표했다. 즉 1인당 500만 엔을 내겠다는 이야기였다. 그 때문에 1000만 엔의 예산 계획이 틀어졌지만, 할 수 없이 1000만 엔의 부족분은 추가 모금하기로 하고 학교 건립을 추진해 나갔다.

나는 출자액으로는 그 아래 등급이었는데 다른 상공회원들도 여럿 있어서 빨리 모을 수 있었다. 다만 이성달은 매달 강상기가 돈을 받으러 가면 50만이나 100만 엔을 냈는데, 그때마다 부부싸움을 하는 것 같았다. 그는 파친코점 우메다센터를 운영했는데 날마다 현금이 들어왔고, 민족교육에 대한 열의가 대단했다. 그런데 도중에 그는 고복영과 김창수가 1인당 1000만 엔씩 낸다고 알고 있었는데, 500만 엔을 낸다는 이야기를 듣고 화를 내며, 자신도 500만 엔을 내겠다며 버텼다. 얼마 후 장부에 적은 대로 끝까지 전액을 냈지만, 그에게는 금전적으로 큰 부담을 주었다. 그리고 기부금을 회수하기까지는 사람에 따라 3년 이상이나 걸렸고, 매달 상공인들은 높은 이자로 돈을 빌리면서까지 장부에 기입한 금액을 지불했다.

사실 신교사 건설 운동에 불이 붙은 것은 한 사건이 계기가 됐다. 어느 날 동포의 노모 한 분이 민족교육을 위해 써달라고 건설위원회에 돈을 기부하러 온 것이다. 금액은 얼마 되지 않았다. 그러나 들어보니 그 돈은 10년 동안 매일같이 민족교육을 위해 조금씩 장롱에 모아둔 돈이었다. 이 이야기가 아다치 동포들에게 전해지자 이를 계기로 많은 동포들이 교사 건립 운동에 앞장서게 됐다.

일본 당국은 이 운동에 냉담했으며 1엔의 건설 보조금도 내놓지 않았다. 막상 건물의 건축 단계에 이르니, 목조 2층 건물의 옛 교사에서 이루어지는 수업에 차질 없이 공사를 진행하기는 여간 힘든 일이 아니었다. 먼저 철도 레일을 깔아 구교사를 철거하고 그 땅에 철근 4층짜리 신교사를 짓게 됐다. 신교사는 1966년에 비로소 완공됐다.

이런 에피소드를 통해 아다치 동포와 상공인들의 민족교육에 대한 열의가 얼마나 컸는지 알 수 있다.

그러나 학교 건물이 완공된 후부터 교사 인건비 등으로 매년 3600만 엔 정도의 학교 운영비가 필요했는데 상공인들 중에는 학교 건립에 무리하게 기부를 해서 운영비까지는 낼 수 없다고 협조를 하지 않는 사람이 많았다. 당시 일본 정부로부터 지원받는 소·중학생에 대한 조성금이 없었기 때문에 학부모에게 받는 수업료만으로는 학교 운영의 20~30% 정도밖에 충족시킬 수 없었다. 결국 상공인에게 기부를 부탁해야 했기에 학교를 운영하는 교육회 임원들도 꽤나 고생했다. 나는 그런 실태를 잘 알고 있는 입장이었기 때문에 그들이 나에게 운영비를 모으는 중심 역할을 맡아 달라고 요청하자 협력을 하지 않을 수 없었다. 보통 학교를 건립할 때는 기부자의 이름이 알려지기 때문에 무리를 해서라도 도움을 주지만 운영비를 기부하는 것은 대체로 평가받지 못하기 때문에 협조하지 않는 것이 일반적이었다. 하지만 나는 협조할 수밖에 없는 처지였다.

그로부터 7년 후인 1973년 도쿄도에서 갑자기 도시계획에 따른 고속도로 건설을 위해 조선학교를 이전하라는 통고가 내려왔다. 도쿄도 측에서 이전 후보지를 몇 군데나 제안해 왔지만, 아동의 통학 거리나 부지 면적 문제로 쉽사리 합의에 이르지 못했다.

학교 이전 문제로 도의 공단 측과 대화를 나눈 사람은 총련 아다치 지부 위원장 손호주孫鎬周, 도쿄조선제4초중학교 교육회 회장 유찬삼 柳贊三, 그리고 아다치 조선인상공회 이사장인 나 이렇게 세 개 단체의 대표였다.

고속도로 계획에 따른 철거 대상에는 아다치조선인상공회 회원 작업소와 주거지 등도 11세대가 포함돼 있었다. 도로공단과의 협상은 1976년 7월 내가 상공회 이사장을 사임할 때까지 가까스로 해결을 보았지만, 학교 이전 문제 해결에는 시간이 좀 더 걸렸다. 아동의 통학 가능 범위에는 한계가 있어 이전 장소 선정은 어려웠고, 이후에도 협상은 계속됐다.

학교 이전지가 드디어 아다치구 오키노초興野町의 옛 스탠다드제화 회사 터로 결정된 것은 1983년에 이르러서이며, 1984년 9월 2일에 철근 4층 건물의 교사 본관과 체육관이 완공됐다. 그동안 학교건설위원회 임원들이 잘 해주었다고 생각했지만 단 한 가지 아쉬움이 남았다. 건축비는 도쿄도 도로공단 측 철거 보상금으로 충분할 터인데 체육관

추가 공사를 한다는 명목으로 동포들로부터 자금을 모았고 이로 인해 동포들의 불만의 목소리가 높아졌기 때문이다. 또 학교가 완공된 후에 공개해야 하는 구체적인 비용 명세에 대해 일반 동포들에게는 대략적인 내용만 전달됐다. 신교사 건설 운동이 훌륭했던 만큼 아쉬움이 컸다.

4. 아다치 조선상공인의 발자취

앞에서도 언급했듯이 전후 혼란기의 일본에서는 전국 곳곳에 암시장이 출현해 돈만 있으면 무엇이든 살 수 있었다. 전후의 시작은 통제 경제가 파탄 나 '암거래'가 일반화됐을 때부터라고 생각할 수 있다. 이는 일본 경제 구조가 뿌리부터 바뀌었음을 의미하기 때문이다. 그 변화에는 패전 직후 정부가 쥐고 있던 막대한 물자를 군부와 군수산업 임원들이 은닉해 암시장에 흘려보낸 것도 큰 영향을 미쳤다.

이 당시 아다치의 조선인들은 대부분 실직 상태였으며, 해방된 고국으로 돌아가기 위해 귀국 준비를 하고 있었다. 그러나 귀국하기 전까지는 식량을 산지에 가서 직접 구입하거나 모든 일을 닥치는 대로 떠맡을 수밖에 없었다. 1945년 12월 말에 일본 정부에 의한 국세国勢 조사에서 전국의 재일조선인은 115만 5594명이며, 아다치에 사는 조선인은 3627명이었다. 이듬해 1946년 연합군의 지령에 의한 인구조사에서 재일조선인의 수는 전국에 64만 7006명, 아다치에 742명이었다. 그 다음 해인 1947년 법무성에 의한 외국인등록령 조사에서는 전국에 59만 8507명, 아다치에 2527명으로 나타났다. 이 시기 전국적으로 보면 고향으로 돌아가는 사람들 때문에 재일조선인의 수는 점점 줄어들었다.

반면 아다치에서는 독자적으로 산업이 발달하면서 동포 인구는 증가하는 추세를 보였다.

여기서 전쟁 전 아다치에서 사업을 하던 사람들의 이름을 열거해보겠다. 먼저 포금 주물공장을 경영하던 사람부터 이야기하자면 내 아버지 강상현姜尚現은 1941년 봄에 오사카에서 상경해 미쓰요시光善주조공업소를 일으켰다.

내 사촌형 김대우金大祐도 송두호宋斗昊와 함께 미쓰보시三星주조공업소를 운영했는데, 전후 사촌형은 고향에 돌아갔고 송두호는 센주千住에서 아마노天野제과회사를 경영했다. 오동춘은 구레모토吳本제작소를 운영했는데, 전후에는 고향으로 돌아갔다. 그밖에 이름은 기억하지 못하지만 니시무라西村주조공업소와 홍洪모씨의 도쿠야마德山주조공업소가 있었다.

그밖에 우메다초의 도아東亜공업에서 목장갑을 만들고, 전후에는 국제택시회사를 경영했던 윤병옥, 우메다초 도코東光화학에서 시약품을 만들다 전후에는 센주사쿠라기초千住桜木町에서 오다케바시尾竹橋병원을 경영하고 민단 단장이 된 김주봉金周奉, 도쿄대공습 때 나미다바시汨橋에서 개업한 의원이 소실돼 니시아라이다이시西新井大師 근처에 훗날 니시아라이병원이 된 가나모토金本의원을 개업한 김만유, 마찬가지로 도쿄대공습 때 모토키초 폐품수집업체를 소실한 한학자 강계림康桂林, 센주화력발전소 하청업을 하며 전후에도 발전소 해체에 종사한 이시다구미石田組의 이만룡李晩龍, 오키노興野에서 마쓰무라松村금속이라는 제반공장을 운영했던 정순옥鄭舜玉, 그리고 니시아라이에서 요미우리신문판매소를 운영하던 이우보李雨甫, 모토키에서 산케이신문판매소를 운영하던 오중경吳中卿 등의 이름을 들 수 있다.

전후 아다치에서 고무산업이 독자적으로 발달했던 것이 크게 작용했다. 누구든지 이곳에 오면 어떻게든 생활을 할 수 있다는 점에서 간사이關西와 도호쿠東北를 중심으로 각지에서 소문을 듣고 많은 사람들이 모여들었다. 사실 당시 아다치는 집세도 싸고 인정미 넘치는 살기 좋은 곳이었다.

전쟁 중 아다치에는 주물공장이 다섯 곳 있었지만, 전후에는 모든 공장이 폐쇄하고 그때까지 있던 다른 업종의 공장도 대부분 가동을 중단했다. 이들을 대체한 것은 고무공장이었다. 전후 처음으로 모토키초에 생겨난 고무공장은 오문방吳文芳 형제가 경영하는 무라타村田고무와 정두호鄭斗浩가 경영하는 이케하라池原고무였다.

오문방은 그의 숙부인 아라카와구의 오복침吳福琛(산와三和고무 사장)의 지원을 받아 생고무 브로커로 이익을 봤다. 그 소문이 확산되자 고베神戸 나가타초長田町를 중심으로 지연·혈연에 의지해 많은 사람들이 모여들었다. 나가타초는 전쟁 중일 때부터 고무 제조에 종사한 사람이 많아 그 사람들이 기술을 가지고 아다치에 모여들었던 것이다. 불과 1년여 만에 고무공장이 급속히 늘어났고 이와 관련된 가내공업까지 합치자 수십 곳이 모토키초를 중심으로 늘어났다. 이에 모토키초와 그 주변 지역은 활황을 이루었다. 오문방은 브로커를 통해 구 일본군의 은닉물자를 저렴하게 사들인 뒤, 그것을 고무공장 동업자에게 팔아 단기간에 거액의 부를 거머쥐게 됐다. 하지만 호화스러운 생활을 누리다 얼마 지나지 않아 파산하고 말았다. 현지인들 사이에서는 '도채비구신도깨비귀신'을 모시는 바람에 갑작스럽게 큰돈이 들어왔다 나가버렸다고 소문이 났다.

이케하라고무의 정두호는 고무를 반죽하는 커다란 롤 기계의 설비까지 하면서 공장을 운영했지만, 외부에서 고무제조 관련자들이 대거 들어와 모토키초에 집중됐기 때문에 자사 공장을 여러 개로 구분해 공장 단지로 만들어 임대를 시작했다. 이어 고무롤 기계를 사용해 외부에서 생고무를 들여오는 사람들에게 가령 1㎏에 얼마씩 의뢰받은 만큼 반죽을 해줌으로써 안정된 경영을 이어갔다. 즉 각종 원자재 섞은 것을 들여와서 롤기계로 반죽했던 것이다.

전후 모토키초에 생긴 고무공장은 앞에서 언급한 곳 이외에 세 주주가 공동경영한 김관동金寬東의 곤고金剛고무, 이단일李旦一의 모리야마森山고무 등도 있었다. 모리야마고무는 일찌감치 공장을 시작했지만 경쟁이 심해지자 공장을 매각해서 아라카와로 이전했다. 그 공장을 현공수玄栱洙가 그의 고향 사람들의 도움을 받아 사들였고, 이것이 소고相互고무가 됐다. 이 밖에도 고부조高富造의 다카다高田고무, 오진옥吳振玉과 오병옥吳秉玉 형제의 마루비丸美고무, 허군옥許君玉의 킹고무, 김광준金光俊의 산코三光고무, 오키노초에 있던 김종추金宗枢의 니와二和고무 등이 있었다. 1947년이 되자 소규모 고무공장은 20여 곳에 달했고, 이들 공장에서는 고무장화와 자전거 타이어, 고무신발 등을 만들었다. 한편으로는 경쟁이 치열해져서 도산하는 공장도 속출하기 시작했다.

1953년에 들어서자 고무 대신에 비닐이나 플라스틱이 새로운 시대의 산업이 됐고, 주와카세이中和化成의 고복영, 김창수가 공동 경영으로 아야세綾瀬에 공장을 설립할 무렵에는 모토키초의 고무업계도 비닐산업으로 종목을 바꾸었다. 고무 업계에 종사한 사람은 아다치 출신자만이 아닌, 간사이關西 특히 고베神戸에서 상경한 사람이 많아 아다치의 동포 인구도 점차 증가했다.

한편 전쟁 전부터 모토키초에 살며 자투리 가죽으로 체인 밴드형 벨트를 만들어 근근이 생활해 온 사람들도 전후에는 피혁 재료가 통제품에서 제외돼 제대로 된 가죽 벨트와 가방, 란도셀 등을 제조하게 됐다. 전후 이들 상품을 처음으로 제조하기 시작한 사람은 이성달, 정태선鄭泰先, 최인용崔仁溶, 김복래金福来, 김민한金民漢 등이었다. 김민한 등은 전시부터 다이토구 이리야入谷 가나미야金宮산업에서 군의 피혁산업회사를 경영했는데, 그 분야에서는 고참급 사람이었다.

다른 한편에서는 아다치 지역 밖으로 진출한 사람들도 많이 나왔다. 아사쿠사浅草에 진출한 사람들은 김병양金秉楊, 오갑보吳甲保, 윤두식尹斗植, 김기선金基先 등이며, 그들은 모두 아사쿠사나 우에노를 거쳐 다시 다른 장소로 진출했다. 김병양은 신주쿠에 진출해 가부키초歌舞伎町에서 호텔을 경영했고, 오갑보도 가부키초 입구에 도카이엔東海苑 빌딩을 세웠다. 우에노에는 김기호金基浩가 진출했는데, 1945년 가을에 우에노히로코지上野広小路에 암시장이 출현했을 무렵 아오조라노점青空露店이었던 곳의 권리를 매입해 기성복 제조를 시작했다.

내 사촌형 강창원姜昌元도 1949년 여름에 오카치마치역 근처 철도 고가선 아래(통칭 '카트 아래')에서 비누를 만들었는데 전시 중에 누적된 피로로 인해 병으로 쓰러져 돌아올 수 없는 사람이 됐다. 이후 김기호와 김창훈金昌勲 등도 우에노와 유시마湯島로 진출했지만, 그들도 이제는 세상을 떠나고 없다.

(1) 아다치 조선상인공회의 결성과 발전

전후 아다치에는 고향으로 돌아가거나 아다치에서 다른 지역으로 옮겨 가는 사람보다도 간사이関西 방면을 비롯한 다른 지역에서 전입해 오는 동포 수가 더 많았다. 아다치에 거주하는 동포의 수가 늘어나자 사업을 하는 사람들이 서로 돕기 위한 상호부조 조직이 필연적으로 생겨났다. 1949년 10월 중순 모토키초의 요정 '스이즈키醉月'에서 동포 상공인 30여 명이 모여 아다치조선인상공회(이하 상공회)를 결성하고 초대 이사장에 김봉진金奉珍이 취임했다. 사무소는 모토키초 1초메 1027번지, 김봉진의 회사인 고에이光栄고무 사무소와 같은 공간을 사용하게 됐다. 얼마 안 돼 센주나카초千住仲町에서 토건 회사를 경영하고 있는 정동순으로부터 센주나카초에 외화 전문 영화관을 세우고 싶지만 자금 부족으로 힘든 상황이라 상공인 유지로부터 출자금을 모으고 싶다는 제의가 들어왔다. 상공인들은 이에 동참해 많은 사람들이 자금을 출자했다. 그 당시 나는 학업과 사업을 병행하고 싶어 17살 때부터 아버지 대리로 상공인 모임에 참석했다. 그래서 대부분의 상공인과는 아는 사이였다.

상공인들로부터 출자금을 모은 정동순은 1950년 10월에 영화관 '센주밀리언좌'를 오픈했다. 준공식에는 아다치상공인 유지들도 참석했다. 나도 아버지 대리로 참석했는데, 행사는 성대하게 치러졌고 난생 처음 세키한赤飯·팥찰밥 도시락을 먹었다. 그러고 나서 이제 막 상공회 제2대 이사장이 된 김만유와 함께 돌아오게 됐는데, 아다치 상공인들이 서로 힘을 합쳐 하나의 영화관을 완성한 것처럼 제2, 제3의 사업가를 육성해야 한다는 이야기를 나누었던 것으로 기억한다.

다만 이 출자는 계약 자체가 모호했는데 나중에 가서 정동순은 상공회로부터 돈을 대출받았다고 주장했고 출자자 측은 출자금으로 투자했기 때문에 배당금을 내야 한다고 주장해 마찰을 빚었던 것으로 알고 있다. 그는 이후 상공회를 탈퇴했지만, 민단 아다치지단장을 거

아다치조선인상공회 회원 여행(1968년 9월 21일·아타미熱海뉴후지야호텔)

쳐 도쿄본부 단장이 되는 등 명성을 떨쳤다.

1951년 5월 하순에 모토키 1초메(현재의 세키하라 1초메)에 위치한 소고고무(사장 현공수) 사무실에서 상공회 상임이사회가 열렸다. 참석자는 이사장 김만유, 부이사장 강택준康沢隼, 전무이사 현공수였다. 회의 중심 의제는 제3회 정기총회에서 실시되는 임원 선출의 건이었다. 그 내용을 보면 정기총회에서 김만유가 이사장을 사임하고, 강택준을 제3대 이사장으로 취임시킨다는 것이었다. 상공회 이사장에서 물러난 김만유는 새롭게 아다치조선상공협동조합을 설립해 이사장으로 취임하기로 협의했으나 김만유는 협동조합을 만들어도 당분간은 이득이 없다며 거부했다. 이 때문에 김만유와 강택준 사이에 감정 대립이 벌어졌고, 회의에서는 현공수의 중재로 진정됐지만, 그 영향이 나중에까지 이어졌다. 아다치에서는 협동조합을 설립할 필요성을 그다지 느끼지 못했기 때문에 6년 후인 1957년 11월에 겨우 설립됐다.

그리하여 1년 후인 1952년 8월에 아다치상공회 제4차 총회에서 이사장에 강택준, 부이사장에 고공수가 취임하고 전무이사제는 폐지됐다. 현공수는 전무이사 사퇴를 계기로 민단 지향으로 방향을 틀어 몇 년 뒤에는 아다치민단 단장이 됐고, 아다치한국인상공회를 결성해 이사장이 됐다. 김만유는 이사장을 사임하면서 그때까지 상공회 총무부장이었던 이성웅을 가나모토金本의원(훗날 니시아라이병원) 사무장으로 스카우트해 갔다. 이성웅 입장에서는 급여가 적은 상공회보다 대우가 좋은 의원 사무장을 선택하는 것이 당연하고, 실제로 그는 가나모토의원에서 니시아라이병원을 짓는 데 큰 공헌을 했다. 하지만 상공회를 그만둔 것을 주위에서는 문제 삼았다.

아다치상공회는 강택준이 이사장으로 취임한 후 1955년 12월에 월동생활자금 40만 엔을 정부계 금융기관에서 대출받았다. 그동안 일본 당국은 외국인을 융자 대상에서 제외했기 때문에 이는 전국에서도 처음 있는 획기적인 일이었다. 이 일이 전례가 되어 그로부터 2년 후인 1957년 7월 이후에는 도쿄도 전체 상공회가 일본 정부계 금융기관에서 제도융자制度融資·지자체, 금융기관, 신용보증조합이 연계하여 제공하는 융자를 받게 됐다. 이는 강택준의 커다란 공적이었다.

하지만 강택준이 이사장 자리를 지나치게 고집하자 주위에서 비판이 나오기 시작했다. 어쩔 수 없이 그는 1958년 7월에 새로운 회장제를 도입했고 도쿄상공회의 승낙을 얻어 초대 회장에 취임했다. 그리고 신임 이사장에는 고영호高永豪(당시 고공수)가 취임했고, 부이사장에는 나와 정순옥, 고복영 세 사람이 취임했다. 그리고 회장은 대외적인 일을 담당하고, 이사장은 대내적인 일을 담당하는 등 역할이 분명해졌다. 강택준은 내가 8년간 상공회 이사장을 지내고 1976년 사임할 때까지 15년간 초대 회장으로 재임했다. 고영호는 이사장에 취임한 지 3년째 되던 해 심장에 이상이 생겨 입원과 퇴원을 반복하느라 이사장 책무를 다할 수 없게 됐다. 그가 사임한 1966년까지 몸이 아픈 그를 대신해 내가 실질적으로 이사장에 준하는 역할을 했다. 또한 1966년 6월에는 강상기가 전임 이사장으로 취임했다. 그는 제4초중급학교를 건설할 때 전임 사무국장으로서 수완을 발휘해 높은 평가를 받았다.

그때까지 상공회 임원직은 무보수의 사람이 많았기 때문에 동포에 대한 명예로운 봉사로 자리매김했는데, 이때 처음으로 유급의 전임직이 설치됐다. 강상기가 전임이 된 배경에는 당시 상공회가 1600만 엔이나 되는 빚으로 인해 파탄 직전에 있었기 때문에 학교를 세운 실적을 평가해 재건을 맡긴 사정이 있었다. 그러나 이사장에 취임한 지 얼마 되지 않아 그는 상공회를 재건하는 일이 쉽지 않다는 것을 깨닫고 첫해를 보내고 사임하고 만다. 그의 후임으로 나에게 이사장을 맡아

달라는 말이 나왔지만 나는 상공회 내부 사정을 그 누구보다 잘 알고 있었기 때문에 거절했다. 그는 어쩔 수 없이 김용호(총련지부 부위원장)의 이사장 취임을 결의했으나 그 또한 강상기 정도의 사람도 재건할 수 없는 일을 자신이 할 수 있겠느냐며 질병을 이유로 사퇴했다. 그래서 상공회는 다시 나에게 이사장을 맡으라고 강하게 압박했다.

당시 나는 아직 30대였고 열정을 가지고 있었다. 아다치 동포를 위한 상공회가 위기에 처한 것을 더 이상 방관할 수 없었다. 그래서 고민 끝에 제안을 받아들이기로 결심했다. 이사장직을 떠맡게 된 이상 내가 이사장을 맡아 경영하고 있는 아카후도병원이 망하더라도 아다치 상공회를 재건하겠다는 각오를 다졌다. 1968년 7월 16일에 상공회는 정기총회를 열었고, 내가 상공회 이사장으로 선출됐다.

그 당시 아다치 상공회는 파탄나기 직전이었다. 나는 병원 경영을 사무장에게 맡기고 상공회 재건에 집중했다. 상공회 임원들의 의식을 개혁할 필요가 있었다. 그래서 상공회에서 독서회와 토론회 등을 개최하고 임원들을 하코네箱根에 있는 경제학원에 연수를 보내기도 했다. 나는 총무부장을 데리고 다니며 자전거를 타고 상공회원의 집을 일일이 찾아갔다. 가는 곳마다 경영 상황을 묻고 그것을 재건을 위한 참고로 삼았다. 회원들 사이에서는 상공회에 대한 불평불만이 커져 있었다. 그래서 이를 하나하나 해결하려고 노력했다.

가장 절박한 문제는 상공회가 떠안고 있는 빚 1600만 엔을 어떻게 갚느냐였다. 나는 궁리 끝에 결론에 도달했다. 그것은 상공조합중앙

금고(상공중금)에 가서 아다치상공회가 보증할 수 있는 어음할인의 범위를 신규로 인정받는 것이었다. 나는 상공중금 우에노지점장을 찾아가 상한액 3000만 엔의 어음할인을 인정해 달라고 협상을 했다. 여러 차례에 걸친 힘겨운 협상 끝에 비로소 인정받았고, 이를 빚 상환의 기초로 삼게 됐다. 당장 아다치상공회 긴급 이사회를 소집해 3000만 엔의 어음할인 한도가 인가된 경과를 보고하고, 이것이 1600만 엔의 빚 상환 자금원이라는 것을 설명했다. 그리고 이를 위해 각 임원이 월 3%의 이자로 이 자금을 사용해 주었으면 한다고 양해를 구했다. 일반적으로 당시 은행들은 차별적으로 대출을 해주어 재일조선인 상공인들은 자금 융통에 어려움을 겪고 있었다. 개인이 월 3%의 이자로 차입하는 것이 일반적이었는데, 일본인에게는 비싼 편에 속했다. 하지만 그런 이자가 높은 돈조차 재일조선인들은 고맙다며 앞다퉈 이용하려는 상황이었다. 상한선은 임원 1인당 200만 엔으로 하고 각각 연대보증인을 세우기로 했다. 이 방법으로 상공회원에게 어음할인을 해준 결과 회원들은 매우 기뻐했다. 상공회는 월 3%의 이자 수입으로 상공회가 진 빚 1600만 엔을 2년도 채 안 돼 모두 갚았다. 이 소문을 들은 아라카와상공회(이사장 강중권康仲權)도 상공중금에 가서 어음할인 협상을 벌였으나 실패했다. 다른 상공회 중에 할인을 받은 곳은 없었고, 아다치상공회만 어음할인을 받아 부러움을 샀다. 또 이처럼 채무를 변제할 수 있다는 희망이 생기자 임원들도 자신감이 생겨 적극적으로 상업 활동을 벌이게 됐다. 신규 가입을 희망하는 상공인도 날로 늘어갔고, 이 방법을 취한 지 2년 만에 당초 85명이었던 회원은 300여 명으로 늘었다. 그래서 회원 상호 간의 친목 도모를 목적으로 여행 모임을 비롯한 레크리에이션 등을 실시해 회원들끼리 만나는 기회를 많이 만들려고 했다. 또한 일반 회원도 상공인으로서 자각과 긍지를 가질 수 있도록 많은 회원들을 하코네에 있는 경제학원으로 연수를 보냈다. 이 시기가 되니 아다치상공회에 대한 소문이 퍼져 전국 154개 지역 상공회 중에서도 가장 모범적인 상공회로 불리게 됐다.

1960년대 후반에 들어서자 일본 경제는 이른바 고도성장기에 접어들었고, 그 후반에는 베트남 전쟁 특수도 있어 '이자나기 경기いざなぎ景気'라고 불리는 호황이 계속되고 있었다. 은행을 비롯한 금융기관에서는 돈이 남아돌기 시작하면서 새롭게 빌려줄 곳을 찾아야 했다. 일본의 은행들은 이전에는 자금 융통에 어려움을 겪는 동포 기업 경영자가 머리를 조아리며 부탁해도 좀처럼 돈을 빌려주지 않았다. 그러나 이번에는 반대로 은행원이 기업을 방문해 많은 돈을 빌려 쓰라고 부탁하는 상황이 된 것이다. 아다치 동포 상공인들은 이처럼 금융이 완화되고 있는 시점에 사업을 확장해 나갔다. 당시에는 모든 것의 수요가 높아지고 있어 아다치에 즐비했던 작은 마을 공장은 대기업의 상대가 되지 않았다. 실적이 호조인 기업은 큰 생산 설비를 가진 공장만을 상대하게 됐다. 또 당시에는 땅값도 갈수록 올라 도내에 큰 공장 설비를 갖추기가 어려웠다. 이에 아다치 지역 동포 상공인이 사업을 확장하기 위해서는 땅값이 싼 지방에 1000평 이상 규모의 토지를 구

입해 그곳에 대량 생산이 가능한 공장을 건설할 수밖에 없었다.

기존의 은행은 선별적으로 대출을 해줬기 때문에 동포 상공인들이 대규모 대출을 받을 가능성은 적었다. 그러나 방금 언급한 것처럼 은행들이 조금이라도 더 돈을 빌려주려고 사업 방침을 완전히 전환하기 시작했다. 그로 인해 재일동포가 이러한 공장을 경영하는 것도 가능해졌다.

예를 들어 마루이시丸石비닐공업주식회사의 곽명철郭明哲은 거래처가 대기업인 도시바여서 사업 확장이 절박했다. 그래서 지바현千葉県에 제2공장을 건설했고 그 덕분에 사업을 안정시킬 수 있었다. 마루비丸美고무공업주식회사에서 독립한 오병옥은 닛코카세이日興化成공업주식회사를 설립했는데, 그 또한 이바라키茨城에 제2공장을 건설해 사업을 확장했다. 이 밖에도 상당수의 아다치 동포 상공인들이 비슷한 형태로 사업을 확장해 나갔고 아다치지역 상공인 일부는 빈곤에서 빠져나와 성장해 나갔다.

나는 아다치상공회 이사장을 8년간 맡아왔으나 사정상 1976년 7월 영역이 다른 재일조선사회과학자협회 관동지부(후에 동일본본부) 부회장으로 전임했다. 그 후임으로 양석하梁錫河가 이사장으로 취임했으나, 2년 후인 1978년 7월에 사임하고 그 후임에 강일姜一이 취임한 후 13년간 재임했다.

⑵ 그 밖의 주요 조직

그 밖에 1971년 4월에 아다치 장기·바둑클럽(회장 김병옥)이 결성됐다. 김병옥의 자택을 임시 사무소로 하고, 1년에 두 차례 중부복지센터에서 정례대회를 열었다. 이것이 아다치 최초의 바둑클럽 조직이었다. 나는 그와는 친분이 두터웠고 클럽을 조직할 때에도 상공회 이사장으로서 열심히 응원하기도 했다. 나는 그에게 새로운 단체인 아다치생활협동조합을 조직하자고 제안했다. 그 이유는 아다치에는 분회사무소가 7곳이나 있지만, 그 사무소는 한 달에 한 번 정도 회의 때만 사용하고 그 나머지 시간에는 비어 있었기 때문이다. 이 점을 활용해 쌀이나 된장, 세제 등과 같은 지역 주민들의 생활용품을 그것을 생산하는 회사로부터 직접 매입해 일본인을 포함한 인근 주민에게 싸게 판매하려면 장소가 필요했다. 분회 사무소는 여러 가지 의미에서 중요했는데 특히 구입한 물품을 보관하고 분회 임원들의 협조를 받을 수 있도록 총련 지부에 압력을 넣었다. 당시 아다치에는 지금과 같은 슈퍼마켓이나 편의점 등이 없었고, 생활 물자를 손쉽고 싸게 살 수 있는 장소가 적었다. 김병옥은 이 사업을 통해 삶의 보람을 찾기 위해 자료를 읽으며 공부를 했다. 그러나 안타깝게도 총련 아다치지부 위원장은 이 제안에 대해 충분히 설명을 들었으나 협조할 마음이 전혀 없는 듯했다. 내가 그 이야기를 김병옥에게 전하자 그도 몹시 안타까워했다. 나도 아다치지부 임원들 사이에 만연한 매너리즘에 대해 분노를 느끼기보다는 이미 질릴 만큼 질려서 더 이상 할 말이 없었다.

1972년 8월 10일에는 아다치구의회 의원들에 의해 일조우호구의회의원연맹의 결성에 관한 이야기가 당시 자민당 아다치구의회 의원 간사장 도키다 스스무常田進와 나와의 사이에서 진행되고 있었다. 이 연맹은 아다치구의 구의회 의원과 아다치구 재일조선인의 우호와 교류를 돈독히 하자는 취지로 내가 생각해 낸 것이었다. 도키다 의원은 나에게 있어서는 센슈대학專修大学 한 학년 선배였기 때문에 이런저런 이야기를 할 수 있는 사이였다. 그 당시 아다치구에서 일본인과 조선인의 관계는 평화적인 분위기였고, 나는 앞으로도 일조日朝 간에 서로 이해할 수 있도록 구의회 의원으로서 조직체를 만들면 어떻겠느냐는 이야기를 그에게 꺼냈다. 이야기를 듣고 그도 이 계획에 동의해 주었다. 그는 각 당의 구의회 의원과도 협의하며 준비회를 열었고, 일조우호구의회의원연맹이 결성됐다. 초대 회장에 곤도 야노스케近藤弥之吉, 사무국장에 하야시 노부오林信男가 선출됐고, 연맹에 가입한 구의회 의원은 전 구의원 56명 중 55명이나 됐다.

1967년 5월 나는 도와同和신용조합(훗날 조긴朝銀신용조합으로 변경) 이사로 취임했다. 이사는 아다치 지점을 신설하기 위해 아다치 지역에서 2명을 필요로 했던 것 같다. 당시 도와신용조합 지점 개설이 도쿄도로부터 인가를 받기 위해서는 그 지점 관할 내 전체에서 동포로부터 출자금 6000만 엔 이상을 모으는 것이 인가 기준이었다. 나는 30대라는 젊음을 믿고 조합 본점 상무이사와 개점 예정 지점장인 이

아다치 동포 상공인 유지와 단체 임원, 그리고 내 가족(1968년 7월)

영준李永俊 등과 셋이서 출자금 모집에 분주했다. 그러나 소액 출자금만 모여 마음이 다급해졌다. 마지막으로 아야세지역에 기대를 걸고 셋이서 함께 가기로 했다. 이 지역은 지하철 지요다선千代田線이 1971년에 개통해 역이 생긴다는 소문이 있어 활기 넘치는 곳이었기 때문이다. 그러나 실제로는 아야세지역에서 누구 하나 출자에 협력해 주는 사람이 없었다. 이렇게 되자 내가 지휘봉을 잡는 수밖에 없었다. 나는 스스로 200만 엔의 출자금을 내기로 하고, 모토키를 중심으로 출자금을 모았다. 이로써 드디어 1968년 4월 15일에 도와신용조합 아다치 지점이 개설됐다.

그 무렵 아다치 상공인들 사이에서는 취미로 골프를 치는 젊은 층이 증가했다. 이전까지는 골프는 부자들의 여가 활동이라는 인식이 강했다. 아다치 상공인 대부분은 생산관계자로 다른 지역에서 활발했던 서비스업종은 적었고, 또한 전체적으로 영세 기업이 많았다. 그런 상황 속에서 도쿄상공회가 매년 주최하는 골프대회에 아다치에서 선수를 몇 명 참가시키는 데도 애를 먹는 형편이었다. 골프 선수가 없지는 않았다. 하지만 지역 대항 경기를 하는 데 수준이 너무 낮으면 아다치상공회의 위신을 떨어뜨릴 수도 있었다. 그래서 도쿄대회가 있으면 상공회원이 아니더라도 골프를 잘 치는 사람을 찾곤 했다. 그런 쓰라린 경험을 통해 나는 골프동호회 같은 것을 만들어야겠다는 생각을 했다. 이 무렵부터 일본에서 골프는 회사원들도 취미로 즐기게 됐고 그다지 돈이 없어도 경기를 할 수 있을 정도로 대중화되기 시작했다. 1973년 6월에는 아다치상공회가 주최하는 골프경기대회가 시작됐고 그것을 계기로 아다치골프클럽이 결성돼 회장에 송정술宋正述이 선출됐다.

1950년대 이후 일본은 전쟁으로 인한 재난에서 벗어나 눈부신 부흥을 이루기 시작했다. 아다치구 모토키초도 간사이関西방면에서 고무공장이 진출해 활성화돼 갔다. 고무 제품의 공급 과잉으로 제품의 매출이 떨어지자 이번에는 나가타초에서 시작된 고급 신발 제조로 전환하는 업자가 증가했다. 1954년에 영화 '로마의 휴일'이 유행하자 새로운 붐이 일기 시작했다. 주연 여배우 오드리 헵번이 연기한 왕실의 제약에서 탈출한 공주가 노점에서 산 샌들로 갈아 신고 로마의 광장을 뛰어다닌 것은 실로 매력적이어서 나가타초 업자들이 그것에 착안해 만든 샌들이 폭발적으로 팔려나갔다. 샌들은 헵번의 이름을 따서 '헵 샌들'로 불렸고, 모토키초도 나가타초에서 제품의 틀과 재료, 접착제 등을 들여와 서둘러 제조하기 시작했다.

이 헵 샌들은 아다치지역에 큰 경제적 이익을 가져다주었다. 헵 샌들을 제조하려면 여러 공정이 필요한데 그 공정을 지역 내 일반 가정에 부업으로 배분하고 샌들 생산을 분업화해 나갔다. 이로 인해 생활형편이 어려운 사람들이 많은 모토키 지역에서도 주민들의 삶이 윤택해지고 생활수준도 올라갔다.

샌들은 비닐제품이기 때문에 생산비가 적게 들고 작업장도 그리 크지 않아도 됐기 때문에 소자본으로 시작할 수 있었다. 생산자는 일반 가정의 부업으로 하청을 줄 수도 있었다.

그러나 이렇게 간편하게 만들 수 있는 샌들은 지역 주민의 건강을 망치기도 했다. 빠르게 건조시키기 위해 샌들을 붙이는 접착제로 벤졸(벤젠)을 사용했다. 이것이 원인이 되어 벤졸에 중독된 환자가 속출했다. 증상으로는 극심한 빈혈, 간 기능 장애, 혈관 장애 등이 있었다.

하지만 그들은 샌들을 붙이는 일에서 벗어나 생활할 수 없었기 때문에 건강 문제를 걱정하면서도 일을 그만둘 수는 없었다. 1970년대에 들어서자 헵 샌들 업자가 아다치만 해도 200곳이 넘었다. 샌들은 과잉 생산돼 판매 루트 확보조차 어려워졌다. 이 때문에 샌들 도매상에서는 가격을 낮추게 됐지만, 샌들을 생산하는 업자 측에서는 대항수단이 없어 최종적으로는 생산원가를 고려하면 이익이 거의 나지 않는 상황이 됐다. 그래서 샌들 업체는 이번에는 숙련공들의 급여를 깎아 이익을 냈다. 마지막으로 모든 피해를 뒤집어쓰게 된 숙련공들은 노동 시간을 연장할 수밖에 없었다. 숙련공들은 아침 7시부터 밤 11시까지 오로지 샌들만 계속 만들어 가며 줄어든 보수를 충당해야만 했다. 나는 이런 사태를 아다치조선인상공회가 어떻게든 손을 써야 한다고 생각했지만, 그렇게 생각하는 동안에도 샌들 업자는 조금이라도 더 주문을 받기 위해 스스로 판매 단가를 낮추었다.

이 상황을 방치하면 모두가 공멸한다고 생각했던 나는 '아다치헵샌들협동조합'을 설립하기로 했다. 아다치의 샌들 업자들을 모아놓고 협동조합 설립에 대한 취지를 설명했다. 가입 희망자에게는 가입서 제출을 부탁했더니 얼마 지나지 않아 120곳의 샌들 업자가 제출했다. 그리하여 1976년 3월 샌들조합이 조직됐고 조합장에는 강성호가 취임했다. 샌들조합의 설립은 아다치조선인상공회 이사장으로서 나의 마지막 업적이 됐다.

5. 조련 해산 이후 조직의 변천

1949년 9월 일본 정부는 조련에 단체 등 규정령 제4조를 적용해 강제 해산했다. 이는 적용이라기보다 남용이라고 해야 맞으며, 조련 관련 재산이 잇따라 접수됐다. 조련 아다치지부 사무소 부지였던 452평과 건물도 조련 재산으로 접수돼 1951년 경매에 부쳐졌다. 낙찰자는 아라카와에 거주하는 문씨로, 조련측은 아다치 상공인 유지를 통해 문씨와 매수 협상을 한 결과 그는 같은 동포 입장에서 거의 이익을 생각하지 않고 낙찰된 가격에 가까운 금액으로 되팔아 주었다. 단 거기에는 조건이 붙어 있었는데, 그가 민단과 관련돼 있기 때문에 낙찰된 토지 건물을 그대로 단체 사무소로 사용하지 말라는 점이었다.

이로써 구 조련 아다치지부 사무소는 아다치 상공인 유지에 의해 되살 수 있었다. 그러나 사무소로는 사용할 수 없으니 앞으로 그곳에서 무엇을 할지가 문제였다. 많은 동포가 동의한 아이디어는 보육원을 만드는 것이었다. 이는 한일 친선을 위해서도 도움이 될 것이라고 생각해 '신도보육원新道保育院'이라는 이름으로 출발했다. 한국전쟁으로 남북이 살육하는 가운데 연맹까지 해산당한 상황에서 아다치 동포들이 일본 사회에서 고립될지도 모른다는 불안과 평화를 바라는 간절한 마음이 '신도보육원'이라는 이름에 담겼다.

보육원 운영은 김용호가 맡기로 했다. 그의 부인이 일본 국적을 가진 보육사였던 만큼 적임자였다. 보육원의 원아는 일본 아이들이 중심이었지만, 조선인 아이들도 입학하게 되면서 한일 우호 친선 역할을 하기에 적합한 보육원으로 성장해 나갔다.

같은 조련 재산이면서도 모토키분회 사무소는 접수당하는 것을 면했다. 이는 앞서 기술한 바와 같이 1945년 모토키 1초메(현재의 세키하라 1초메)에 새로 매입한 건물 명의가 전 재정부장 김성삼 개인 명의로 돼 있던 덕분이었다.

1949년 9월 조련 해산 이후 전국적으로는 해방구원회가 동포들의 상담을 도맡는 임시 창구가 됐다. 해방구원회는 1948년 6월 한신교육 사건을 비롯한 당국의 탄압에 의한 피해자 구원 활동을 할 목적으로 강귀범康亀範을 중심으로 결성된 조직이었다. 즉 동포들의 권리문제 등과 관련된 운동을 펼치는 단체가 아니라 동포들의 불안을 해소하기 위한 상담이나 체포된 사람들에게 구원의 손길을 내미는 단체였다. 그로부터 얼마 후 1951년 1월 9일에 재일조선통일민주민족전선(민전)이 결성됐고, 같은 해 2월에는 아다치민전이 문경남文景南을 의장으로 해 결성됐다. 1950년에 일어난 한국전쟁으로 같은 민족이 남과 북으로 나뉘어 서로 살육하는 비참한 상황을 지켜본 재일동포는 전쟁에 반대하는 운동을 펼치는 중이었다.

다만 민전이 결성되자 이들은 당연하다는 듯이 조련 모토키분회 사무소를 아다치민전 사무소로 사용하기 시작했다. 모토키분회 사무소를 매입할 때 경제적으로 지원한 상공인의 양해도 받지 않았다. 심지어 나중에는 일본공산당 아다치지구 위원회까지 임시 사무소로 비집고 들어오는 형국이 됐다. 아무리 공산당이 재일조선인 운동을 지휘하고 있다고는 해도 이것을 별로 탐탁지 않다고 생각한 사람은 나뿐만이 아니었다. 그러한 일이 있어서 인지 그 단체는 1년도 채 안 돼 이전했다.

1952년 12월에는 민주애국청년동맹(민애청) 아다치지부가 결성돼 강원경이 위원장으로 취임했다. 그리고 그 이듬해인 1953년 7월에 한국전쟁은 휴전협정이 성립됐다. 이후 현재까지 남과 북은 38선을 경계로 '휴전' 상태가 지속되고 있는데, 그 당시에는 어쨌든 민족끼리서로 살육하는 사태가 멈춘 것에 모두가 기쁨을 느꼈다.

이러한 새로운 운동이 전개되기에는 민전 사무소가 너무 협소하고 노후화돼 있어 1954년 1월부터 모토키 1초메 사무소는 2층 건물로 신축하기로 결정됐다. 곧바로 자금 모금도 시작됐는데, 여기서 문제가 된 것은 건물 명의가 옛 조련 모토키분회 재정부장이었던 김성삼 개인명의라는 점이었다. 명의 변경에 협조하라는 논의가 있었는데, 그는 이미 민단 소속으로 바뀌어 쉽지 않았다. 여러 차례 협상을 벌였지만 도장을 찍지 않자 어쩔 수 없이 시세에 가까운 금액을 그에게 지불하고 되사게 됐다. 한편 자금 조달도 앞장서서 돈을 내는 사람이 없어 순조롭지 않았다. 그래서 내가 50만 엔을 기부하기로 했다. 50만은 그 당시 큰돈이었는데, 월 3%의 이자로 차입해 이를 조달했다. 나중에 알고 보니 회관 건립에 나와 같은 액수의 후원금을 낸 상공인은 한 명도 없었다. 지부회관이 완공되는 몇 달 동안은 구 조련 아다치지부인 신도보육원에 임시 사무소를 두게 됐다.

(1) 방향을 잃은 아다치 민전

조련이 강제 해산된 뒤 재일조선인은 갈 곳을 잃고 거리를 방황했다. 앞서 언급한 것처럼 1년 반이 경과한 1951년 1월 9일에 비로소 새로운 단체 조직인 '재일조선통일민주전선'(민전)이 결성됐는데, 당초 재일조선인들은 재일동포의 권리를 지키는 단체로서 민전에 큰 기대를 걸고 있었다. 하지만 그것은 곧 실망으로 변해갔다.

같은 해 2월에 일본공산당이 제3회 전국협의회(4전협)에서 재일조선인을 '소수민족'으로 규정하고, 연대를 도모한다는 방침을 발표했는데, 민전도 그 결정에 따라 '3반투쟁'(반미反米, 반요시다反吉田, 반재군비反在軍備)을 추진했기 때문이다. 민전 내부에서는 4전협 방침에 대해 한국 이승만 정권에 반대운동(반이反李)을 더해 '4반투쟁'을 해야 한다고 결의했다. 그러나 공산당은 1954년 2월 13일에 이른바 '2월 방침'을 발표했다. 그중 '재일조선인 운동에 대하여'라는 제목으로 민전과 민대의 4반투쟁 방침은 '민족주의적 편향'이라고 비판하며 재일조선인 운동을 공산당 지도권하에 종속시키기 위해 재차 '3반투쟁방침'을 내세웠다.

이 방침에 따라 민전 내부에서는 결성 당초부터 대립이 표면화됐다. 민전은 민대와 조방대祖防隊그룹에 의해 민전의 자주성이 상실되고 있는 것을 자기비판하고 실력투쟁 편중에서 정치투쟁으로 전환할 방침을 결정했다. 그러나 공산당의 방침은 바뀌지 않았고 이로 인해 민전 내부 대립은 한층 더 심화됐다.

1954년 4월부터 아다치민전의 지시로 '아다치성인학교'가 개강했다. '아다치성인학교'는 민전 문화 활동의 일환으로 사회인의 계몽을 목적으로 만들어진 자유학교였다. 내게도 강사 의뢰가 왔는데 나는 여태껏 남에게 무엇을 가르쳐 본 경험이 없어 자신이 없었다. 그러나 아다치민전 서기장이었던 강상기로부터 맡아달라는 지시가 있어 수락했다. 교재는 정해져 있지 않으니 무엇을 가르칠지는 내가 자유롭게 선택해도 좋다는 것이었다. 나는 생각을 거듭한 끝에 '인간의 역사'라는 주제로 가르치기로 했다. 실은 나가타 히로시永田広志의 유물사관을 교재로 해서 가르치고 싶었지만 자칫 전문적일 수 있다는 우려가 있어 그 책은 참고만 하기로 했다.

아다치성인학교에서는 4월 1일부터 매주 한 차례 강의를 하기로 약속돼 있었다. 개강 초기에는 젊은 성인 남녀 8명 정도가 강의를 들었지만, 점점 인원이 줄어들었다. 두 달째가 되자 절반으로 줄었고 마침내 수강생이 세 명만 남게 되자 나는 자신감을 잃고 강좌를 중단해 버렸다. 마지막에 수강생들에게 수업에 대한 감상을 물었더니 내 수업이 '어렵다'고 했다. 나는 처음으로 다른 사람에게 가르치는 것의 어려움을 뼈저리게 느꼈다.

성인학교 강의가 두 달 만에 실패로 끝난 것은 이후 내 인생에 큰 영향을 미쳤다. 무언가를 가르칠 때는 상대방의 입장이나 지식의 정도를 파악하고, 가르치는 사람은 그에 맞추는 것이 기본이다. 나는 독선적인 자기만족적 교육을 했다는 사실을 깨닫고 깊게 반성하고 뉘우쳤다.

강좌를 그만둔 지 석 달 후 이번에는 강 서기장으로부터 아다치에서 문화 활동을 펼치려고 하니 단체 조직을 만들라는 요청을 받았다.

나는 초보자를 대상으로 능숙하게 가르치는 데는 실패했지만, 같은 학문을 추구하는 사람들의 모임이라면 기꺼이 하고 싶었다.

무엇보다 정치적인 단체가 아니라 문화적인 단체라면 나는 조금은 자신이 있었다. 학생시절 조문연을 조직할 때 유일하게 그에 가까운 경험을 한 적이 있다.

그렇게 내가 망설이고 있자 강상기 서기장은 나에게 송사황宋史瑝이라는 인물을 소개해줬다. 그는 센다이仙台에 있는 가호쿠신보河北新報 기자로 있던 인물이었다. 그는 최근에 아다치에 이사 왔다고 했는데, 매우 적극적이고 활동적인 인물 같았다. 단 한 가지 마음에 걸리는 것은 그는 말이 매우 많고 얼핏 자신감이 넘쳐흐르는 사람으로 보인다는 점이었다. 민전은 어째서 그러한 경력이 있는 사람을 데려와서까지 문화단체를 조직하려고 하는지 알 수 없었다.

그렇다고 해도 나도 아다치에 문화단체를 만든다는 것은 좋은 일이며 만약 실현된다면 멋진 일이라고 생각했기 때문에 그와 함께 조직을 만들기로 했다.

단체의 이름은 '아다치사회과학연구회'(아다치사연社研)로 결정됐다. 아다치사연은 1954년 10월 1일에 회원 10명으로 출발했다. 회장에는 내가, 부회장에는 송사황이 선출됐다. 연구회는 매주 두 차례 열렸으며 모임 분위기도 화기애애했다. 나는 아다치 동포의 실태조사부터 연구하고 싶었기 때문에 그것을 모두에게 이야기했다. 그런데 송사황이 이에 이의를 제기하며 그것은 연구라 할 수 없으니 '자본론'

연구를 하겠다고 나섰다. 연구회 진행 방식은 '자본론' 1권에서 중요한 부분을 골라 토론하자고 했다. 그는 경제학을 배운 적이 있는 것 같았으며 상품과 화폐에 관한 가치의 문제에 대해서 이론을 펼쳐 보였다.

당시 지식인들 사이에서는 마르크스의 '자본론'을 읽어야 지적 엘리트라는 분위기가 팽배했다. 나는 법학은 배웠지만 경제학에는 자신이 없었고 '자본론'도 부분적으로 알 정도로 어설펐다.

연구회는 회를 거듭할수록 송사황이 가장 자신 있어 하는 '자본론'을 중심으로 진행됐다. 그것도 그 나름대로 의미 있는 일이긴 하지만 나는 아다치 동포의 현실적인 문제에 대해서도 좀 더 토론을 하고 싶었다. 하지만 당시 민전의 정치지상주의적인 방침 속에서 그러기란 매우 어려웠다. 그래서 만약 동포들의 현실적 문제를 다루고 싶다면 민전의 운동 방침을 비판할 수밖에 없었다.

바로 그 무렵, 1954년 6월 28일 중국의 저우언라이周恩来 중국 총리와 자와할랄 네루Jawaharlal Nehru 인도 총리가 회담에서 '평화공존 5원칙'을 발표했다. '주권과 영토 보전의 상호 존중', '상호 불가침', '상호 내정 불간섭', '호혜 평등', '평화 공존'이라는 5원칙 제창은 아시아 정세를 평화의 방향으로 크게 움직였다.

같은 해 공화국이 재일동포들에게 '남북통일호소문'을 보냈다. 민전은 1954년 11월 8일 제5회 대회를 열고 이 호소문을 지지하는 결의를 채결했다. 하지만 공산당으로부터 이는 민족주의적 편향이라고 호된 비판을 받았고 이 지지 결의는 결국 무산되고 말았다.

민전이 주체성 없는 운동으로 빠져들고 있는 상황에서 재일동포 유지들은 1954년 11월 30일 '재일조선남북평화통일촉진준비위원회'(통협)를 결성했다.

그로부터 1개월 후인 1955년 1월 1일에 공산당은 '재일조선인 운동에 대하여'를 발표하고 비로소 재일조선인 운동 지도 방침을 전환했다. 즉 '3반투쟁'을 접고 재일조선인의 자주성에 맡기는 방향으로 변화할 수밖에 없었던 것이다. 이 전환에는 '평화 5원칙'과 '남북통일 호소문'의 영향이 짙게 깔려 있었다.

정식적인 '재일조선남북평화통일촉진위원회'의 결성대회는 1955년 1월 30일 우에노 시타야下谷공회당에서 열렸고, 박춘금朴春琴, 권일權逸 외에 재일동포 좌우 인사들이 한자리에 모였다. 그러나 대회를 방해하는 반대파도 몰려와 대회장은 매우 혼란스러운 상황에 빠졌다.

아다치에서도 통협 아다치협의회가 아다치 조선인상공회 사무소에서 조직돼 양만기梁万基가 회장에 선출됐다. 이러한 급격한 정세 변화에 따라 민전은 같은 해 3월 11일 제19회 중앙위원회를 열었다. 서기장 이대우李大宇(김충권金忠權)로부터 경과보고가 있었고, 이후 '조국통일민주전선중앙위원'의 직함으로 한덕수韓德銖가 '재일조선인 운동의 전환에 대하여'라는 연설을 했다. 노선 전환에 관한 내용이 담긴 그의 연설은 그야말로 재일동포가 원하던 운동의 시작을 의미하며 시대에 걸맞은 새로운 재일조선인의 권리를 옹호하는 것이었다.

(2) 아다치에서 총련이 결성되기까지

아다치사연에서는 '해방신문'에 실린 한덕수와 이대우의 논문에 대해 연구회를 시작하기로 했다. 사연 회원들은 송사황을 중심으로 민전 지지파가 많았다. 그러나 한편으로는 회장인 내가 민전에 비판적이라는 것을 알고 있었기 때문에 어느 쪽의 논문을 지지할지는 공공연하게 말하기 어려운 상황이었다. 따라서 토론은 처음부터 끝까지 나와 송사황이 대립하는 상태였다. 송사황도 사연의 상태, 즉 민전에 비판적인 나에 대해 아다치민전 서기장에게 보고한 것 같았다.

나는 이래서는 결말이 나지 않는다고 생각했고, 아다치 전체 동포 유지들을 불러 모아 함께 토론하자고 제안했다. 모두들 그게 좋겠다고 동의했기 때문에 그길로 아다치민전 사무소를 방문했다. 강 서기장에게 그간의 경위를 보고하고 사연 주최로 두 사람의 논문에 대한 공개 토론회를 열고 싶다고 제의했다. 이에 대해 강 서기장은 모토키 신도보육원 장소는 제공할 터이니 두 논문을 직접 비교해가며 어느 쪽이 옳다거나 틀렸다는 식의 비판을 해서는 안 된다는 조건을 붙였다. 그리고 논문 내용을 바탕으로 아다치 동포들이 어떻게 생활해 나가야 할지에 대해 토론을 벌이라고 주제 변경을 강요했다. 나는 그만 이대우의 논문을 지지하는 민전의 운동 방침을 따를 수 없다고 말하고 말았다. 그리고 나는 한덕수가 주장하는 노선 전환을 지지한다고 분명히 밝혔다. 이 말을 들자 그는 "자네는 한덕수 논문에 대한 지지를 호소하기 위해 아다치 동포를 동원하려는 것이냐"며 불쾌해 했다. 나는 더 이상 물고 늘어지면 공개 토론회 자체가 압력에 의해 취소될 것이 뻔하다고 생각해 이에 답하지 않고 잠자코 있었다.

이 같은 대립 속에서 같은 해 3월 25일 아다치사연社研 주최로 아다치 동포 유지 약 50명이 참석한 가운데 토론회가 열렸다. 참석자 중에는 토론회를 감시하기 위해 아다치민전 의장 문경남이 와서 행사장 정면에 진을 치고 있었다. 그의 참석이 공개 토론회 개최의 조건이었다. 나는 내심 이래서는 자유로운 토론을 할 수 없다고 생각했지만 어쩔 수 없었다.

나는 한덕수가 조직하려는 단체의 위원인 도쿄조선중고급학교 교장 임광철에게 의지했다. 그도 아다치에 살고 있어 내가 그의 집에 찾아가 모임의 취지를 설명해서 참석했던 것이다. 그러나 그 역시 아다치민전 의장 앞에서는 아무 말도 할 수 없었고, 인사말 외에는 한 마디도 하지 않았다. 나 자신도 역부족이어서 충분히 내 의견을 말할 수 없었다. 그러나 나와 송사황과의 논쟁도 있었기에 어떻게든 이 문제를 토론회라는 열린 장으로 끌고 올 수 있어 다행이라는 생각은 들었다. 토론회가 끝나자 "누가 옳은지 모르겠다"며 혼잣말을 하면서 돌아가는 사람도 있었다.

그 후 민전은 아다치에서 열린 공개 토론회로부터 두 달도 채 안 돼 해산하고 말았다. 한덕수의 논문과 그가 제시한 노선 전환에 많은 사람들이 동조했기 때문이다.

같은 해 5월 25일에 재일조선인 운동의 노선을 전환하기 위한 새로운 단체인 재일조선인총연합회(총련)가 아사쿠사공회당에서 결성됐다. 의장단에는 한덕수 외 5명이, 사무국장에는 이계백이 선출됐다. 나도 이틀간 열린 결성대회에 참가했다. 이 단체는 결성 당시에는 집단 지도체제에서 출발해 민주주의 중앙집권제로 운영됐다. 같은 해 6월 하순에는 도쿄도 본부 결성대회가 열렸고 나도 대의원으로 지명되어 참가했다. 의사진행 과정에서 아라카와의 김한철을 비롯한 민전시대 간부들이 의장단에게 몰려들어 대회 의사진행이 일시 중단되기도 했지만, 그런대로 무사히 마무리됐다. 이 대회에 참석해 보니 아다치지부 결성을 서두를 필요가 있다고 통감했다. 그래서 즉시 지부 결성 준비회를 서둘러 개최했다. 개인적으로 적합하다고 생각되는 사람을 만나서 준비위원이 되어 달라고 설득했다. 그리고 동의한 사람들을 불러 모아 6월 28일에 내가 경영하는 아카후도병원에서 결성 준비회를 열었다. 준비위원은 박창일朴昌溢, 김중권金仲權, 고덕룡高德竜, 그리고 나 이렇게 4인으로 구성됐다.

총련 아다치지부 결성대회는 민전 간부들이나 해산 반대파의 방해를 피하기 위해 민전 아다치위원회 해산 집회를 이용해 민전 해산과 동시에 그 자리에서 총련 아다치지부 결성대회로 전환하는 방식을 취하기로 했다.

7월 10일 도쿄조선제4초급학교에서 민전 아다치위원회 해산 대회가 문경남, 김만춘, 강상기를 의장단으로 해서 열렸다. 이 자리에는 한덕수의 명에 따라 총련 중앙에서 맹동호孟東鎬가 참석했다. 계획대로 민전 해산 후 그대로 총련 결성대회가 열렸다. 토론에 들어가자 여동 위원장 김순아金順児가 민전에 대한 불만을 터뜨렸다. 나도 아다치사 연을 대표해서 연단에 올라 민전 운동이 동포들을 위한 운동이 되지 못했음을 지적했다.

그리고 민전이 한덕수 논문을 둘러싼 아다치 공개 토론회에 압력을 가하기 위해 감시역으로 문경남 의장을 참석시켜 동포들의 자유로운 발언을 막은 것을 비판했다. 게다가 민전은 관료주의적이고 운동의 자주성조차 없으며 민주주의와는 무관한 강권적인 체제를 가진 조직 이었다고 말했다. 그 말을 듣고 문경남은 깜짝 놀라 "그런 내막이 있 었냐"며 의장단석에서 발언했다. 문경남도 자신이 공개 토론회를 감 시하기 위해 파견된 줄 몰랐던 것이다. 강상기는 "모두 사실"이라며 자신을 비판하고 사죄했다. 이로써 대회 주도권을 총련 아다치지부 준비위원회가 쥐게 됐고, 민전의 해산선언과 동시에 행사는 예정대로 총련 아다치지부 결성대회로 전환할 수 있게 됐다.

민전 아다치지부 해산 시 의장단도 그대로 의장단석에 자리한 채 총련 결성대회가 숙연하게 진행됐다. 맹동호도 내 옆에 앉아 나와 둘 이서 이런저런 대화를 나누며 대회를 진행했다. 총련 임원 인사 선출 에 관한 선고 위원에는 내가 들어갔다. 그리고 위원장에 유찬삼, 부위 원장에 박창일을 그 자리에서 새롭게 선출할 것을 제안했다. 위원 중 에는 도쿄도 본부 때처럼 의사방해필리버스터가 있을 경우를 생각해서 내가 그대로 위원장이 되는 게 좋겠다는 의견도 있었다. 그러나 나는 임원에 들어갈 생각이 없었기 때문에 그런 방해에 대해서는 확실히 대처하겠다고 말하고 거절했다. 그리고 위원장에 알맞은 사람으로 유찬삼을 추천한 경위가 있었다.

사실 이 인사는 이미 준비위원회에서 내정된 것이었다. 유찬삼은 '야나기야柳屋주점'의 부친으로 나는 그와 몇 차례 만나 이런저런 이야기를 나누었는데 그는 인품이 좋고 경상남도 출신이라는 점에서 그곳 출신자가 많은 아다치에서 인망이 두터웠다. 모두 그 사실을 알고 있었기에 이 인선은 준비위원회의 동의를 받고 있었다. 그는 이전까지 조직 임원을 했던 경험이 없었지만, 인간적으로 신뢰할 수 있다는 점에서 인정을 받았다. 총련 아다치지부 결성준비위원회는 지방주의, 가족주의적 편향, 특히 제주도 출신자에 대한 차별이 심했던 시기에 제주도 출신자만이 임원을 독점하는 것은 피해야 했다. 그래서 그를 위원장으로 앉히기로 결정했고, 나는 준비위원회를 대표해서 유찬삼을 만나 정식으로 아다치지부 위원장에 취임해 줄 것을 요청했다. 그는 처음에는 조직에 대한 경험이 별로 없다는 이유로 사양했지만, 그 점은 우리가 이해하고 있으니 걱정하지 않아도 된다고 설득해 승낙을 받았다. 부위원장인 박창일은 준비위원 중에서 적임자라는 이유로 선임된 것이 그 진상이다.

아다치를 통해 본
재일코리안 형성사

제6장

반항과 정열의 사춘기

1. 아다치 청년연성회 결성

앞서 말했다시피 1945년 3월 발생한 도쿄 대공습으로 우리 가족은 집과 공장을 모두 잃고 겨우 빈집을 빌려 임시거처를 마련했다. 학교마저 불에 타버려 나는 사이렌 소리를 들을 때마다 언제 폭탄이 떨어져 죽을지도 모르는 생과 사의 갈림길에서 거의 노이로제에 가까운 상태였다.

그때 한 줄기의 희망이 되어준 것은 친구의 존재였다. 겐健이라 불리는 친구로 본명은 김경윤金景潤이다. 그는 나보다 한 살 많았는데, 우리는 서로 독학으로 미래의 목표를 향해 나아가자는 도원결의라고도 할 수 있는 약속을 한 사이다. 나는 매일같이 그의 집에 찾아가 청운의 뜻을 품고 열정적으로 토론을 하거나 철학서를 읽곤 했다. 공습경보가 울려도 토론 중에는 말을 끊지 않고 계속 이어갈 정도였다.

겐과 나는 나무로 만든 작은 책상에 마주 앉아 매일 같은 패턴으로 철학서를 읽고 그 내용에 대한 감상을 이야기하거나 토론을 하곤 했다. 무더운 여름에는 책을 읽는 도중 잠이 쏟아져 꾸벅꾸벅 졸기도 했다. 그럴 때는 서로의 뺨을 때려 마음을 다잡고 공부를 이어 나갔다.

그해 8월 15일, 전쟁은 끝났고 우리 조선인들은 해방됐다. 고향으로 돌아가거나 지방에서 상경하는 사람들로 인해 재일동포의 구성도 크게 변화해 갔다. 아다치구足立区 의 청년들도 무엇을 어떻게 해야 할지 목적을 상실한 채 생활고와 니힐리즘nihilism에 빠져 찰나주의에 치우친 나날을 보냈다. 같은 해 10월에 조선인연맹이 결성돼 큰 기대를 모았지만, 임원들의 횡포는 반발심을 불러일으켰다.

그럼에도 불구하고 아다치 청년들은 연맹의 보안대에 들어갔다. 나는 소년이었던 탓에 아직 그 대상이 아니었으나 보안대원들과는 자주 만나서 여러 가지 토론을 하곤 했다. 그들은 조선이 해방됐다는 기쁨에 자기도취에 빠져 있었는데, 무엇을 어떻게 해야 할지 구체적인 방향을 찾지 못하고 있었다. 나는 가장 먼저 모국의 언어와 역사를 알고 건전한 정신을 기르기 위해서는 신체를 단련해야 한다고 생각해 같은 뜻을 가진 친구들과 아다치청년연성회를 결성했다. 학문의 길에서 뜻을 함께한 겐은 모국어를 전혀 모르는데다가 민족성도 갖고 있지 않기 때문에 이 조직에는 참여하지 않았다. 홍문길洪文吉, 김기선金基先, 나 이렇게 3명이 공동대표로 선출됐고 회원은 20명이었다.

다행스럽게도 우메다초梅田町에 있는 도아東亞공업 공장 한편을 개조해 아다치 초등학원이 이미 개설돼 있었다. 우리는 윤병옥尹炳玉 교장과 협상을 했는데 야학을 열고 싶다는 지역 청년들의 열의에 기뻐하며 학교 교실뿐만 아니라 담당자로 강명재姜明才 선생까지 붙여 줬다.

야학은 12월 중순부터 시작됐고, 참가자는 20명에 이르렀다. 20세를 넘긴 청년들이 3분의 1이었고, 16세였던 내가 가장 어렸다. 윤병옥 교장의 장남 윤영기尹榮基도 참여했는데, 그는 와세다早稻田대학 이공학부 학생으로 이제 막 20세를 넘긴 듯 보였다.

신체를 단련하기 위한 스포츠로는 축구가 선정됐다. 공만 있으면 비교적 쉽게 시작할 수 있다는 것이 그 이유였다. 하지만 막상 축구를 연습하기 위해 공을 사러 가니 주문하고 2개월을 기다려야 했다. 지금처럼 축구공을 쉽게 손에 넣을 수 있는 시대가 아니었다.

축구 담당은 홍문길이었는데, 그는 돈을 모아 공을 구입했다. 그러고 나서 아라가와荒川 둑의 하천 부지에서 연습을 시작했다. 민족해방 후 재일동포가 축구를 시작한 것은 아다치청년연성회가 최초였던 것 같다.

강명재 선생은 낮에는 아동교육을 담당하고 밤에는 우리를 위해 주 2회나 야학에서 교편을 잡았다. 그러나 나는 아직 어려서 내용을 좀처럼 이해하기 힘들었다. 공부가 지겨워질 즈음 토론회도 열렸다. 당시 청년들은 정치에 관심이 많았기 때문에 조국이 38선에 의해 분단된 사실과 재일조선인연맹에 관한 일 등을 토론의 주제로 삼았다.

나도 청년연성회의 책임자로서 토론회에서는 분위기를 돋우기 위해 적극적으로 발언했다. 나는 연맹의 말단기관인 모토키本木분회 임원에 반발심을 느끼고 있었다. 그러던 어느 날 '연맹은 폭력으로 모든 것을 해결하려는 난폭한 단체다'라고 비판했다. 하지만 이 발언이 윤영기와 대립하게 되는 계기가 됐다. 그의 부친인 윤병옥이 연맹 아다치지부의 초대위원장이 된 지 얼마 지나지 않았기에 그의 입장에서 연맹에 대한 비판은 용납하기 힘든 일이었던 것이다. 그는 연맹이 폭력적인 단체가 아니라 마르크스 사회주의를 이상으로 삼는 조직이라고 주장했다. 나는 마르크스주의도 사회주의도 모른다. 다만 현실에서 일어나고 있는 모토키분회 임원의 횡포가 문제라고 말하며 그 사실에 대해 폭로하고 비판했다. 또한 민족이 해방됐다고는 하지만 우리는 우리들의 언어와 역사를 모르고 있으며 그것을 배워서 진정한 의미의 조선인이 되기 위해 야학에 다니는 것이라고 주장했다. 야학생의 대부분은 내 의견에 찬동했다. 그리고 강명재 선생까지 내 발언을 지지했다. 그 때문에 윤영기는 상당히 불만인 모양이었다.

그 이튿날 마르크스와 사회주의 책을 찾으러 간다神田 서점가에 갔는데, 구하기가 쉽지 않았다. 전쟁이 끝나고 고작 4개월이 지났을 무렵이어서 신간이 출판되지 않았던 것이다. 요시모토吉本 서점에서 『○○○무산자계급』이라는 책을 발견해 겨우 손에 넣었다. 전쟁 중에는 사회주의나 마르크스주의라는 말을 사용하지 않았기 때문에, 당시 출판된 서적은 그 부분이 모두 '○○'와 같은 식으로 복자伏字로 적혀 있었다. 내용을 쭉 훑어보니 '○○○계급', '○○주의'와 같이, '○○'가 끊임없이 등장하는 탓에 좀처럼 이해할 수 없었다. 결국 그 책은 사지 않았다. 이 시기의 선배들은 사회주의라는 말을 인텔리임을 뜻하는 형용사로 사용했다. 지금 와서 생각해보면 아다치청년연성회 토론에 윤영기가 마르크스주의와 사회주의를 운운한 것도 스스로 인텔리임을 과시하기 위한 것이었다. 그는 훗날 내가 대학 1학년 때 재일조선학생동맹 중앙위원장에 임명됐다.

이 일이 있고 그 다음 주 목요일 우리는 여느 때처럼 야학에 갔는데 뒷문이 닫혀 있었고 안쪽에서 빗장이 잠겨있었다. 안으로 들어갈 수 없어 모두 밖에서 나를 기다리고 있었다. 나는 홍문길, 김기선 등과 함께 윤병옥 교장에게 면회를 신청했으나 가족이 나와서 몸이 좋지 않아 만날 수 없다며 거절했다. 만날 수만 있게 해달라고 부탁했지만 열이 높아서 안 된다고 했다. 하는 수 없이 모두 돌아가기로 하고 우리는 다시 대책을 의논하기로 했다.

이튿날 연맹모토키분회의 임원으로부터 호출이 있었다. 아무런 영문도 모른 채로 사무실에 가니 아직 결성되지 않은 준비위원 청년동맹모토키분회 회장인 고부조高富造와 총무부장 김인영金仁泳이 사무실 입구에 책상을 두고 기다리고 있었다. 어쨌든 왜 호출했는지 물었다. 그러자 야학 토론회 석상에서 연맹을 비판했기 때문이라는 대답이 돌아왔다. 상황을 종합해보면 윤영기가 부친인 윤병옥에게 토론회에서 언쟁이 있었던 사실을 보고한 것임이 틀림없었다.

나는 고부조 분회장에게 해명할 기회를 달라고 부탁했으나 받아들여지지 않았다. 운이 좋았던 것은 그때 사무소 안쪽 방에 연맹모토키분회장 박용봉朴竜奉이 있었다는 사실이다. 그는 고부조의 발언을 가로막으며 그 정도는 괜찮지 않냐며 내가 돌아갈 수 있도록 조처해주었다. 사실 박용봉은 나의 먼 친척이어서 입장상 곤란했을 텐데도 나를 감싸주었던 것이다. 나는 마음속으로 연맹에 대해 억울함과 원통함을 느꼈지만 감정을 억누르고 집으로 돌아왔다.

다음 날이 되자 내가 연맹분회사무소에서 구타당했다는 소문이 퍼져 청년연성회 멤버들이 우리 집에 모였다. 그들은 집단으로 분회사무소에 우르르 몰려가 폭력행위에 대해 추궁하겠다며 단단히 벼르고 있었다. 나는 그것을 제지하고 연성회 해산을 요구했으나 멤버들은 반대했다. 그로부터 약 보름 후에 연맹 아다치지부로부터 내게 호출을 요청하는 연락이 왔다. 이번에는 혼자 가지 않고 연성회 임원들에게 연락해 홍문길과 김기선과 함께 셋이서 아다치지부에 출두했다. 당시 연맹 아다치지부 사무소는 아다치지부가 발족한 지 얼마 되지 않았을 때이기도 해서 모토키本木 2초메에 있는 오오먀마大山 철공소 사무소와 같은 장소를 사용하고 있었다. 우리 세 명이 출두했을 때는 윤병옥 연맹지부위원장은 자리를 비운 상태였고 청년동맹 류단인柳端仁 아다치지부결성준비위원장과 김창형金昌瀅 부위원장이 기다리고 있었다. 청년 고부조 연맹모토키분회장은 나에게 폭력을 휘두른 사건 이후 분회 청년들로부터 비난을 받아 그 후 이 문제에는 일절 관여하려 하지 않았다. 그는 30세 전후로 모토키 2초메에서 다카다高田 고무공장을 경영하고 있었다. 재력을 앞세워 난폭한 행동을 하곤 했는데, 사건 이후에는 청년 중 그 누구도 그를 따르지 않았다. 그에 비하면 류단인과 김창형 두 사람은 신사적으로 대응했다. 나는 연맹을 비판한 이유에 대해 '연맹분회가 무엇이든 폭력적인 방법으로 해결하려는 것을 바로 잡기 위해 사실을 말했을 뿐이다'라고 설명했다. 그리고 그것을 문제 삼아 조선학교에서 민족의 국어와 역사를 배우는 야학까지 중지시키려는 것은 비정상적이라고 호소했다. 그들은 또한 우리 젊은 이들이 진지하게 민족교육을 받으려는 것에 공감해 주었다. 우리는 이날 이후 아다치청년연성회 조직을 해산하고 축구공은 김군옥金君玉 연맹모토키분회 청년부장이 보관하기로 했다. 그러나 이 사건이 이로써 마무리된 것은 아니었다. 이번에는 청년동맹이 아니라 연맹분회 임원들이 우리 집에 우르르 몰려와서는 마당에서 큰 목소리로 '연맹을 비판한 자식 나와!'라고 고함을 질렀다.

당시 우리 집은 문 안으로 들어가면 정원이 있고 정면이 주거 공간이었는데, 왼쪽에 작은 별채가 있었다. 나는 그 별채에서 겐과 둘이서 아침부터 밤까지 면학에 힘썼다. 그러나 공부에 몰두하고 있을 때에도 분회 임원들이 찾아와 고함을 지르는 탓에 노이로제에 걸릴 지경이었다. 아버지는 내가 전시 중이라는 이유로 허무주의적인 사고방식을 갖고 있다는 사실을 어느 정도 알고 있었다. 그것을 걱정해서였을까, 모토키 2초메에 살고 있던 먼 친척인 강기백姜己伯을 집으로 불러 사정을 설명하고 매일 아침부터 저녁까지 경호를 맡아달라고 부탁했다. 그는 오사카大阪에서 상경한 지 얼마 되지 않았으나 오사카에서는 유도 선생을 해서 유도 2단의 실력을 갖고 있었기 때문에 나에게 정신적으로 큰 도움이 됐다. 나는 모든 잡념을 버리고 학문에 집중할 수 있었다. 그로부터 며칠 후 분회 임원이 우리 집에 찾아와 아버지에게 나와 만나고 싶다고 말했다. 아버지는 결국 화를 내며 "중년의 어른들이 이제 겨우 17살인 아이를 상대로 무슨 짓이냐. 돌아가 달라"고 말하며 돌려보내기 위해 언쟁을 벌였다. 아버지와 함께 방에서 바깥 상황을 살펴보고 있던 강기백이 마당으로 나가 연맹 임원들을 바닥에 메쳤다. 나는 방 안에서 모든 상황을 지켜보고 있었는데, 이제는 더 이상 나를 괴롭히러 오지 않겠구나 하고 안심했다.

이 사건 이후 연맹 임원들이 우리 집에 오는 일은 없었다. 그러나 그로부터 열흘 후에 아버지가 모토키에 있는 지인의 집에서 연맹의 김군옥金君玉 분회청년지부장에게 폭행당하는 사건이 일어났다. 나는 아버지로부터 그 이야기를 듣고 곧바로 병원에서 진단서를 떼어 경시청 특별수사과에 고소장을 제출했다. 경시청에 제출한 이유는 연고지인 니시아라이西新井 경찰 정도로는 가해자가 눈 하나 깜빡하지 않을 것 같아서였다. 이 고소장에 의해 경시청으로부터 김군옥에게 호출장이 발송됐다. 나와 아버지가 고소한 것이라는 사실을 알고 그는 몹시 놀라 어머니와 부인을 우리 집으로 보내어 어떻게든 고소를 취하해 줄 수 없겠느냐고 부탁해왔다. 김군옥 자신은 자존심 때문에 오지 않았지만, 그의 어머니와 부인은 두 번이나 우리 집을 방문해 다시는 폭력행위를 하지 않겠다고 약속하고 그동안 있었던 일에 대해 사죄했다. 아버지도 납득하고 나에게 취하하도록 지시했기 때문에 아버지의 뜻대로 경시청에 찾아가 고소를 취하했다. 그 후 김군옥은 분회 청년부장을 사임했으나, 이번에는 연맹의 아다치지부 임원회에서 마음대로 나를 소년부장으로 임명해버렸다. 나는 본인의 승낙 없이 일방적으로 결정한 것에 불만을 느꼈다. 하지만 주위 사람들이 지부에서 결정된 사항을 거절하면 나에게 여러 가지 불이익이 갈 수 있으니 받아들이라고 설득해서 어쩔 수 없이 승낙했다. 그리하여 아다치청년연성회에서 시작된 야학을 둘러싼 사건은 일단락됐다.

2. 첫 사업을 모색하며

1946년 1월 나는 17살이 됐고 장래에 대한 희망에 불타올랐다. 재일동포는 불안정한 처지로 인해 고통을 겪고 있었다. 매일 생활고에 허덕이면서 한시라도 빨리 고향으로 돌아가려는 사람들, 혹은 일본에서 한 푼 두 푼 모은 돈을 가지고 고향으로 돌아가 살림 밑천에 보태려는 사람들, 그 밖에도 다양한 이유로 일본에 남으려는 사람들이 뒤섞여 각자 자신의 앞날을 모색했다. 아다치는 땅값은 싸지만 생활이 고돼 동포들 사이에서 자연스럽게 서로 돕는 사람들이 많았다. 아다치는 외부에서 들어와도 살아갈 수 있는 곳이라는 소문이 퍼져 지방에서 많은 동포들이 유입됐다. 특히 간사이關西에서 고무 관련 기술을 보유한 사람들이 대거 유입된 사실은 앞서 언급한 바 있다. 따라서 모토키초에는 고무공장이 급격히 늘어 그와 관련된 일에 종사하는 사람들이 많아졌다.

그러자 당연히 마을은 활기를 띠었다. 그러한 마을의 모습을 지켜본 나 역시 고무 관련 사업을 일으키겠다는 생각을 갖고 있었다. 1월 하순에는 어머니에게 오사카에 가도 된다는 승낙을 얻어 여비를 받아

오사카로 향했다. 오사카에는 나의 친척들이 꽤 많이 살고 있었다. 특히 나니와구浪速区 에비스초恵比寿町에 있는 시영주택에는 여러 명 살고 있었는데 그중 강창옥姜昌玉, 강창홍姜昌弘 형제를 찾아갔다. 그들은 고무공 공장에서 일하고 있었다. 도쿄에서 나와 함께 고무공 제조를 해볼 생각이 있는지 묻자 흔쾌히 상경하고 싶다고 했다.

오사카에서 도쿄로 돌아온 후 아버지에게 그동안 있었던 일을 설명하고 도움을 요청했다. 아버지는 우리가 살고 있는 모토키 1초메에 있는 세키하라関原 상점가에 있는 집을 강창옥 일가에게 내주고 우리는 우메다초梅田町에 있는 공장 한편에 방 몇 개를 만들면 된다고 말했다. 그리고 1946년 2월 하순 우리 가족은 그곳으로 이사했다. 3월 초에는 강창옥 일가가 오사카에서 상경했다. 강창옥은 이것으로 고무를 만든다며 오사카에서 갖고 온 고무공 틀 한 개를 보여줬다. 또한 강창옥, 강창홍 형제는 고무공 제조 기술을 제공했다. 기계를 비롯한 설비, 운전자금, 판매 관련 전반은 내가 맡고 이익은 반반씩 배분하는 것으로 공동경영 이야기가 마무리됐다. 조건적으로 보면 내가 상당히 불리했다. 하지만 친족이기 때문에 이해타산을 빼고 상부상조의 정신으로 열심히 해보자고 마음먹었다. 그뿐만 아니라 나에게는 첫 사업이었기 때문에 우선은 어떻게든 성공시키는 것이 선결문제라고 생각했다. 제품 판매에 관해 내가 가지고 있는 지식은 거의 전무한 상태였다. 고심 끝에 고무공을 판매하는 소매점을 찾아 구매처를 물었지만 가르쳐주지 않았다. 당시는 전쟁이 끝난 지 얼마 지나지 않은 시기였기 때문에 고무공을 파는 가게 자체가 많지 않았다. 몇 군데를 방문한 끝에 겨우 아사쿠사浅草 구라마에蔵前에 있다는 사실을 알게 됐다. 당장 구라마에의 도매상을 찾아가 주문을 했지만 수량은 그다지 많지 않았다.

그 후 수소문 끝에 전국 규모로 사업을 전개하는 상사와 연이 닿아 제대로 주문할 수 있었으나 이번에는 제조 날짜를 맞추지 못했다. 어쨌든 우리가 보유한 기술은 매우 유치한 수준이어서 생산성을 높일 방법은 없었다. 고무공 제품은 보일러에서 꺼낸 후 일주일 정도 지나면 공기가 절반 정도 빠진다. 그것을 보완하기 위해 고무공의 배꼽 부분에 공기 주입기로 기체를 주입해 완성시키는데 그래도 시간이 지나면 공기가 빠지고 만다. 이러한 문제로 반품되면 신용을 잃게 되는데, 그럼에도 불구하고 주문이 쇄도해 제때 처리하지 못했다.

수요 면에서 보면 우리 사업은 전도유망하고 희망이 넘쳐흘렀다. 그러나 이익배분 문제는 그 희망에 어두운 그림자를 드리웠다. 나는 약속대로 설비에 투입한 자금에 대해 그 절반을 부담하겠다고 했으나 강창옥, 강창홍 형제는 이에 일절 응하지 않아 의견이 대립했다. 나는 공장과 그들 가족의 거주 공간을 제공했고 제품 판로까지 도맡고 있었다. 그런데도 설비에 투입한 자금까지 모두 책임지라고 하자 너무 불공평하다는 생각이 들었다. 그래서 결국 설비에 투입한 자금은 내가 책임을 지기로 하고 공동경영을 그만두기로 했다. 그들이 말하는 공동경영이란 자신들이 보유한 기술만을 내세우고 그 밖의 일은 모두 상대가 책임져주는 것이었다.

최종적으로 나는 고무공 공장을 폐업하기로 했다. 나는 고무공 공장을 근대화해 손쉽게 대량생산할 수 있는 방법을 몇 가지 생각해 두고 있었지만, 공동경영을 그만두고 나서 새로운 방법으로 고무공을 양산하면 상대는 자신을 내보내고 나서 공장을 독점하고 돈을 벌었다고 주장할 것이다. 지금까지의 경위를 보더라도 일이 상당히 복잡해질 것 같았다. 그래서 나는 그러한 관계를 모두 끝내버릴 심산이었다.

하지만 아버지는 많은 돈을 벌 수 있는 일을 그만두어서는 안 된다며 그 설비를 사용해 모토키 1초메의 김영호金榮湖와 함께 고무공장을 시작했지만 일은 잘 풀리지 않았고 아버지는 일 년도 채 되지 않아 공동경영을 그만뒀다. 김영호는 나의 아버지로부터 고무공 제조에 필요한 설비를 값싸게 손에 넣었고 그것을 기반으로 마루신丸信공업화학을 설립해 이익을 얻었다. 고무공 제조는 당시에는 아직 경쟁이 치열하지 않으므로 크게 성공할 가능성이 있는 사업이었던 것이다.

결국 나는 큰 이익을 얻을 기회로부터 멀어지고 말았다. 사업적인 면에서 말하자면 나에게 있어 최초의 직업이자 시련이자 큰 공부였다.

3. 3주간 단식에 도전

1946년 내가 17살 때 나리타신쇼지成田山新勝寺 한쪽에 위치한 단식당에서 3주간 단식에 도전했을 때의 이야기를 하겠다. 사실 2주가 지나 3주째 접어들었을 때 급히 중단하고 집으로 돌아오고 말았는데, 내가 어째서 단식을 하려고 했는지 그리고 어떤 이유로 중단했는지에 관해 적어두려 한다.

앞서 이야기했듯이 나는 전쟁 중에 연일 이어지는 철야의 공습으로 신경이 날카로워져 있었다. 니힐리즘적 삶의 방식을 강요받는 가운데 전쟁이 끝났고 우리 조선민족은 해방됐다. 전후 혼란의 한가운데서 재일조선인연맹이 결성됐으나 이는 재일동포의 권리를 지키기 위해 염원돼 온 조직이었다. 그러나 하부조직인 아다치모토키분회에서는 간부의 횡포가 도를 넘은 상태였다. 그에 반발심을 느낀 나는 아다치청년연성회 야학 토론회에서 연맹을 비판했다. 그것이 원인이 되어 연성회는 해산 위기에 몰렸다. 생활을 위해 일으킨 첫 번째 사업은 고무공 공장이었는데, 이 또한 공동경영이라는 제약에 가로막혀 의견 대립이 일어나 흑자도산하는 결과를 낳고야 말았다. 그러한 시련을 극복하고 친구와 면학에 집중하려 했으나 과거의 일을 잊으려 해도 쉽게 잊을 수 없었고 잡념 때문에 고뇌하고 있었다.

바로 그 무렵 때마침 간다神田 서점에 가는 도중 메이지明治대학 앞을 지나가는데 정문에 커다란 간판이 세워져 있었다. 니시시키西式 단식 요법 강연회가 열린다고 쓰여 있었다. 나는 단식에 관해서는 불교의 창시자 석가나 인도의 간디가 행했다는 이유로 평소에도 관심을 가지고 있었다. 또한 책을 읽을 때 늘 잡념에 사로잡혀 집중하지 못했던 나는 단식요법이 정신통일에 효과가 있다는 사실이 책에 적혀있던 것을 떠올리고 강연을 꼭 듣고 싶다고 생각했다. 하지만 아직 어린 내가 대학 안으로 들어가서 강연을 듣는다는 것은 큰 용기가 필요한 일로 결코 쉽지 않았다. 그래서 나는 서점가에서 단식과 관련된 책을 찾기로 했다. 스루가다이駿河台에서 진보초神保町 일대의 불타지 않고 남아 있는 서점을 돌며 니시키 단식요법과 우메다식梅田式 단식요법이라는 두 권의 책을 사서 돌아왔다.

나는 이 서적들을 겐과 함께 읽고 일단 단식을 실행하기로 마음먹었다. 하지만 단식을 며칠 동안 할 것인지에 관한 문제로 논쟁을 벌였다. 결국 인도의 간디가 3주간 실행했으니 우리도 3주를 목표로 삼자는 결론이 났다. 3주라는 기간은 인간 생명의 일반적인 한계로 그 이상의 단식은 권장되지 않았다. 단식을 통해 얻는 것, 그것은 인간의 번뇌로부터 오는 잡념을 버림으로써 이루어지는 정신통일이었다.

그리하여 우리는 7월 중순에 단식을 실행하게 됐다. 준비를 하면서도 나는 내심 단식에 실패해 죽을지도 모른다는 불안감을 갖고 있었다. 하지만 단식으로 잡념이 사라져 정신통일을 할 수 있다면 장래에 학문의 길을 향해 나아갈 때 틀림 없이 도움이 될것이라고 생각해 온갖 고난을 물리치고 실행해야겠다는 결의를 새롭게 다졌다.

니시시키 단식요법 서적에 적혀 있는 단식 입문에 관한 내용을 참고해 준비했다. 그리고 7월 중순에 나리타에 가기 전날, 어머니에게 오사카에 다녀오겠다고 거짓말을 하고 쌀 두 홉과 갈아입을 옷, 여비를 부탁했다. 어머니는 여행 가는데 쌀 두 홉이 왜 필요한지 물었으나 제대로 대답하지 못했다. 그래도 어쨌든 필요하다고 졸라대자 어머니는 반신반의하며 내 요청에 따라 준비해 주었다.

이튿날 아침, 겐과 약속장소에서 만나 케이센京線 센주오하시千住大橋 역에서 나리타로 향했다. 나리타 역에서 하차해 와타야綿屋 료칸旅館·일본 전통 여관을 찾아 거기서 단식에 들어가기 전 준비를 할 생각이었다. 이 료칸은 나리타 산에서 단식하는 사람들의 창구였다. 입문서에는 3주간의 단식에 들어가기 전에 와타야 료칸에서 3일간 숙박하며 죽에서 쌀풀 같은 미음 식사로 전환하라고 나와 있었다. 하지만 나는 어머니를 속이고 왔기 때문에 와타야 료칸에 사정을 설명한 후 짐만 맡기고 실행 전 3일간의 준비 기간을 건너뛰고 바로 단식당에 들어갔다. 단식당은 나리타신쇼지 입구 계단 오른쪽에 있었다. 오두막처럼 보이는 단층집이 있고 단식당 입구에는 작은 공원이 조성돼 있었다. 단식당 안에는 단식 수행자가 6명이 있었는데, 우리가 합류함으로써 8명이 됐다. 우리가 들어가도 안에 있던 수행자들은 무관심했고 얇은 이불 위에 누워있었다. 와타야 료칸에서 우리를 안내해준 여성이 안에 들어가 우리가 사용할 이불을 준비해 주며 이곳에서의 생활에 대해 대강 설명해주고 돌아갔다. 내가 잠을 잘 장소는 입구 쪽으로 하늘이 잘 보였고 어둡지 않았다. 또한 겐이 내 옆에 나란히 이불을 깔고 누웠기 때문에 외롭지도 않았다. 밤이 되면 공복감이 느껴져 물로 배를 채웠다. 다음 날 아침에는 단식당 내부에 대해 좀 더 알게 됐는데, 대부분의 수행자가 이불을 덮은 채로 안정을 취하는 것 같았다. 우리는 고작 이틀째에 불과했기 때문에 아직은 힘이 남아 있었고 둘이 공원을 산책하거나 토론을 하며 공복감을 물리쳤다. 단식당 방 안에는 도호쿠東北지방에서 왔다는, 우리보다 한 살 많은 청년이 하루 전에 들어왔다. 내년에 도쿄대 법과 입시를 치를 예정이라고 하는데 패기가 넘쳤다. 나이가 비슷해 여러 가지 잡담을 했는데 단식을 하는 목적에 대해 이야기를 하게 됐다. 그의 경우 육법전서六法全書에 필요한 조문을 암기하기 위해서였다. 우리는 암기의 효율을 끌어올리기 위한 것도 있지만, 정신통일이 목적이라고 말했다. 뉘앙스는 달라도 서로 공통된 목적을 갖고 있다는 사실을 확인해서 기뻤다. 나머지 사람들은 나이가 다섯 살 이상 차이가 나서 이야기를 나눌 분위기가 아니었고, 기氣 수행에 혼신을 다하는 듯이 보였다. 단식당에 들어가 수행하는 사람은 보통 1주에서 2주간의 일정이었고 3주간이나 단식을 이어 나가는 경우는 특수한 경우로 흔치 않았다. 도호쿠 지방에서 온 그도 2주간 단식이 목표였다.

이틀째 밤이 되자 공복감이 몰려와 이불에 드러누워 이런저런 생각을 했다. 무심코 방 밖으로 눈을 돌리니 입구 쪽 문이 살짝 열려 있었고 그 틈으로 밤하늘에 찬란히 빛나는 별들이 떠 있었다. 그것을 바라보고 있으니 내 자신이 먼 세계에 있는 듯한 느낌이 들면서 체념하듯 잠이 밀려왔다. 그러나 깊게 잠들지는 못했고 아침까지 몇 번이고 눈이 떠졌다. 그리고 꿈을 잘 꿨는데 이 또한 고통이었다. 3일이 지나자 공복감은 점점 가라앉았지만, 신경이 예민해졌다. 밤에는 여전히 깊은 잠을 자지 못했고 매번 꿈을 꿔서 밤중에 몇 번이고 잠에서 깼다. 그런 상태로 며칠이 더 지났고 일주일이 되자 절의 주지 스님이 우리를 불러냈다. 본당에 올라가 주지 스님의 앞에 앉으니 죽 8인분이 담긴 밥그릇이 우리 앞에 놓여 있었고, 먹으라는 권유를 받았다. 나는 공복에 적응했는지 그다지 배고픔을 느끼지 않았지만, 눈앞에 놓인 죽을 모두 먹었다.

우리가 죽을 다 먹기를 기다렸다는 듯이 곧바로 설법이 시작됐다. 나는 조상을 존경하기는 하나 별다른 신앙을 갖고 있지 않고 앞으로도 무신론자로 살 것이라고 주지 스님께 말했다. 그러자 주지 스님은 설령 그렇다 해도 참고로 들어두라며 설법을 이어 나갔다. 설법이 끝나고 잡담에 들어갔고 주지 스님은 소년의 몸으로 단식을 결심한 이유가 무엇인지 물었다. 나는 마음속으로 내가 생각하는 바를 말하기로 했다. 그리고 우리는 독학으로 학문의 길을 가려고 생각하고 있기 때문에 신념을 기르고 싶다고 말했다. 그렇게 약 1시간 정도 이야기를 나눈 뒤 방으로 돌아왔다.

그리고 2주 차 단식이 이어졌다. 날이 갈수록 체력은 떨어졌지만 두뇌는 맑고 민감해진 것 같았다. 하지만 거듭 말하자면 신경이 예민해지면 밤중에 꿈을 잘 꿔서 눈이 떠진다. 그것이 고통이었다. 단식 2주차에 접어들었을 무렵 이틀 연속으로 어머니의 꿈을 꿨다. 어머니를 속이고 나리타의 단식당에 들어온 것이 마음에 걸렸기 때문일지도 모른다. 나는 어머니에게 별일이 없는지 걱정이 돼 겐에게 속내를 털어놓았다. 그러자 겐도 3주간 단식이라는 목표를 변경해 2주가 되면 돌아가자고 했다. 다음 날이 2주가 시작되는 첫 번째 날이었는데 본당에 들러 변함없이 죽을 먹었다. 그리고 방으로 돌아와 돌아갈 채비를 했다. 단식당에서는 어느덧 우리 두 사람이 가장 고참이 돼 있었고 모두에게 작별을 고할 차례가 되자 단식당을 떠나는 것이 조금 쓸쓸하게 느껴졌다.

보통은 단식 후 3일간은 죽에서 보통식으로 돌아올 때까지 료칸에서 숙박해야 했다. 하지만 우리는 와타야 료칸에 가서 맡겨둔 옷가지와 짐을 찾아 하루도 묵지 않고 집으로 돌아가기로 했다. 그 사실을 전하자 료칸 측은 괜찮냐며 놀라워하며 걱정했지만 어쨌든 우리를 배웅해 줬다. 료칸에서 나리타역까지는 통상적으로 5분 정도 걸리는데 역에 도착하기까지 무척 힘들었다. 도중에 완만한 경사를 올라가기가 힘에 부쳐 절반은 거의 기어가는 듯한 상태로 꽤 오랜 시간에 걸쳐 겨우 도착했다.

집에 도착하자 어머니가 내 모습을 보고 어이없고 황당해하며 "2주간 무슨 일이 있었느냐"며 몰아세웠다. 마치 죽은 줄로만 알았던 아들이 살아 돌아온 것처럼 어머니의 얼굴에서 기쁨과 안도감이 역력하게 느껴졌다. 나는 오사카에 간다고 어머니를 속여 죄송하다고 말씀드리고 나리타신쇼지에 간 사실을 설명했다. 어머니가 곧바로 식사준비를 하신다기에 저녁에 죽을 만들어 달라고 부탁했다. 하지만 어머니는 내 몸이 빨리 회복되도록 밥과 영양가 있는 식사를 만들어 주었다. 하는 수 없이 어머니가 만든 식사를 먹기로 했고 그때부터는 정상적인 식사로 돌아가고 말았다. 하지만 그로부터 얼마간 위가 상한 탓에 상당히 고생했음은 두말할 필요도 없다.

내 생각으로는 3주간 단식이라는 목표를 달성하지 못했던 것은 어머니를 속였다는 부담감과 자지 못하는 고통이 원인이었던 것 같다. 하지만 단식 과정에서 무아지경이 되어 목표에 다가가려 했던 경험은 나의 니힐리즘을 치유한 하나의 약이 된 것 같다.

내가 단식 수행을 한 이후에 그 소문이 퍼져 많은 친구와 지인이 우리 집을 방문했다. 이는 면학하는 데 큰 격려가 됐다. 주변 사람들은 단식에 관한 어떠한 지식도 갖고 있지 않았기 때문에 이야기에 점점 살이 붙어 마치 내가 나리타 산에서 선인이 되기 위해 수행하고 돌아왔다는 식의 소문이 사실인 것 마냥 퍼져 나갔다. 따라서 소문의 진상을 알기 위해 모두 우리 집을 방문한 것인데 정말로 불편한 일이 아닐 수 없었다. 하지만 내게 있어 그 경험은 훗날의 인생에 있어 필요한 집중력과 인내력을 부여했다. 정신력을 기르기 위해서는 잡념을 없애는 것이 중요하다는 사실을 알게 된 나는 그 이후 좌선도 하게 됐다. 일반적으로 좌선이란 정좌를 한 상태에서 행한다. 하지만 나는 정좌를 하면 다리가 저려서 5분 이상 지속할 수가 없었다. 이래서는 정신을 집중하기는커녕 정신이 분산되기 때문에 나는 책상다리를 한 자연체의 자세로 매일 20분간 무념무상, 무의 경지에 들어가기 위해 노력했다. 실제로 그렇게 하면 신기하게도 잡념이 사라지는 듯한 느낌이 들었다.

4. 진로를 고민하다

겐과 나는 단식당에서 돌아온 이래 그의 집에서 여느 때보다도 더욱 많은 시간을 보내게 됐다. 내가 사업을 기획할 때를 제외하고는 언제나 함께 학문에 몰두했다. 낡은 목조 테이블에 서로 마주 앉아 공부하다가 때로는 지쳐서 꾸벅꾸벅 졸기도 했다. 그럴 때면 단식하기 전부터 그랬던 것처럼 기합을 불어넣는다는 의미로 서로의 뺨을 때렸다. 그리고 저녁이 되면 반드시 아라가와荒川 제방 부지를 산책하고 하루 일과를 마쳤다. 우리가 제방을 산책한 시간대는 많은 커플들이 모여 있었다. 그 근처를 지날 때면 슬며시 커플들의 뒤를 쫓듯이 걷곤 했는데, 그 좁은 길을 애염愛染의 좁은 길이라고 부르기도 했다.

단식당에서 돌아오고 나서 변한 것 중 하나는 진로에 대한 생각이다. 단식당에서 도쿄대를 지망하는 청년과 만난 것이 큰 영향을 주었을지도 모른다. 우리는 평생 독학으로 끝낼지 아니면 대학에 진학해야 할지 자주 논쟁을 벌였다. 우리가 고민해야만 했던 이유 중 하나는 재일동포가 놓인 상황이다. 즉 우리는 어쨌든 고향에 돌아갈 것을 전제로 삼았기 때문에 이것이 대학에 진학하는 데 커다란 제약이 됐다.

행여나 고향에 돌아가지 못해 일본 대학에 거액의 돈을 들여 입학한다 해도 졸업 후 일본 회사에 들어갈 수 있을 가능성은 적었다. 어떻게 해야 한단 말인가. 돈이 없는데 무리하면서까지 일본 대학에 들어가야 하는 걸까. 하지만 만약 돈만 있다면 독학으로 고생하는 것보다도 훌륭한 학자로부터 직접 지식을 습득하는 것이 빠른 길이라는 사실을 상상하기는 어렵지 않았다. 힘들게 생활을 꾸려나가고 있는 부모님에게 학비를 내달라고 하는 것은 괴로운 일이며 그만큼의 가치가 있을지가 큰 문제였다. 일본 대학을 나와도 일본 회사에서 받아주지 않는 조선인 인텔리. 결국 노동자조차 되지 못한 채 결과적으로 가족들까지도 고생시키는 인텔리를 보고 나는 그런 인간이 되지 말아야겠다고 생각했다. 둘이서 그런 이야기를 나누던 중 이상적인 방법 하나가 떠올랐다. 바로 변호사에 도전하는 것이었다. 변호사가 되면 일본에 있든 고향에 돌아가든 사회에 공헌할 수 있지 않을까. 당시 일본에서 조선인은 변호사나 판사, 검사 일을 할 수 없다는 사실을 알게 된 것은 대학에 들어가고 난 후였다. 어쨌든 그런 이유로 대학 법과를 지망하게 됐다. 하지만 우리 두 사람은 구제중학교旧制中学를 중퇴했기 때문에 대학 수험 자격이 없었다. 그 무렵 원래 간다에 있었던 스루가다이 상업학교가 전쟁으로 인해 다이토구台東区 구로몬초黒門町에 있는 구로몬초 소학교로 임시 이전했다는 이야기를 들었다. 그래서 스루가다이 상업학교 정시제 4학년 편입 시험을 보고 합격했다. 1947년 4월부터 그 학교에 다니게 됐다. 나는 대학 입학시험을 보겠다고 겐과 부모님에게 이야기했다. 와세다대학에 도전하고 싶어 그해 10월에 겐과 함께 대학 수험을 위한 입학 안내를 받으러 갔다. 하지만 거기서 어떤 우연인지 오쿠마大隈 강당에서 도시락을 먹고 있던 윤영기와 마주치고 말았다. 그는 나를 보자마자 순간적으로 웃음으로 얼버무리려 했다. 나도 그의 얼굴을 보는 순간 작년 아다치 연성회를 둘러싼 불쾌한 기억이 뇌리를 스쳤다. 나는 겐에게 와세다대학 입학시험은 보지 않을 테니 돌아가자고 말하고 집으로 향했다. 집으로 가는 도중 겐이 조금 불쾌해 보여서 와세다대학에서 윤영기와 만난 사실과 한때 그와의 인연에 대해 한 차례 설명해야만 했다.

그 일이 있고 난 후에도 우리는 매일같이 면학하는 틈틈이 대학 수험 지망에 대한 이야기를 나눴다. 나는 중학교가 간다에 있기도 해서 간다 근처에 있는 대학에 가고 싶었다. 메이지明治대학과 주오中央대학에는 조선인이 많아 제외시켰다. 호세이法政대학은 간다에서 다소 떨어져 있었다. 그래서 니혼日本대학과 센슈專修대학 중 정해야겠다고 생각했다. 내가 들은 바로는 센슈대는 교수진이 우수하고 법과에서는 야스히라 마사키치安平政吉라는 저명한 선생이 형법을 가르치고 있는 것이 매력적이었다. 게다가 수업료가 다른 대학보다 싸다는 것도 큰 장점이었다. 이 사실을 겐에게 이야기하고 함께 센슈대 시험을 보자고 설득하자 그도 동의했지만, 그는 역시 경제적인 사정으로 인해 대학 진학에는 상당히 소극적이었다.

그것은 나 역시 마찬가지였다. 앞서 말했다시피 우리 집은 전쟁이 끝나고 고향에 돌아가려 했지만 차터전세편 어선과 함께 전 재산을 잃고 경제적으로 어려움을 겪었다. 그 후에도 시간이 흐를수록 생활은 어려워졌다. 아버지는 전쟁 후 폐업한 공장을 재개할 꿈을 꿨지만 그런 가능성은 좀처럼 보이지 않았고, 매일 시간을 허비했다. 오랜 스승에게 들었는지 아버지는 내가 사람을 돕는 직업을 가질 숙명을 안고 태어났기 때문에 의사가 되어 사람을 구하라며 의과 대학에 진학하라고 수없이 말했다. 아버지는 의과 대학에 입학하기 위해서는 문과 계열의 두 배 이상의 돈이 필요하다는 사실조차 전혀 모르고 있었다. 그뿐만 아니라 집이 경제적으로 얼마나 힘든지도 잘 알지 못했다. 그러나 나 역시 별반 다르지 않았다. 나도 경제적인 것에는 비교적 무관심한 편으로 집안 형편에 대해 어머니로부터 아무것도 듣지 못했고 그다지 알지 못했다.

어쨌든 그리하여 나는 겐과 센슈대 전문부 법과 입학시험을 치르게 됐다. 다른 대학 입학시험은 보지 않았고, 센슈대에 불합격하면 우리 두 사람은 독학으로 변호사 자격에 도전하기로 서로 약속했다. 당시는 경제적인 사정으로 인해 대학에 가지 못하는 사람들도 독학으로 변호사가 될 수 있는 길이 열려 있었다. 즉 구제전문학교 졸업자격을 부여하는 '전검專檢시험'에 합격하면 사법시험을 볼 자격이 주어졌다. 독학으로 전검시험에 합격하기 매우 어렵다는 사실을 알고 있었으나 그 길밖에는 없다고 각오를 다졌다.

학업 이외에 다른 사업에 대해서도 여러 가지 길을 모색했다. 공동

경영에 실패한 것을 교훈으로 삼아 새로운 사업을 시작하고 싶었다. 그래서 결국 전쟁이 일어나기 전부터 아버지가 경영했던 놋쇠, 포금 전문 주물공장을 시작하기로 하고 그해 4월에 미쓰요시光善 주조공업 합자회사를 설립했다. 명목상 아버지가 사장에 취임했고 나는 이사를 맡게 됐으며 임원 명은 전쟁 전 창씨개명 때 사용했던 '요시다吉田'라는 성을 사용하기로 했다. 영업 종목은 수도전 제조로 회사 설립에 필요한 서류를 도쿄 구 재판소 아다치 출장소에 제출해 승인받았다(당시에는 법무성 등기소가 아니었다).

하지만 막상 회사를 경영해보니 자금 문제를 비롯해 경영의 어려움을 통감했다. 한때 아버지가 전시 중에 주조공장을 경영했을 때는 수요가 무척 많았기 때문에 물품 주문 등을 할 필요가 없었고 오히려 생산량이 주문량을 따라가지 못해 늘 분주했다. 그러나 그러한 단순한 경영 감각으로 공장을 시작한 것은 대실패였다. 주물공장 경영은 반년이 채 못 돼 한계에 다다랐다.

민족이 해방되고 2년이 지난 1947년, 이 시기에 지방에서 도쿄로 유입되는 동포들이 증가했는데, 통계에 의하면 특히 땅값이 저렴한 아다치에 유입된 동포 수는 2000명 이상에 달했다. 당시 아다치구 동포 생활 실태는 최저한의 생활 조건은 확보돼 있었다. 일정한 직업을 갖지 않는 사람도 지방에 가서 값싼 쌀과 고구마, 채소 등을 사 와서 물가가 높은 도쿄에서 그것을 되팔아 생활을 꾸려나갈 수 있었다. 급속한 인플레이션 속에서 살아남기 위한 지혜라고 생각할 수도 있을

것이다. 이는 일반적으로 '가쓰기야かつぎ屋', '가이다시買い出し'라고도 불렸는데, 말하자면 행상꾼인 셈이다. 나의 어머니도 17세 정도의 어린 여자 아이를 데리고 도부東武철도에 나가 적당한 역에서 내려 생판 모르는 농가에서 고구마나 채소류를 손에 넣었다. '팔아주세요'가 아닌 '나눠주세요'라고 부탁하고 그것을 등에 지고 돌아왔다. 여동생 창월도 학교 수업이 없을 때는 어머니와 함께 물건을 사러 갔다. 우리 집에서는 어머니가 절약을 위해 매일 한 끼 이상은 고구마를 내오셨다. 반찬은 '비지'에 채소를 섞은 것이 많았고, 대부분 거의 매일 식탁에 올랐다. 어머니는 8세, 9세였던 여동생들에게 '비지'를 사오라고 교대로 두부집에 보내곤 했는데, 조금만 늦으면 양돈업자가 전부 사가고 없었다. 그래서 다른 두부집에서 사오는 일도 종종 있었다. 말하자면 우리는 돼지 사료와도 같은 음식을 먹었던 것이다.

이 시기에 아다치구 동포들은 본래 세키바라関原에 집중돼 있었고, 오키노興野까지 포함시키면 아다치 동포의 과반수를 넘는 인구가 살고 있었다. 이는 추계일 뿐 정확한 숫자는 남아 있지 않지만, 당시 상황을 알고 있는 사람이라면 누구도 부정할 수 없는 사실이다. 그렇기 때문에 당시 재일동포 조직인 연맹 아다치지부의 중심이 모토키가 된 것이다. 그들의 고향은 대부분 제주도와 경상남도 남해군이었다. 경상남도 남해군 출신자의 경우 전쟁 전부터 이주한 경우가 많았고, 체인 밴드를 만들어 생계를 유지한 이들이 많았다. 훗날 가죽 밴드를 비롯해 란도셀초등학생용 가방까지 제조하게 됐다. 제주도 출신자도 전쟁 전부터 아다치로 이주해 주물공장 등을 경영했지만, 이들 중 전쟁 후 고향으로 귀국하거나 공장을 폐업하는 케이스도 많았다. 아다치에는 그들 대신 지방에서 고무 관련 기술을 가진 사람들이 대거 들어왔다. 아다치는 도로가 대부분 미포장이어서 비가 내리면 진흙길이 되곤 했다. 따라서 고무장화가 필수품이었는데, 이는 아다치뿐만 아니라 일본 전역이 비슷한 상황이었다. 모토키 근방은 고무장화 생산에 관여함으로써 눈 깜짝할 새에 고무공장 수십 곳이 생겨났고 관련 종사자들도 계속해서 들어왔다. 고무장화의 제조·판매 경쟁이 격화되자 고급 하이힐과 비닐 샌들 등 제조되는 제품도 점점 다양해졌다.

제7장

폭풍 속에 살아온 청춘

1. 탄압과 저항

1946년 4월에 연맹 아다치지부 소년부장이 되고 나서 나는 걸핏하면 연맹사무소에 불려갔다. 아다치지부에서는 매월 임원회와 3·1 기념일, 8·15 기념행사 외에도 행사가 몇 차례 더 있어 그때마다 참석해야 했다. 같은 해 12월 20일 재일조선인생활옹호인민대회가 니주바시마에二重橋前에서 열렸다. 1만여 명이 참가한 것으로 알려진다. 김천해金天海, 윤근尹槿이 연설하고 대모 행진을 벌였다. 진정陳情을 위해 국회에서 총리관저로 대표단이 들어간 이후 데모대도 관저에 침입하려 해서 경관이 이를 저지하기 위해 출동했다. 그러나 데모대가 경관을 뿌리치고 안뜰로 들어가 버린 탓에 미군 헌병(MP)이 나왔다. 당시는 아직 미군이 데모대를 단속하는 일이 적었으므로 그것이 어떤 의미를 갖는지 잘 알지 못했다. 그러나 그들이 공포탄으로 추정되는 실탄을 발사해서 데모대는 흥분했고 데모대 뒤쪽에서 유리 깨지는 소리가 났다. 관저 현관 바로 위에 있는 유리 조명이 깃대에 부딪혀 깨져버린 것이다.

미국 헌병의 개입과 기물 파손, 이 두 가지가 중대한 문제였다. 대회에서 선출된 교섭위원 전원이 점령군정책위반죄로 체포됐다. 그들은 군사재판에서 중노동 5년형을 선고받았고 이후 대한민국으로 강제추방됐다. 나는 아직 어렸으나, 이러한 극우 분자의 과격한 행동에 대해 마음속으로 분노를 느꼈다. 왜냐하면 데모대는 어떤 이유에서든

평화적으로 행동해야 하며, 관저에 불법 침입해 기물을 파손하는 것은 바람직하지 않다고 생각했기 때문이다. 앞서 잠시 언급했듯이 전후 일본에는 전례 없는 인플레이션이 발생했다. 물가는 갈팡질팡하는 사이에 점점 상승했고, 전쟁이 끝나고 2년이 지난 무렵에는 10배, 경우에 따라서는 20배까지 껑충 뛰어올랐다. 일반 서민들의 생활은 고달팠고, 일본 정부도 물가를 안정시키기 위해 배급제에 의한 통제경제를 실시했다. 즉, 미국형 민주주의를 표방하면서도 실상은 사회주의적인 통제경제를 도입하는 진기한 상황이었다. 사실 1946년 10월에 시행한 임시물자수급조정법에서는 경제 전반에 걸쳐 엄격한 통제가 이루어졌다. 이래서는 관료 천국을 만들 뿐이었다. 이 법률로 인해 생활필수품 대부분이 통제 품목에 들어갔다. 그것들은 암거래되는 물자로 높은 가격으로 매매됐다. 이를 취급하는 사람들은 권력을 가진 관료에게 눈 감아달라고 뇌물을 사용하기도 했다.

이즈음부터 국내외 정세는 매우 엄중해 재일동포들에게 격동의 시대가 찾아왔다. 가장 상징적인 사건이 민족교육학교를 폐지하는 법령이 공포된 것이다. 앞서 이야기했듯이 민족교육학교는 여러 가지 사정으로 고향에 돌아가지 못한 조선인 자제들이 언젠가 고향에 돌아갔을 때 불편함이 없도록 자국의 언어와 역사를 가르치기 위한 것이었다. 1948년 1월 일본 정부는 '조선인학교 설립 취급에 대해'라는 통지문을 각 학교에 보냈다. 이는 전국에 있는 민족학교에서 조선어를 정식 과목에서 제외하고 일본 교과서를 사용하도록 하는 것이었다. 이에 민족교육을 지키기 위한 운동이 전개됐다는 사실도 앞서 말한 바와 같다.

그해 3월 5일 하지 중장이 남한단독선거를 실시한다는 '포고문'을 발령했다. '단독선거'는 38선에 의해 남북분단을 고착화할 의도를 지니고 있으며, 포고문에 따르면 이미 5월 10일에 실시된다고 돼 있었다. 포고문에 의해 남한에서 사실상 실권을 부여받은 이승만은 주위의 반대를 억누르고 단독선거를 강행하려 했다. 이러한 강행 정책을 저지하기 위해 4월 3일에 제주도 도민들이 들고일어나 반대 운동이 전개됐다(제주도 4·3사건). 이로 인해 많은 희생자가 발생했는데, 일설에는 제주도 인구 30만 명 중 8만 명 가까이 학살됐다고 한다. 그러나 이 필사적인 저항이 헛되게도 단독선거가 강행됐다. 그 결과 8월 15일 38선 남측에는 대한민국(한국)이 수립돼 이승만이 대통령에 취임했고 동시에 미군정은 폐지됐다. 한편 8월 25일 북측에는 조선민주주의인민공화국(공화국)이 수립돼 김일성이 수상에 취임했다. 이리하여 남북이 두 개의 분단국가로 재탄생했다.

대통령이 된 이승만은 단독선거에 반대한 제주도를 계속해서 탄압했다. 따라서 사람들은 게릴라로서 저항운동을 전개하거나 혹은 위난을 피해 일본으로 건너갔다. 이승만 정권은 게릴라를 소탕하기 위해 그해 10월 20일에 군대를 파견했다. 그러나 파견된 한국군은 제주도로 향하는 도중에 여수와 순천에서 반란을 일으켜 대혼란을 초래했다. 제주도민에 대한 탄압에 반대해 일어난 일이었다. 이 반란은 많은 사망자를 낸 후 진압부대에 의해 수습됐다. 그리고 사건관계자인 군인 100여 명이 처형됐다.

한편, 일본에서는 1948년 10월에 GHQ 도쿄 군정부가 경시청에 보내는 각서에서 "북조선 국기 또는 이와 유사한 포스터 등도 일본 국내에서 어떠한 경우도 게양해서는 안 된다"는 지령이 내려졌다. 이는 물론 공화국을 인정하지 않는다는 의미였다. 그 이후에는 공화국의 국기를 게양하는 것은 물론, 보여주는 것만으로도 체포돼 군사재판의 대상이 됐다. 그해 11월 10일 조선학생동맹 국기사건도 신주쿠新宿 조선장학회 그라운드에서 운동회를 할 때 공화국 국기를 게양했다는 이유로 발생했다. 이 사건에서 강리문 위원장과 이철수 상임위원이 체포돼 군사재판에서 3년의 중노동 실형을 선고받았다.

2. 학창시절의 시작

결국 우리 두 사람은 운 좋게 센슈대專修大 전문부 법과에 합격했다. 그러나 겐健은 그다지 기뻐하지 않았다. 그는 수업료를 내기 힘든 상황이었다. 그런데도 내가 무리해서 시험을 보게 한 꼴이었다. 나와 그는 뜻을 함께 하기로 약속한 친구로서 함께 학문의 길을 걸어가고 싶었다. 그래서 어머니를 속여 입학금과 수업료의 전기분을 2배로 불려 전달했다. 아무것도 모르는 어머니는 내 요청대로 2명의 입학금과 수업료에 해당하는 돈을 주셨고, 그렇게 나와 겐은 함께 대학에 입학할 수 있었다.

나는 마음속으로 어머니께 사죄했다. 우리 집도 돈이 넉넉지 못한 형편인데 불효를 한 게 아닐까. 어머니는 몰래 숨겨둔 비상금을 깨서 그 돈을 주신 것이었다.

1948년 4월 1일, 나와 겐은 정식으로 센슈대 전문부 법학과에 입학했다. 입

센슈대 입학을 기념하며 김경윤(겐)과 함께
(1948년 4월)

학 당일에 과 위원 2명을 선출하게 됐다. 선출 방법은 자천自薦·타천他薦 모두 가능했다. 나는 친구인 겐을 추천한다는 연설을 했다. 연설은 간단했지만, 그 덕분에 겐은 과 위원으로 선출됐다. 그 후 내가 조선인 학생이라는 사실을 알게 된 학생들이 나에게 다가왔고, 과에 조선인 학생 5명이 입학했다는 사실을 알게 됐다. 친하게 지낸 입학생 중에 은종렬殷宗烈에게서 매우 강한 인상을 받았다. 그는 재일조선인소년단 초대단장이고 나 역시 재일조선인연맹 아다치지부 소년부장을 맡았었기 때문에 서로 친근감을 갖고 있었다. 이튿날 그는 도쿄역 야에스

구치八重洲口 앞에 있는 재일조선인연맹 중앙본부를 안내해 줬다. 그의 맏형이 연맹 중앙 외무부장을 맡고 있다는 이야기도 했다. 나와 그는 시간이 있을 때마다 이런저런 이야기를 나눴고 더욱 친해져서 그를 집으로 부르기도 했다. 그리고 재일조선인소년단 제2단장 박일朴溢도 소개받아 그의 집이 있는 도시마구豊島区 주변에서 함께 놀기도 했다.

새로운 친구들과의 만남뿐만 아니라 관심이 향하는 대로 여러 장소를 방문해보기도 했다. 어느 날인가는 신주쿠新宿에 있는 재일본조선학생연맹(학동) 사무소도 방문했다. 학동은 당시 재일 학생들의 권리를 지키는 활동을 하고 있었기에 나로서는 당연히 관심이 갔다. 학동 사무소는 재단법인 장학회 빌딩 안에 있었다. 그 일부를 사무실로 만들었고, 2층은 학생기숙사였다. 빌딩 뒤편에는 운동장이 있었고 학동 사무소는 뒤편 입구에 간판을 걸고 출입문을 만들었다. 나는 학동 사무소에 들어가 많은 선배들과 인사를 나누고 서로 얼굴을 익혔다. 나는 이날 학동 입회 수속을 모두 끝마쳤다. 옆쪽 장학회는 대학 입학 희망자 중 여러 가지 사정으로 인해 입학 자격이 없는 자에게 독자적인 시험을 실시해 그 성적표와 추천장을 발행하는 업무를 하고 있었다. 그러한 이유로 일본 문부성 장학관 후모토 야스다카麓保孝가 그 임무를 맡았기 때문에 한편으로는 공적인 성격을 띤 기관이었다.

나는 도쿄에 살기는 해도 아다치구足立区 시타마치下町·변두리 출신의 촌놈으로 닥치는 대로 이것저것 해보려는 호기심과 향학심에 불타고 있었다. 나는 대학 입학 후 센슈대 교수진을 알아보기 위해 대학 안내

자료를 조사했다. 거기에는 예전부터 존경했던 교수 이름이 몇몇 실려 있었다. 그리고 그 교수들의 수업에 자주적으로 청강하게 됐다. 다른 대학에서 듣고 싶은 강의를 몰래 들은 적도 있다. 당시 학생 중에는 고학생이 많아 대학 수업을 받지 못하는 학생들도 있었다. 그래서 출석을 부르지 않았고 시험을 보지 않아도 학점만 취득하면 진급할 수 있었다. 따라서 내가 다른 학교에서 수업을 받아도 의심받을 걱정은 없었다.

3. 대학 사연과 민과

대학에서는 각 부회 활동이 활발히 이루어져 문화단체 계열과 체육회 계열과 함께 새로운 부원을 모집하기 위해 전단지와 간판까지 동원해 선전했다. 당시 나는 마르크스와 사회주의에 관심이 있었으나 그에 관한 지식을 가르쳐주는 사람은 주위에 없었다. 우연히 사회과학연구회 간판을 발견했는데 수많은 연구회 중 '사회'라는 이름이 붙은 유일한 연구회였기 때문에 그곳을 방문했다. 내가 입회하고 싶다고 이야기하니 부회 회원 모두가 기쁘게 받아들여줬다. 부실의 절반은 책상이 횡렬로 늘어서 있었고, 그 뒤에 일본민주주의과학자협회(민과) 센슈대학반이라고 쓰여 있었다. 자세히 물어보니 이 조직은 일본전국사회과학자단체의 하부조직으로 민과전대반은 회원이 35명 정도 있었다. 나는 사회과학연구소와 함께 민주주의과학자협회에도 입회하기로 결심하고 회원이 되기 위한 신청서를 작성했다. 하지만 작성하는 도중 전문부회 소속 기입란이 있어 문득 이런 생각이 들었다. 이곳은 전문적으로 연구하는 학자들이 가입하는 조직으로 나처럼 앞으로 공부하려는 사람에게는 어울리지 않는 곳이 아닐까. 그렇게 생각하고 탈퇴하려 하자 선배들이 민주주의과학자협회는 학자들만의 모임이 아니라 앞으로 공부하려는 사람이라면 누구든지 가입할 수 있다고 일러줬다. 이는 민주주의과학자협회의 대중화이며 그 증거로 각 대학에 민주주의과학자협회반을 조직해 학생들을 입회시키고 있다고 했다. 나는 그 이야기를 듣고 내가 앞으로 알고자 하는 마르크스나 사회주의에 관한 궁금증도 이 조직에 들어가면 모두 해소될 것이라고 생각하고 전문부회 기입란에 철학부회라고 적었다. 법률부회라고 적을까 생각도 했지만 법률은 앞으로 대학 강의나 세미나에서 배울 터이고 철학이라면 독학으로 어느 정도 *끄적대던* 경험이 있다는 자만심도 얼마간 있었다. 게다가 나는 유물론에 특별한 관심이 있었다.

그리하여 연구회 두 군데에 입회했다. 나는 입회하자마자 예전부터 관심이 있었던 마르크스주의와 사회주의에 대해 가르쳐달라고 부탁했다. 선배들은 친절하게 마르크스주의에 대한 기본 문헌을 한 차례 설명해줬다. 예를 들어『공상에서 과학으로-사회주의의 발전』,『포이어바흐론』,『반뒤링론』,『사적유물론』,『유물변증법』등이 중요한 문헌이라는 것이다. 모두 처음 들어본 제목이었다. 그러나 이 중에 마르크스주의, 사회주의의 기초논리가 틀림없이 있을 것이라고 생각해 곧장 서점으로 달려가 책을 사서 읽었다. 『유물변증법』을 읽고 변증법의 기초원리로써 세 가지 법칙을 이해할 필요가 있다는 사실을 알게됐다. 그것은 ⑴ 양질 전환의 법칙, ⑵ 부정의 부정의 법칙, ⑶ 대립물의 상호침투의 법칙이었다. 이에 대해 관념론은 논리학에서의 세 가지 원칙이 존재한다. 그것은 즉 ⑴ 연역법, ⑵ 귀납법, ⑶ 귀일법이라는 삼단논법이다. 유물론의 법칙과 관념론의 법칙을 대비하면서 양자의차이를 이해하는 것이 중요한데 나는 이 문제를 집중적으로 파고들었다. 그리고 점차 사유와 존재, 의식과 물질 등의 이해를 통해 유물론의관점과 사고방식도 이해할 수 있게 됐다.

그러나 논리적으로는 마르크스주의나 사회주의에 대한 이해가 깊어졌으나 현실적으로는 내가 지금까지 지녀 온 보수적인 체질을 금방바꾸기는 어려웠고 시간을 요했다. 그러한 의미에서 내게 유일하게위로가 된 것은 관념론에서 유물론으로 자기변혁을 이루는 과정에서스스로가 휴머니스트(인도주의·인간주의자)가 되어갔다는 사실이었다. 마르크스주의와 사회주의는 인간성을 지닌 휴머니스트여야만 한다고 확신한 것이다.

유물론 문헌을 열심히 공부했던 것이 선배들에게 인정받았는지 나는 이듬해 4월 민과전대반총회에서 반 대표로 선출됐다.

민주주의과학자협회 대표로 선출되고 나서부터는 매주 야간에 열린 도쿄지부 철학부회 연구회에는 반드시 출석했다. 민주주의과학자협회 도쿄지부 사무소는 메이지明治대학 옆의 정경政経 빌딩 2층에 있었다. 나는 이 연구회에 나가게 된 덕분으로 많은 학자와 만날 수 있었다. 특히 내가 스승으로 받들었던 저명한 철학자인 미우라三浦 선생으로부터 정성스러운 지도를 받을 수 있었던 것은 대단한 행운이었다.

4. 친구와의 이별

내가 대학에 입학했을 무렵 조선인 학생이 재학 중인 대학에는 유학생 동창회라는 조직이 있었다. 센슈대에도 조선인 유학생 동창회가 있었는데 4월 하순에 정기 총회와 졸업생 송별회, 신입생 환영회가 열렸다. 나도 선배들에게 참석하라는 요청을 받았다. 나는 법과 신입생 5명에게 그 사실을 전했고 그중에서도 친구 겐에게 같이 나가자고 청했다. 하지만 그가 소극적인 반응을 보여서 나 혼자 참석했다.

총회에는 대학 당국에서도 내빈이 참석했다. 임원 선거도 이루어져 회장에 송석재, 부회장에 윤달용尹達鏞, 우제창禹済昌, 총무부장에 이학수李鶴洙, 문화부장에 내가 선출됐다. 나는 신입생인데도 불구하고 어떤 가능성이 인정받았는지 임원에 선출돼 상당히 얼떨떨했다. 부회장으로 선출된 윤달용은 훗날 재일동포 최초로 공인회계사가 됐고 재일

조학동 축구시합 기념사진(1948년 7월·중고中高 그라운드에서)

본한국민단중앙본부 단장을 역임하기도 했다. 동창회 총회에 참석해 많은 선배들과 알게 됨으로써 그 이후 나의 인생은 달라졌다.

내가 대학 법과를 선택한 이유는 변호사가 되기 위해서였다. 하지만 같은 과 선배 김성규金聖圭가 선배에게 들은 바로는 일본 국적이 아니면 사법시험에 합격해도 변호사가 될 수 없다는 것이었다. 그는 진지하게 고민하는 듯 했고 나는 그 이야기를 듣고 충격을 받았다. 그가 한 말이 신빙성이 있는지 확인하기 위해 나도 한 선배를 찾아가 물어보았는데 역시나 사실이었다. 나는 변호사가 될 수 없다는 사실을 알고 실망했지만, 그렇다면 앞으로 무엇에 뜻을 두어야 할지를 생각했다. 그 결과 학문의 길을 걸어가고 싶다는 생각이 들었고 유물론을 배우는 데 몰두하게 됐다.

　대학에 들어가고 나서 나는 친구 겐과 함께 다니지 못하는 경우가 많아졌다. 그래서 그에게 사회과학연구소와 민주주의과학자협회 활동을 함께 하자고 권했지만 돌아오는 대답은 그리 시원치 않았다. 그러한 이유도 있어 나는 마음속으로 겐과는 점점 거리가 멀어지는 듯한 느낌을 받았다. 하지만 독학하던 시절에 둘이서 책상 하나를 두고 마주 앉아 공부하던 추억을 떠올리며 내가 부회 활동이 없을 때는 함께 귀가해 이전처럼 책상에 마주 앉곤 했다. 친구로서 마음이 전혀 멀어진 것은 아니었다. 7월의 어느 날, 그가 나에게 돈 문제로 고민하고 있다고 속내를 터놓았다. 그의 부모님이 경제적으로 매우 어려워 가정이 무너질 위기에 놓여 있으니 자신이 조금이라도 보탬이 되고 싶다는 것이었다. 하지만 나에게도 여유가 있을 리가 없었고 함께 생각한 결과 우리 두 사람의 학생복과 학생모, 가방을 여름 방학 동안 전당포에 맡기기로 했다. 현실적으로 그런 방법밖에 없었다. 나는 그것들을 그에게 건네며 가정이 무너질 위기를 잘 넘기기만을 기도했다. 그러고 나서 얼마 지나지 않아 그와 만났는데 내가 그에게 건넨 것들이 도움이 됐다고 고마워했다. 나는 도움을 줄 수 있어서 무척 기뻤다.

　어느덧 약속한 8월 여름 방학이 끝나갈 무렵 갑자기 그가 내 앞에서 자취를 감췄다. 전당포에 맡긴 물건들은 기간이 지나서 찾을 수 없게 됐고 9월부터 학교에 가야 하는데 입고 갈 옷이 없었다. 내가 곤란해하는 모습을 보고 어머니가 이유를 캐물어 사정을 설명하자 어머니는 내게 몹시 화가 난 것 같았다. 그렇지만 나를 데리고 헌 옷 가게에 가서 나에게 맞는 치수의 옷을 사주셨다. 당시의 학생복은 일반적인 옷과는 달리 특별 주문을 해야만 했고 그만큼 가격이 비쌌다. 나는 그 이후로 학생복과 학생모를 몸에 걸친 적이 없다. 겐은 학교는 물론 집에도 돌아오지 않았고 내 앞에서 완전히 자취를 감추고 말았다. 그리하여 나는 친구를 잃고 어머니에게 금전적인 부담까지 떠안기고 말았다.

5. 세상을 떠난 친구—자살과 사혼

친구에 관해 말하자면 나는 젊은 시절부터 많은 친구들에게 둘러싸여 있었는데, 그중 몇 명인가와는 슬프게 이별해야만 했다. 그의 이름은 김성실金成実이었고 나와 동갑으로 1948년에 4월에 니혼日本대학 문과에 입학했다. 그는 나와 겐이 대학에 입학하기 전에 둘이서 독학했을 무렵부터 가끔 우리 집에 방문하던 친구였다. 그는 우리가 공부하는 모습을 보고 자신도 함께 공부하고 싶다고 간절히 원해서 때때로 함께 토론하곤 했다.

그도 나와 마찬가지로 전쟁 중 매일 밤 이어지는 공습에 인한 충격으로 니힐리즘에 빠져 있었다. 그리고 전쟁이 끝난 후에도 니힐리즘적인 생각을 바꾸지 못했고 늘 고뇌했다. 그의 집은 양돈업을 했는데

모토키本木 빈민가에서는 혜택받은 부류에 속했고 경제적으로는 아무런 걱정도 없어 보였다. 그러나 그는 나에게 걸핏하면 인생의 고뇌에 대해 말했다. 나 역시 그에게 나의 인생에 대해 말했고 같은 고뇌를 짊어지고 사춘기를 지나온 친구로서 강한 의지를 갖도록 격려했다.

실제로 나도 사춘기 때는 쉽게 상처받는 존재였다. 매일 밤 잠자는 일이 죽음과 대면하는 일처럼 느껴졌다. 인간은 왜 태어날까, 산다는 것에 어떤 의미가 있을까. 그리고 죽음이란 무엇인가, 잠자는 것과 죽는 것을 겹쳐서 생각했다. 어쩌면 오늘 밤 죽을지도 모른다, 내가 죽으면 슬퍼하실 어머니를 생각하니 죽음에서 도망치고 싶다는 생각이 들었다. 나는 사생관에 관한 서적과 종교 관련 서적 등을 읽기 시작했다. 그러나 기독교, 불교, 이슬람교(당시에는 마호메트교 혹은 회교로 불림) 등과 관련된 책을 읽어 보아도 나에게 아무런 도움도 되지 않았다. 하느님과 부처님에게 의지하는 것은 우상숭배라고 생각해 전부 부정한 것이다. 결과적으로 나는 자력본원自力本願으로 살아가기로 결심하고 무신론자로 변해갔다. 그리고 정신수양을 위한 좌선과 단식을 하며 스스로를 단련했다.

이러한 이야기를 그에게 하자 그도 내가 해온 일들을 외면적으로는 알고 있었기 때문에 납득하고 잘 이해하는 것 같았다. 하지만 실천하기 어려워하는 것 같았다. 꿋꿋하게 살아가라고 여러 가지 이야기를 해준 것이 무색하게도 그해 7월에 그는 자신의 목숨을 스스로 끊고 말았다. 그가 철도에서 자살했다는 이야기를 듣고 왠지 모르겠으나 선뜻 믿기 힘들었다. 친구를 그런 식으로 잃었다는 것이 충격적이었고 슬픈 생각이 들면서도 인간의 죽음은 늘 가까이에 존재한다는 사실을 다시 한번 통감했다.

그가 자살한 지 한 달 정도 지났을 무렵 그의 모친이 우리 집에 찾아왔다. 우리 집과 그의 집은 그리 멀지 않았기 때문에 근처에 사는 아주머니가 오셨을 때처럼 나도 가벼운 마음으로 맞이했다. 아주머니는 우리 집 문을 통해 들어올 때 기다란 대나무 빗자루와 쓰레기를 모으는 쓰레받기를 문기둥에 세워놓고 들어왔다. 웬일인지 아주머니는 그것을 거꾸로 세워두고 들어왔는데 나는 집 정원과 도로 청소를 하는 김에 우리 집에 들른 줄로만 알았다. 그러나 그의 모친은 커다란 목소리로 내 이름을 부르고는 갑자기 '용케도 내 아들을 죽였네'라고 호통쳤다. 나는 어떻게 된 영문인지 제대로 알지 못한 채로 넋이 나가 할 말을 잃고 말았다. 그러자 그의 모친이 잠시도 틈을 주지 않고 자신의 아들이 내게 나쁜 영향을 받아 스스로 목숨을 끊었다고 말하는 것이었다. 나는 아주머니가 아들로부터 나에 관해 들은 이야기 중 무언가 오해가 있었을 것이라고 생각했지만, 그것을 해명하기 위해 이런저런 말을 해도 들으려조차 하지 않았다. 나는 이렇게 무지한 사람이 또 있을까 하고 마음속으로 생각하면서도 어쩔 도리가 없어 곤란한 상태였다. 그때 큰 소리가 나는 것을 듣고 어머니가 별채에서 나왔다. 거기서부터는 나의 어머니와 그의 어머니 사이에서 실랑이가 벌어졌다.

아무리 생각해도 친구의 자살 원인도, 친구 어머니의 주장도 전혀 이해할 수 없었다. 하지만 아들을 잃은 어머니의 슬픔을 충분히 헤아릴 수 있었기 때문에 나는 변명은 일절 하지 않기로 마음먹었다. 나의 어머니와 그 아주머니가 얼마간 실랑이를 벌이고 나니 이번에는 그의 아버지가 오셔서 아주머니를 모시고 돌아갔다.

그의 어머니가 우리 집에 들어올 때 입구의 문기둥에 대나무 빗자루와 쓰레받기를 거꾸로 세워둔 채로 그것을 가지고 돌아가지 않은 것을 어머니께 이야기하자 어머니는 그것은 조선의 풍습으로 '너는 일평생 적이다'라고 선언한 것이라고 가르쳐주었다. 그리고 일부러 두고 간 것이기 때문에 상관없다고 말했다. 어머니는 그 대나무 빗자루와 쓰레받기를 집 밖 어딘가에 내다 버렸다. 어머니는 그래도 화가 가라앉지 않았는지 분을 삭이지 못했다.

그의 어머니가 돌아가고 혼자 남게 되자 분별없는 막말과 화풀이를 견뎌낸 후의 허무함이 몰려와 자기 연민을 느끼지 않을 수 없었다.

1948년은 민족학교의 폐쇄가 강행되고 외국인등록령이 시행됨으로써 재일조선인에 대한 사회적 제약이 한층 더 강화된 해였다. 또한 남북 대립이 격화되고 38선에 의한 분단의 고착화가 진행돼 통일을 염원하는 재일동포의 실망감이 감도는 상황이었다. 아다치의 동포 청년들도 그와 같은 주변 분위기를 피부로 느끼고 자포자기했다. 그러한 이유로 일본인들과 시비와 다툼이 일어나기도 했다.

그해 11월 10일, 문순옥文順玉은 그와 같은 다툼에 휘말려 희생됐다.

그를 살해한 범인은 지역 내 불량 조직에 속해 있었고, 특공대에서 살아남아 전역한 병사였다. 그도 누군가에게 이용당해 범행을 저지른 듯했다. 살해당한 문순옥은 그 집안에서 피를 물려받은 유일한 상속인이었기 때문에 그의 부모님은 이루 말할 수 없는 슬픔에 통곡했다. 그의 나이는 나보다 한 살 위였는데 친한 친구이자 자주 어울려 놀던 친구였다. 그의 집 앞에 사촌 형이 살아서 내가 그의 집에 놀러 가는 경우가 많았다. 나는 공부에 지쳤을 때 친구 집에 놀러 가는 것을 좋아했기 때문에 친구의 죽음은 잊을 수 없는 사건이었다.

그가 세상을 떠나고 첫 번째 기일이 지난 어느 가을, 그의 아버지가 아들과 어울리는 신부를 찾아와 결혼을 시켰다. 죽은 사람 간의 결혼, 즉 사혼이었다. 결혼이란 것은 법률적으로 말하자면 살아있는 인간을 대상으로 하는 것이다. 따라서 그러한 의식은 오히려 법을 초월한 풍습으로 존재했다.

나는 사혼 의식에 살아생전 신랑의 친구 대표로 초대받아 참석했다. 의식은 망자인 신랑과 신부의 사진을 진열하고 제사와 같은 형식으로 이루어졌다. 양가 부모가 자리하여 대리인이 술잔을 주고받고 의식이 끝나면 서로 친척으로서 술잔을 주고받고 축복한다. 이렇게 세상을 떠난 젊은 커플의 탄생을 기뻐하며 자식을 잃은 양가 부모들도 잠시나마 슬픔에서 벗어나는 것일까.

나는 그해 친구를 잇달아 떠나보내면서 큰 충격을 받았다. 그 무렵 남긴 격렬한 문장들이 내 일기장에 남아 있다.

(1948년 11월 일기에서)

친구의 죽음을 생각하다

내 주변에서 많은 친구들이 한 명 한 명 떠나간다. 사람은 흙에서 나와 흙으로 돌아간다고 불교에서는 말한다. 기독교에서도 하늘에 계신 하느님 품으로 올라간다고 말한다. 유물론에서는 인간의 죽음을 생명 발전의 과정으로 규정한다.

어쨌거나 인간의 죽음은 우리에게 영원한 이별이자 두 번 다시 만날 수 없는 인생의 슬픔이다.

인생을 살아가면서 가령 잠시 헤어질 때조차도 눈물로 배웅하는데! 하물며 영원히 이별할 때에는 어떻게 배웅해야 하는 건지!

6. 곁에 남은 친구―'레미제라블'과 '사선을 넘어서'

슬픈 이야기가 이어졌지만 한편으로 희망을 느끼게 하는 친구와의 만남도 있었다. 김기선金基先은 1945년 무렵 알게 된 친구로 당시 우리 집 근처에 살고 있었다. 그는 아다치청년연성회 조직을 통해 민족성에 눈을 떠 모국어를 공부하고 독서도 하게 됐다. 아다치청년연성회을 결성할 때 김기선이 선두에 서서 청년들을 동원하고 내가 설득하곤 했는데, 그것을 계기로 우리는 그때부터 친한 사이가 됐다. 그는 우리 집에 거의 매일같이 놀러 왔는데, 내 공부에 방해가 되지 않도록 세심히 배려해주는 성품을 갖고 있었다.

내가 독서를 권장하자 그는 그 말을 진지하게 받아들였다. 그는 어린 시절에 아버지를 여의고 어머니와 단둘이 살고 있었다. 그의 어머니는 외동아들인 그를 매우 귀하게 키웠다. 그래서 나쁜 친구들과 어울리지 말라고 언제나 그에게 이야기하곤 했다. 그가 친구와 놀러 가고 싶다고 말하고 어머니에게 용돈을 달라고 조르면 누구와 가는지 반드시 물었다. 만약 모르는 사람과 놀러 간다고 말하면 용돈을 받지 못했다. 하지만 '창희', 즉 나와 놀러 간다고 말하면 두말없이 부탁한 대로 용돈을 준다는 것이었다. 그래서 그는 용돈이 필요하면 나와 놀러 가지 않더라도 창희와 놀러 간다고 말하고 용돈을 받았다. 나는 항상 그와 놀러 다니는 인간이 되어버린 셈이다. 그래도 그의 어머니는 나를 신뢰하는 것 같았다.

그는 나에게 독서를 하고 싶다며 1000엔을 건네며 자신이 읽을 만한 책을 대신 사달라고 부탁했다. 나는 돈이 없어서 전문서 이외의 책은 사본 일이 없었지만, 그길로 간다神田 진보초神保町에 가서 내가 읽고 싶었던 책인 가가와 도요히코賀川豊彦의 『사선을 넘어서』와 빅토르 위고의 『레미제라블』두 권을 사서 그에게 책과 남은 돈을 건넸다. 그러자 그는 내가 먼저 그 책을 읽고 나서 자신에게 주라고 말했다. 그가 무슨 생각을 했는지는 지금도 추측밖에는 할 수 없다. 하지만 평소의 그의 성품을 고려해 말하자면 책을 읽고 난 후의 나의 감상을 먼저 듣고 싶기도 하고 내가 고른 책이니 당연히 읽고 싶을 거라는 배려에서 그렇게 말해주었을 것이다. 실제로 이 두 권의 책을 읽고 나도 큰 감명을 받았다. 특히 『사선을 넘어서』는 눈물을 흘려가며 읽었다. 주인공은 상당히 유복한 가정 출신으로 스스로 자진해서 자신이 믿는 종교를 위해 빈민가로 향한다. 그리고 몸을 던져 봉사 활동을 한다. 나는 감동하고 공감하면서도 도대체 그를 그러한 활동으로 밀어 넣은 종교, 즉 기독교 교도들에 대해 다시 한번 생각하게 됐다. 그러나 앞서 말했다시피 나는 이전부터 무신론자였고 종교에 대해 부정적인 견해를 가지고 있었기 때문에 인식을 바꾸지는 못했다.

나는 『사선을 넘어서』를 다 읽고 나서 이야기의 대략적인 줄거리를 설명하고 그에게 끝까지 읽으라고 권했다. 그러자 그는 정말로 그 책을 끝까지 다 읽었고, 자신도 또다시 감동했다고 말했다. 『레미제라블』도 같은 방식으로 읽었다. 그렇게 계속해서 독서를 해 나감으로써 그는 얼마 지나지 않아 사회에 관해 상당히 많은 것들을 알게 됐다. 독서를 통한 교류로 그와 나는 한층 더 친해졌다.

그 이듬해인 1949년 봄에는 도센지東鮮寺·훗날 고쿠헤이지(国平寺)로 이전에서 그의 결혼식이 열렸다. 도센지는 이리야마치入谷町·지금의 다이토구(大東区) 부영 버스 정류소 앞에 있으며 1층에는 몇몇 점포가 들어서 있었고 그 위층인 2층이 절이었다. 약 60조畳의 넓은 장소에 본당이 안치돼 있었다. 재일동포들의 집회소로도 이용됐던 절이다. 결혼식 사회는 내가 보게 됐고, 주례는 따로 두지 않았다. 나는 결혼식 사회는 처음이었기 때문에 그 날 40명 정도의 참석자가 만족했는지는 알 수 없으나 최선을 다했다. 그때 이후로 나는 가끔 결혼식 사회를 보게 됐다.

제8장

학생운동과 학문의 사이에서

1. 학생운동에 몸을 던지며

전후 재일조선인에 대한 일본 정부의 정책은 전쟁 전 식민지시대의 제도를 그대로 가져온 것이기 때문에 복잡하고 불합리했다. 전쟁 전 재일조선인은 법률상 일본 국적이었다. 하지만 일본의 패전과 조선의 해방으로 재일조선인은 사실상 외국인으로 되돌려졌다. 하지만 국제연합군의 점령하에 있던 일본 정부는 전쟁 후 재일조선인에 대한 일관된 정책을 갖지 못한 것이다.

1947년 4월 12일, 문부성은 '조선인 아동의 취학 의무에 관한 건'을 통보했다. 그에 따르면 일본에 체류하는 조선인은 일본 법률상 일본 국적을 갖고 있기 때문에 일본 법령에 따라 일본인과 마찬가지로 취학시킬 의무가 있었다. 하지만 그해 3월 2일 공포된 외국인등록령에서는 일본에 체류하는 '재일조선인은 당분간 외국인'으로 규정돼 '외국인등록법 국적란에는 "조선"이라고 기입하도록' 지시하고, 그 법령을 위반한 자는 벌칙을 부과한다고 돼 있었다. 1948년 1월 24일에는 문부성으로부터 각 도도부현都道府県·광역자치단체 지사에게 '조선인학교 설립의 취급에 대해'라는 지령이 있어 조선인학교는 조선어를 정규과목에서 제외하고 일본어 교과서를 사용하도록 하는 내용의 통보가 전달됐다.

이렇듯 혼란스러운 정책에 대해 재일조선인들은 민족학교를 지키기 위해 전국 각지에서 운동을 전개했다. 그해 3월 31일에는 야마구치현山口県 지사, 4월 15일에는 도쿄도東京都 지사, 4월 24일에는 오사카부大阪府 지사, 효고현兵庫県 지사에게 조선학교 폐관에 반대하는 진정서를 제출했다. 4월 26일에는 오사카부청 앞 광장에서 진정 중이던 소년(김태일, 13세)이 경관에게 살해되는 사건까지 발생했다. 바로 그 시기 제주도는 38선으로 분단을 고착화하는 단독선거에 반대해 도민들이 들고일어나 학살당하는 국면에 놓여 있었다. 그와 마찬가지로 재일조선인에게도 그야말로 격동의 시대가 찾아왔다. 당초 재일조선인 학생들은 맥아더의 점령군 정책이 혹독한 것이라는 인식은 그다지 갖고 있지 않다. 처음에 재일조선인들에게 맥아더는 '해방군'의 장군처럼 보였다. 하지만 앞서 언급했다시피 조선학생동맹(학동)이 주최한 운동회에서 북측의 공화국 국기 하나를 게양했다는 이유만으로 학동 위원장이었던 강리문이 체포돼 군사재판에 회부되기에 이르렀고 따라서 탄압적 성격은 누가 봐도 명백했다. 그리하여 국기 사건은 오사카大阪, 야마구치山口, 시가滋賀 등 전국적으로 퍼져 나가 모두 군사재판에서 실형 판결이 내려졌다.

나는 전쟁 후 재일동포에 대한 일련의 비인도적 탄압을 지켜보며 그것을 좌시해서는 안 된다고 생각했다. 내 마음속에 존재하는 보수적인 성격이 혁신적인 성격으로 변화해 간 것은 자연스러운 흐름이었다.

(1) 센슈대 조선인 유학생 동창회

1949년 내가 스무 살이 되던 해의 일이다. 이제 막 2학년이 된 4월 하순에 센슈대 유학생 동창회 정기총회가 개최됐다. 임원 개선으로 회장에 강철姜徹, 부회장에 문병수文炳洙, 총무부장에 강경흡姜景洽, 문화부장에 최진성崔眞星이 선출됐다. 이 총회에서 졸업생 송별회와 신입생 환영회가 같이 열려 대학 당국에서도 사카가미坂上 교무과장이 내빈으로 참석해 축사를 했다. 사카가미 교무과장은 내가 회장에 선출된 것을 축하해주며 처음 만났음에도 불구하고 '언제든지 상담하거라. 최대한 도와주마'라고 약속했다. 나는 곧바로 교무과장에게 센슈대 조선인 유학생 명부를 작성하고 싶다고 요청했다. 이에 따라 대학당국의 협력을 얻어 유학생 85명의 명부가 작성됐다. 나는 이듬해 총회까지 회원 전원과 만나기로 마음먹었다. 임원이 된 이상 유학생들에 관해 알 필요가 있다고 생각했기 때문이다. 또한 대학 당국과 협의해 유학생 동창회 부실을 확보했다. 이로 인해 부실을 중심으로 회원들의 교류가 활발해졌다. 매너리즘적인 모임이 돼가고 있던 유학생 동창회는 단체주의와 보수주의에서 벗어나 새롭고 혁신적인 분위기의 동창회로 변모했다. 이러한 활동 덕분인지 학교 당국까지도 센슈대 안에서 조선인 유학생 관련 문제가 발생하면 사소한 문제라도 반드시 나에게 찾아와 이야기했다. 또한 교내에서 나를 찾지 못한 경우에는 우리 집으로 속달이 도착해 불려가기도 했다. 물론 당시 우리 집에는 전화기와 같은 세련된 물건은 없었다. 이러한 사실들이 대학 유학생들 사이에 소문으로 퍼졌고, 다른 대학에도 퍼지기 시작했다. 누가 말했는지는 모르지만 내가 센슈專修대학 유학생들의 보스라는 소문이 돌았다. 메이지明治대학 맹동호孟東鎬(훗날 학동위원장)까지도 공연히 그렇게 불렀다. 물론 그가 나쁜 의미로 말한 것이 아니라는 사실을 알고 있었기 때문에 신경 쓰지 않기로 했다.

(2) 센슈대 조선문화 연구회

1949년 4월에 내가 센슈대 유학생 동창회 회장이 되고 나서 얼마지나지 않아 메이지 대학에서 조선문화연구회(조문연) 창립 심포지엄이 개최됐다. 이 심포지엄은 메이지대학의 졸업생인 송천문宋千文을 비롯한 유지를 중심으로 결성됐다. 재일조선인이 조선문화의 종합적 연구를 목적으로 하는 조직을 만든다는 것은 획기적인 일이었다. 그도 그럴 것이 전쟁 전 일본에서는 조선 관련 연구는 제약돼 있었고. 연구자도 양성하지 않았기 때문이다. 심포지엄 당일에는 해방신문(훗날 조선신보)의 박재노朴在魯 논설위원이 기념 강연을 했다. 심포지엄은 학동이 모든 역량을 쏟아부어 각 대학 유지들을 불러모은 덕분에 참가자 수가 꽤 많았다. 메이지대학 조선문화연구회는 당시 조선사 권위자였던 도쿄도립대학의 하타다 다카시旗田巍를 초빙해 연구 활동을 펼쳤다.

나는 그 상황을 보고 센슈대도 조선문화연구회를 설립할 필요가 있다고 절실히 느꼈다. 그래서 나는 센슈대 유학생 동창회 회장을 맡게 된 것을 기회로 삼아 센슈대 조선문화연구회 설립 구상을 발표하고 동창회 임원회의 찬성을 얻어냈다. 결국 잠정적으로 조선문화연구회 대표는 내가 맡기로 했다. 그리하여 센슈대 조선문화연구회라는 연구회의 기틀이 마련됐지만, 무엇을 연구할지 그 목적과 이념은 모호했다. 그때 내가 떠올린 것은 전쟁 중 한반도에서 끌려온 사람들이 우에노上野역 플랫폼에서 강제적으로 도호쿠東北지방으로 끌려가는 정경이었다. 그 사람들이 지금 어떻게 지내고 있는지 조사하는 것부터 시작해야겠다고 생각했다. 그러기 위해서는 도호쿠 지방의 재일동포 실태 조사 연구를 할 필요가 있었다. 메이지대의 조선문화연구회가 조선의 역사를 연구하는 것이 목적이라면 센슈대의 조선문화연구회는 재일동포의 역사를 연구하면 좋을 것 같다고 생각하게 됐다.

하지만 막상 조사 단계가 되자 메이지대와 달리 센슈대는 연구 실적이 없었으므로 지원해줄 사람이 없어 금방 행동에 나설 수 없었다. 어느 대학이건 새로운 연구회를 만들어서 연구비를 얻는 것은 쉬운 일이 아니다. 대학 연구회 위에는 문화단체연합회가 있어 연합회는 연간 예산을 대학으로부터 받고 있다. 그 안에 비집고 들어가 예산을 받아내야만 하는 것이다. 나는 조선문화연구회를 2년 만에 그만뒀고 이후 최진성, 현성하玄成夏 등이 이끌었다. 그제서야 겨우 문화단체연합으로부터 예산을 받아 간다神田 캠퍼스에 3만 엔, 이쿠타生田 캠퍼스

센슈대학 조선유학생 동창회 제5회 총회 기념사진(1951년 5월)

에 10만 엔이라는 금액이 할당됐다. 그 무렵 나는 이미 사회인이 됐는데, 그 소식을 전해 듣고 몹시 기뻤다. 그해 여름 센슈대 조선문화연구회는 처음으로 도호쿠東北지방에서 재일동포 실태조사를 실시했다. 그 보고를 듣고 내가 기뻐했음은 두말할 것도 없다.

앞서 이야기했듯이 1940년대 말에서 1950년대 초는 재일조선인에게 있어 격동의 시기였다. 일본 정부가 재일조선인의 재산을 수탈하기 위한 '외국인재산취득령' 적용을 획책하고 재일조선인의 권리를 지키기 위한 단체였던 재일조선인연맹(조련)·재일본조선민주청년동맹(민청)을 강제 해산하고 그 재산을 몰수하는 등 재일조선인을 둘러싼 상황은 점점 불안정해졌다. 더욱이 정부는 교육기본법을 남용해 조선인학교의 '폐쇄령'을 발령하고 민족교육을 담당하는 민족학교를 폐쇄했다. 이에 따라 재일조선인의 자녀들이 자국의 언어와 역사를 배우기가 어려워졌다. 또한 일본정부는 재일조선인의 강제추방을 꾀했는데, 맥아더 연합군 총사령관에게 서간을 보내 세 가지 종류의 추방 이유를 제시했다. 그에 의하면 대부분의 재일조선인은 추방 대상이었다. 그리고 강제 추방을 실시하기 위한 각의결정까지 이루어져 시모노세키下関에 '조선인수용소' 건설안까지 제안됐다. 그러한 가운데 학생들에 의한 반대 운동도 활발히 이루어졌다.

2. 학동 활동의 시작

1949년 5월 8일에 학동관동본부 제5회정기총회가 메이지 대학 강당에서 개최됐다. '재일조선학생동맹'(학동)은 매우 큰 학생 조직으로 몇 가지 자료에 의하면 1948년 1월 기준 4162명의 회원을 거느리고 있었다. 그 절반 이상이 간토関東본부의 회원이며 그 밖에 간사이関西본부와 도후쿠東北본부가 있었다.

나는 센슈대 조선인 유학생 동창회 임원으로서 처음으로 학동 대회에 참가했는데, 그 대회는 처음부터 어딘가 모르게 이상한 분위기로 진행되는 듯한 느낌을 받았다. 마지막에 임원 개선에 들어가자 각 대학의 대표 중에서 관동본부의 집행위원이 선출됐는데, 나도 센슈대

대표로 집행위원에 선출됐다. 다음으로 위원장 선출 단계에 들어가자 복수의 후보가 추천돼 대립이 일어났다. 여기저기서 추천의 변#과 상대 측을 비방하는 야유 속에 연설이 이루어져 대회는 노골적으로 험악한 분위기가 형성됐다. 그러한 가운데 위원장에는 메이지 대학 강원주康元周가 다수결로 선출됐는데, 일부 학생이 무효라며 의사를 방해해 장내는 소란스러웠다. 대회가 종료되자 대회결의에 불만을 가진 학생들이 신주쿠新宿 학동 사무소를 점거해 기세등등하게 대회장을 나갔다. 위원장 옹립에 찬성한 주류파도 이를 따르는 형태로 학동 사무소를 지키기 위해 신주쿠에 결집했다. 이로 인해 쌍방이 학동 사무소 주위에서 일촉즉발의 상태가 됐다. 게다가 비주류파 학생들이 긴자銀座 폭력단까지 동원한다는 소문이라고도 루머라고도 할 수 없는 이야기가 난무했기 때문에 그에 대항하기 위해 각지에서 청년들이 동원됐다.

학동 사무소 지주인 조선장학회는 돌아가는 상황을 우려해 요도바시淀橋 경찰에 통보했다. 이에 따라 경찰이 개입해 학동 사무소의 사용을 금지한 덕분에 큰일로 번지지는 않았다. 그러나 그 후 열흘간에 걸쳐 학동 사무소 주위에서 조직적인 충돌은 없었지만 두 개 파 사이에서 긴장이 이어져 결국 18일에 사건이 일어나고야 말았다. 앞서 언급했듯이 이 사무소의 2층은 학생기숙사였기 때문에 재일동포 학생들이 살고 있었다. 그 사람들까지는 내쫓을 수 없어서 경찰의 개입 이후에도 기숙생들은 자유롭게 드나들며 숙박했다. 비주류파의 한 명인 메이지대 학생 강대위姜大位가 지인으로 추정되는 기숙생을 이용해 장학회관의 깃대에 태극기를 걸었다. 이는 그야말로 비주류파의 불의의 습격이며 위원장 인선에는 밀렸지만, 남측의 깃발은 게양했다는 정신적인 반격이었다. 이것이 새로운 충돌의 불씨가 될 것이라고 본 경찰은 즉시 기숙생을 포함해 2층의 출입을 금지하고 장학회 사무소에서 학생들을 퇴거시켰다. 그 이후로 학생들은 경찰의 허가 없이 장학회관 건물에 들어갈 수 없게 됐다. 학동 멤버들 중에는 메이지대 학생들이 매우 많았기 때문에 학동은 메이지대 조선인 유학생 동창회 안에 임시 사무소를 두기로 했다. 한편, 학동을 탈퇴한 비주류파 학생들은 그해 5월 31일에 신주쿠 와카마쓰若松에 있는 한국민단중앙본부에서 한국학생동맹을 결성했다. 일반적으로는 이상 언급한 경위를 통틀어 학동 5·8사건이라 부른다.

3. 학동 임원 활동

⑴ 조련 해산 후의 학동

1949년 9월, 연합국총사령부(GHQ)에 의한 재일조선인연맹·일본민주청년동맹의 강제 해산 직후 긴박한 상황 속에서 학동 간토関東본부 임시총회가 도쿄 조선중고급학교에서 개최됐다. 여기서 위원장에 이윤성李潤成, 부위원장에 김영金英, 문화부장에 내가 선출됐다. 나는 센슈대 조선유학생동창회 회장과 겸임이었고 센슈대에서 조선문화연구회를 설립한지 얼마 되지 않았기 때문에 임원으로서 활동하기가 매우 힘든 상황이었다.

당시 재일동포를 둘러싼 정세는 조선문화연구회가 해산되고 그 단체와 관련된 재산은 조선학교를 포함해 모두 몰수당하는 어려운 시기였다. 이러한 상황 속에서 학동 임원이 되는 것을 그다지 바라지 않는 학생들이 많았다. 설령 임원에 선출된다고 하더라도 소극적으로 활동하는 임원도 있어 임원회 내부에서도 단결이 제대로 되지 않는 상황이었다. 그로 인해 인텔리(학생)는 기회주의적이고 탄압의 폭풍 속에 있기에는 약하다는 비판도 들려 왔다.

그해 10월 중순에 학동 사무소가 신주쿠 하라마치原町 재일본조선여성동맹중앙본부(여동) 1층에 입주할 수 있게 되어 학동중앙본부는 메이지대 임시 사무소에서 나와 그곳으로 옮겼다. 원래 이 신주쿠 사무소는 조선문화연구회 신주쿠 지부의 사무실이었으나 조선문화연구회가 해산됐을 때 건물이 개인 소유였기 때문에 압류당하지 않도록 비워두고 있었다. 그곳에 여동이 먼저 점거해 들어와 있었던 것이었다.

처음에는 여성 단체가 사용하는 건물에 들어가는 것에 약간의 거부감이 있었지만 갈 곳이 없었던 학동은 찬밥 더운밥 가릴 처지가 아니었다. 우리가 입주하자 여동은 2층으로 옮겨 갔는데 현관 출입구는 하나였기 때문에 여동 사람들이 사무소에 들어오기 위해서는 학동 사무소 앞을 지나가야 했다. 그들 입장에서는 매우 불편한 일이었을 것이다. 그들은 불과 3개월 만에 다른 곳으로 이전했다.

당시 여동은 결성된 지 2년밖에 되지 않았기 때문에 간부의 대부분은 20대 미혼자들이었다. 우리와 비슷한 연령으로 단체는 달라도 같은 건물 안에서 청춘의 남녀가 같은 공간에 있다보면 여러모로 불편한 면이 있었다. 나도 그들과 마주치면 눈을 어디 두어야 할지 몰라 곤란한 적이 있었으니 다른 간부들도 말은 하지 않아도 같은 심정이었을 것이다. 그러한 사정으로 여동이 이전했을 때는 조금 쓸쓸한 마음도 들었지만, 2층까지 자유롭게 사용할 수 있게 되어 매우 기뻤다.

우리는 2층을 회의실로 사용하기로 했다. 그곳은 40명 정도 수용할 수 있었기 때문에 메이지대 강의실을 빌리지 않아도 학동 사무소에서 회의를 할 수 있게 됐다. 교통편은 근처에 철도역은 없었고 노면전차(도쿄도 전차) 우시고메야나기초牛込柳町역이 가장 가까운 역이었다. 우시고메야나기초 옆에는 가와다초河田町 정류소가 있었는데, 6~7분 정도 걸리는 거리였다. 가와다초는 대한민국거류민단중앙본부(신주쿠 와카마쓰초)에서 가장 가까운 정류소로 중앙본부에는 학동대회에서 분열된 우파 한국학생동맹이 입주해 있었다. 우연히도 양측의 사무소가 가까운 곳에 위치하게 된 것이다. 참고로 당시 운임은 철도보다 노면전차가 저렴했다. 노면전차의 운임은 3엔 50전으로 목적지까지 여러 번 환승할 수 있어서 좋았다. 그러한 이유로 학생들의 주요 교통수단은 철도가 아닌 노면전차였다.

⑵ 강제추방 반대운동

1949년 10월 18일 일본 정부는 조선인학교를 조선문화연구회 관련 재산이라며 '조선인학교폐쇄령'을 공포했다. 이는 조선인학교의 폐쇄나 개조를 의미했다. 게다가 재일조선인을 강제추방하는 정책이 일본 정부 내부에서 검토되고 있다는 소문도 흘러나왔다. 학동에서는 이러한 움직임에 대한 반대 운동이 전개됐다. 먼저 학동 임원회를 열어 재일조선인 강제추방에 반대하는 진정활동의 전개가 결정됐다. 구체적으로는 연합국최고사령부(GHQ)와 최고검찰청 재일조선인 담당이었던 이시가와石川 검사에게 진정서를 제출하게 됐다. 그러나 막상 진정단을 선출하는 단계에 이르자 함께 활동하기로 한 동지들은 나를 포함한 세 명이었다. 일본 정부가 재일조선인의 강제추방을 꾀하고 있는 가운데 그 당사자인 재일조선인이 활동에 나서는 일은 당국에 감시당할 위험을 무릅쓴다는 것을 의미했기 때문이다.

10월 하순에 나를 포함한 세 명의 진정단은 유라쿠초有楽町 히비야日比谷에 위치한 연합국최고사령부(구 제일생명보험회사빌딩)로 향했다. 연합국최고사령부 입구에는 좌우에 기총으로 무장한 헌병(MP)이 있어 그곳을 지나 안으로 들어가니 접수처에 2명의 여성이 앉아 있었다. 우리가 진정 때문에 왔다고 방문 취지를 말하자 잠시 후 안에서 장교가 나와서 안내해주었다. 안내받은 작은 방에는 상급장교(영관급)가 작은 책상을 앞에 두고 앉아 있었고, 우리는 방문 취지를 설명했다. 우리를 안내한 장교도 우리의 진정을 들은 상급 장교도 일본계 군인으로 일본어를 정확히 이해했다. 상급장교는 진정서를 받아주었다. 우리는 드디어 중대한 목적 중 하나를 달성했다며 안심했다.

그러고 나서 카스미가세키霞ヶ関에 있는 최고검찰청으로 향했다. 재일조선인 담당인 이시가와石川 검사를 찾아간 것이었는데, 생각보다 상당히 온화한 느낌이 드는 사람이었다. 우리는 이시가와 검사에게도 연합국최고사령부에서 했던 것처럼 방문 취지를 설명하고 진정서를 제출했다. 그러자 이시가와 검사는 '100장에 가까운 강제추방 반대 진정과 항의 엽서가 도착했다'고 말하며 책상 서랍에서 그것을 꺼내 우리에게 보여주었다. 그리고 그는 일본 정부는 재일조선인의 강제추방은 생각하고 있지 않다고 단언했다. 그런 정보는 어디에서 들었냐며 오히려 이상하게 생각하는 듯했다. 우리는 일본 정부의 내부가 어떻게 되어 있는지에 관한 지식은 가지고 있지 않았기 때문에 다만 부탁을 하고 진정서를 제출한 뒤 돌아왔다.

앞서 언급했듯이 사실 일본 정부는 재일조선인의 강제추방을 꽤나 진지하게 생각하고 있었으며 최종적으로는 각의결정까지 이루어졌다. 실제로 강제추방에까지 이르지 않았던 것은 단지 요시다 시게루吉田茂와 맥아더와가 주고받은 왕복 서간에서 맥아더의 최종 승낙을 얻지 못했기 때문이다. 그 경위에 관해서는 훗날 호세이法政대학 교수였던 소데이 린지로袖井林二郎가 미국에 있는 맥아더 기념관의 자료를 면밀히 검증하고 있다. 그러나 진정 시점에서 그러한 움직임은 정부

의 상부에서 이루어졌으므로 이시가와 검사는 그러한 사실을 알지 못
했던 것이다.

4. 격동의 1950년

(1) 다이토회관 사건

일본 정부는 조선문화연구회가 강제 해산되자 조선문화연구회의
재산을 몰수하기 위해 말단 기관의 재산까지 압류를 강행했다. 그러
한 연유로 도쿄도 다이토구台東区에 위치한 구 조선문화연구회 다이토
회관에는 강제 접수를 반대하는 주변 동포들이 모여들었다. 또한 재
일동포들의 피와 땀으로 쌓아 올린 재산이 불합리한 이유로 사라지는
것을 방관할 수는 없다며 각지에서 동포들과 일본인 유지들이 모여들
어 다이토회관을 지키려 했다. 현장에는 회관을 지키기 위해 모여든
사람들이 소속된 단체의 깃발이 세워졌는데 그것들은 그야말로 정신
적인 지주였다. 그 안에는 학동 깃발도 있었다.

1950년 3월 19일 대학에서 돌아오는 길에 학동 사무소에 가보니
이윤성李潤成 위원장으로부터 다이토 회관이 강제 접수당할 위험에 처
했다는 연락이 왔었다는 이야기를 들었다. 그가 '다이토회관에 같이
가보자'고 재촉하자 어머니께 말씀드리고 올까 하는 생각이 불현듯

머리를 스쳤으나 그럴만한 시간적 여유가 없어 곧바로 회관으로 향했다. 회관에 도착하자 이미 건물은 수많은 무장경찰에 에워싸여 있었다. 하지만 많은 동포들이 건물 주변을 지키고 있는 것을 보고 용기가 솟아올랐다. 이날은 매우 많은 재일동포들이 각지에서 모여들었기 때문에 건물 안에는 들어갈 수가 없었고, 건물 밖 공터 역시 동포들로 미어터졌다. 참가자들은 이처럼 많은 인파가 회관을 지키고 있으니 강제 집행은 못할 것이라고 방심했다. 그러나 어슴푸레한 새벽녘에 무장 경관을 선두로 집행관이 건물 안으로 돌입해 몸싸움이 시작됐다. 경관들은 주변이 어둑어둑해 얼굴을 판별하기 어렵다는 점을 이용해 경봉으로 재일동포들을 무차별적으로 마구 내리치기 시작했다. 그야말로 새벽의 습격이었다. 그때 나도 건물 밖에서 주변을 지키고 있었다. 내 옆에는 아사쿠사浅草에서 장사를 하던 고호진高浩振이라는 체격 좋은 건장한 남자가 있었기 때문에 조금은 든든했다. 실제로 그는 경관의 구타로부터 나를 꽤나 지켜주어서 그 덕분으로 나는 그다지 맞지 않고 지나갔다. 그러나 그는 몸은 물론 머리 부분까지 상당히 큰 혹이 생겨 매우 아파 보였다. 그는 내게 '당신 탓에 이렇게 됐다'고 말하면서도 '다친 곳은 없냐'고 걱정해 주었다. 그것이 인연이 되어 고호진과 친해져 그가 신주쿠新宿 가부키초歌舞伎町에서 호텔을 경영하게 된 이후에도 계속 알고 지냈다.

하지만 이 공격으로 회관은 경찰들의 손으로 넘어가 재일동포들은 회관 건물에서 쫓겨나고 말았다. 회관이 접수되어 2층에 세워져 있던 학동 깃발까지 **빼앗겼기** 때문에 우리는 깃발만이라도 되찾기 위해 이윤성과 둘이서 관할 경찰서인 구라마에蔵前경찰서로 향했다. 서장 면담을 요청해 학동기를 되찾으러 왔다고 전하자 안에서 경부가 나와서 매우 무서운 얼굴로 호통을 쳤다. 심하게 호통을 치는 바람에 우리는 무슨 말을 하는지 제대로 알아들을 수가 없었는데 너희들이 불법으로 점거했기 때문에 폭력을 사용한 것이고 접수한 것들도 일체 돌려줄 수 없으니 돌아가라는 뜻이었던 것 같다.

이때 동원된 구라마에 경관들은 수백 명에 이르는 것으로 알려져 있으며 문재연文在連 외에 적어도 100명 이상이 체포됐다고 한다. 이 사건은 '다이토 회관 사건'이라 불리며 그 시대를 보낸 재일동포들에게 있어서는 정부에 의한 탄압으로 기억 속에 생생히 남아 있다.

⑵ 5·4운동 기념 아시아 청년 학생 대회

1950년에는 다이토회관 사건 만큼은 아니지만 큰 사건이 한 가지 더 있었다. 그것은 바로 5·4운동 기념 아시아 청년 학생 대회이다. 5·4운동은 1919년 5월 4일에 중국 베이징北京에서 반제국주의, 반봉건주의 애국운동에서 시작되어 중국 전역으로 확산된 운동이다. 이 운동을 기념해 1950년 5월 4일에 아시아 청년 학생 총기 대회가 히비야日比谷 음악당에서 열렸다. 이 대회는 조선학생동맹, 일본전국학생연합회(전학연), 중국인동학회. 일본민주청년단, 중국연구회연합회(중연연)에 의한 공동 주최로 7500여 명이 참가했다. 대회를 성공시키기 위해 각 단체에서 한 명씩 운영위원이 선출돼 대회를 원만하게 진행하기 위해 노력했다. 조선학생동맹에서는 내가 운영위원장으로 참석했는데 특히 중요했던 것은 슬로건 문제였다. 우선 '전쟁 반대'와 '미 점령군 즉시 철회'는 분명 맞는 말이지만 나는 '재일조선인 강제추방 반대'를 슬로건에 넣어

중국 5·4운동 기념 아시아 청년학생 총궐기대회
(1950년 5월 4일 히비야공원 야외음악당

달라고 요청했다. 하지만 재일조선인 추방은 현실적이지 않다며 거론되지 않았다. 단, 다이토 회관 사건에서 체포, 구속돼 보석 중인 피고인에 의한 대회에서의 진상 보고는 인정됐다. 대회 당일 대회장은 비가 내렸고 많은 동료와 지원자가 모여 있었다. 각 대표의 인사말과 선언, 보고 등이 끝나고 다이토 회관 사건의 피고로 되어 있던 김경옥金慶玉이 진상을 보고했다.

그 후 데모 행진에 들어갈 때 즈음 비는 그쳤다. 선두는 전학연, 그

뒤를 이어 조학동, 중국인동학회, 중연연, 민청단 순으로 행진했다. 데모대는 도착하는 대로 해산할 예정이었다. 경찰대와 미군 헌병(MP)이 기총을 가지고 데모대에 따라붙었다. 데모대가 히비야에서 국회 방면으로 향하는 중간 지점에 다다르자 선두를 걷고 있던 전학연의 행렬이 갑자기 지그재그 행렬을 하기 시작했다. 그 뒤를 따르던 조학동 행렬도 그에 딸려가 지그재그 행렬을 하기 시작해 나는 경관들을 자극하지 않기 위해 그것을 제지해야 했다. 전학연의 도발 행위는 마지막까지 이어졌다. 평온히 끝날 예정이었던 대회에 스스로 파란을 일으킨 형태로 나는 그런 방식에는 찬성할 수 없었다. 조학동이 전학연의 이러한 움직임에 뒤따르지 않았기 때문에 우리 뒤의 행렬은 평온함을 되찾아 목적지인 국회의사당에서 무사히 해산할 수 있었다. 그러나 경찰 당국은 전학연의 지그재그 행렬에 대해 치안을 어지럽힌 죄로 지그재그 행렬을 선도한 이들을 체포하고 말았다. 전학연 위원장과 도학연위원장 외에 주축을 이루던 전학연 간부들이 그 안에 포함돼 있었다. 조학동과 그 밖의 단체는 다행히 별일 없었다는 이야기를 듣고 안도했다. 나는 그리 오랜 기간은 아니었으나 학생운동을 통해 다양한 경험을 했다. 그러나 내가 봐왔던 것 중에서 전학연처럼 처음부터 의식적으로 도발을 선도하는 경우를 본 적이 없었다. 그래서 내심 이러한 운동을 전개하는 단체와는 연계할 수 없다고 생각했다. 실제로 조학동은 내가 알고 있는 한 그 이후에 전개된 학생운동에서 전학연과 연계하는 일은 없었다.

(3) 학동법 대사건

이 해는 재일동포 학생들 사이에서 그 전년도 5·8사건이 계기가 되어 좌우 대립이 격화된 해였다. 조국이 38선에 의해 분할되어 분단국가가 탄생함으로써 이데올로기적인 대립은 점점 더 첨예화됐고, 그에 대응하기 위해 재일동포 학생들 사이에서도 대립이 심각해졌다. 그로 인한 긴장감은 동태를 파악하고 있던 중간파 학생들에게까지 파급됐다.

대학 신학기가 시작되자 학동 사무소에는 학생들의 출입이 잦아졌다. 한학동은 항상 하차하던 도쿄도 전차 가와다초河田町 정류소 한 정거장 전인 우시고메야나기초牛込柳町에서 하차하는 것 같았다. 학동 사무소 앞을 지나 가와다초를 경유해 한학동 사무소로 가는 것이었다. 그들은 때때로 학동 사무소의 현관문을 열고 도발적인 발언을 하기도 했다. 학동 사무소에는 교대로 10명에서 20명 정도가 상주해 있었는데 다행히도 한학동 학생들과의 사이에서 폭력사태까지는 발생하지 않았다.

이러한 긴장 속에서 4월 연례행사인 각 대학 동창회 정기총회가 열렸는데, 한학동 학생들이 총회를 방해하며 개최 중지 또는 연기를 위해 행동에 나섰다. 그 목적은 그해 5월 21일 학동 본부의 정기총회를 열지 못하도록 하는 것이었다. 4월에 열린 메이지대 유학생 동창회에는 한학동 학생 수십 명이 들어와 총회가 개최되고 있는 도중에 큰 소리로 고함을 지르며 온갖 방해를 했다. 정기총회가 예정대로 의사를 끝낼 수 있었던 것은 한학동 학생들이 더 이상 오지 않았기 때문이다. 그러한 정보가 각 대학에 전해지자 가령 센슈대 동창회 정기총회는 일부러 대학 정문이 폐쇄되는 일요일에 실시하는 등의 대책이 꾸려졌다. 센슈대의 경우 후문에는 수위가 두 명 있었기 때문에 그들에게 집단으로 교문을 통과하는 학생들에게는 신분증명서 제시를 요청해달라고 부탁했다. 그리하여 센슈대생이 아닌 사람은 통과할 수 없도록 했다. 그간의 사정은 이미 대학 당국에도 보고됐기 때문에 대학 측도 만반의 준비를 해주었다. 그해 나는 동창회 회장을 사임하기로 마음먹고 있었기 때문에 무사히 후임에게 배턴을 넘겨주고 싶다는 생각으로 가득 차 있었다.

4월 23일 네 번째 일요일, 센슈대 동창회 정기총회 당일에도 대학 후문에서 정체불명의 자가용 3대에 타고 있던 십 수 명이 교내로 들어오려고 하여 수위가 막고 있다는 보고가 들어왔다. 긴박한 상황 속에서도 정기총회는 무사히 개최됐지만 이러한 상황에서 후임 인사가 결정될 리 없었고 결국 내가 회장에 유임됐다.

그래도 동창회 정기총회가 끝난 덕분에 나는 드디어 학동 임원으로서의 활동에 집중할 수 있었다. 학동사무소에서는 학동 본부의 정기총회가 한 달 앞으로 다가와 준비하느라 분주했다. 우리는 거의 매일같이 학동사무소에서 의논을 하거나 각 대학 유학생 동창회에 나가거나 했다.

학동대회 당일이 가까워지자 학동사무소 앞에서 도발하는 한학동 학생 수가 늘어 우리 학동도 대책을 강구할 필요가 있었다. 학동 임원으로 선출된 사람 중에도 이러한 상황을 불편하게 여겨 학동 사무소에 나오지 않는 경우가 생겨났다. 결국 위원장인 이윤성, 부위원장인 김영, 문화부장인 나 이렇게 세 사람이 중심이 돼 대책을 마련해야 했다. 그래도 집행위원들과 활동가들, 혹은 일반 회원들까지도 교대로 사무소에 모여주어서 마음이 든든했다. 가장 절박한 문제는 정기대회 당일 학한동 학생들의 방해가 도대체 무엇을 표적으로 이루어질까였다. 이와 관련해서는 두 가지를 생각할 수 있었다. 첫 번째는 정기대회 행사장에 들어와서 의사진행을 방해하는 전술, 또 한 가지는 대회 당일 비어 있는 학동 본부 사무소를 점령하는 전술이다. 우리는 대회 행사장에는 많은 학동 회원들이 있어 공격하기 어려울 테니 비어 있는 학동 사무소를 습격할 것이라고 예상했다. 하지만 그렇다면 누가 위험한 학동 사무소의 방위 책임을 담당할 것인지 결정하기가 어려웠다. 의논한 결과 위원장은 대회 의장이기 때문에 빠지기 어렵고 부위원장은 의사 진행 사회를 맡아야 하므로 남은 내가 학동 사무소 방위 책임자가 됐다.

그리하여 나는 대회 당일 6명의 학생과 함께 학동 사무소를 지키는 역할을 떠맡게 됐다. 회원들이 어디서 발견했는지 사람 머리만한 크기의 돌을 잔뜩 주워 와서 2층 계단 위에 쌓아 올렸다. 만약 학동 사무소 현관을 부수고 침입해 온다면 이 돌로 방어했을 것이다. 심란한 이야기이지만 상대편도 당연히 무장하고 올 것이라는 사실을 예측할 수 있었기 때문에 우리도 목숨을 걸 수밖에 없었다.

한편 학동 간토関東본부 제6회 정기대회 행사인인 호세이대학 강당에는 350여 명의 학생이 모였고 조선장학회 상임이사, 후모토 야스타카麓保孝(전 문부성 시학관)도 내빈으로 참석했다. 여기서 예상치 못한 일이 일어났다. 의사 진행 중에 한학동 학생들이 행사장으로 우르르 밀려들어 행사장을 혼란에 빠뜨린 것이다. 한학동 멤버로 메이지대생인 이상석李相錫은 행사장 중앙까지 책상 위를 밟고 건너와 고성을 지르며 의사 진행을 방해했다. 그러나 순간적으로 발이 무언가에 걸려 책상에서 떨어졌고, 그 자리에서 소동이 벌어졌다. 누구의 소행인지 특정할 수 없었지만 몇 명이 그와 몸싸움을 벌였고 그는 목숨을 잃고 말았다. 행사장에서는 신임 위원장에 맹동호가 선출됐고 부위원장에 김영, 문화부장에는 내가 재선출됐다. 나는 학동 사무소를 지키고 있었기 때문에 대회의 자초지종을 나중에서야 보고받았다. 학동 사무소가 습격을 당할지도 모른다고 각오하고 있었기 때문에 본 행사장을 노렸다는 이야기를 듣고 한편으로는 다행이라고 생각했지만 동시에 습격한 학생이라고는 해도 본 행사장에서 희생자가 나왔다는 사실이 몹시 안타까웠다. 지면으로나마 다시 한번 명복을 빌고 싶다. 이 사건으로 학동 측 학생 수십 명이 체포됐고 장기간에 걸쳐 형사재판을 벌였는데 최종적으로는 누구의 소행인지 특정하지 못한 채 무죄 판결이 내려졌다. 하지만 대회가 끝난 후에도 매일같이 한학동 학생들 집단

이 우시고메야나기초에서 하차해 학동 사무소 앞을 위협하면서 지나
갔다. 틈을 노렸다가 학동 사무소를 습격할 생각을 했을는지도 모른다.

(4) 한국전쟁

6월 25일 한반도에서 38선 전역에서 남북 간 본격적인 전쟁에 돌입
했다는 긴급 뉴스가 흘러나왔다. 이는 우리에게 있어서도 한밤중에
홍두깨와 같은 일로 상황이 어떻게 전개되는지 가슴 졸이며 지켜봤
다. 우리 조선은 외국 세력에 의해 38선을 경계로 분단돼 친형제가 분
열되는 비극이 이어지고 있었는데, 이번에는 전쟁이라는 이름 아래
같은 민족이 형제간 서로 살육하는 사태가 일어나고 말았다.

일본에 체류하는 우리는 조국의 분단으로 인한 비극이 같은 민족
간의 살육으로 번져나가는 현실을 어찌할 수 없었고 사태를 냉정히
판단할 여유조차 주어지지 않았다. 주일 미군이 유엔군이라는 이름
아래 한국전쟁에 출동했기 때문에 일본은 병참기지가 돼 일본 국내에
서 방대한 군사 물자가 생산됐다. 이러한 보급기지로서의 전쟁 경기
는 '조선특수特需'라 불리며 그때까지 불경기에 허덕이고 있던 일본
경제를 자극해 단숨에 활성화시켰다. 공업생산 매출은 전쟁 전의 수
준을 넘어서기에 이르렀다. 병참기지로서 수요가 있었던 것은 섬유나
금속 등이었기 때문에 당시 일본에서는 '금속 경기', '섬유 경기'라는
말들이 난무했고 호경기의 대명사가 됐다.

5. 한국전쟁과 재일동포

(1) 한국전쟁과 특수

한국전쟁은 일본 경제에 '특수'라는 전례 없는 호경기를 가져다주었다. 그때까지 일본 경제는 거의 괴멸 상태에 가까웠다. 국내에서는 중소기업의 도산이 잇따랐고 실업자는 점점 늘었다. 정부는 전후 인플레이션을 억제하는 디플레이션 정책(도지라인)을 이어나가기조차 어려웠고, 그렇다고 해서 인플레이션 정책으로 전환할 수도 없는 이러지도 저러지도 못하는 상태에 빠져 있었다.

앞서 이야기했듯이 일본은 물자의 보급기지였기 때문에 특히 설철, 동, 알루미늄, 포금 등 금속류의 가격이 폭등했다. 사람들은 이들 가격이 배로 폭등하는 것에 눈이 휘둥그레졌다. 가격이 폭등함에 따라 사업도 순식간에 커졌다. 이러한 활황 속에서 도시 각지에 남아 있던 불타고 남은 자리에서 철이나 동과 같은 이른바 돈이 되는 것들을 발굴해 업자에게 파는 사업이 여기저기서 일어났다. 시궁창 청소까지 해가며 금속류를 찾았다. 이것을 세간에서는 '빛나는 물건히카리모노·ヒカリモノ'이라고 불렀다. 이 빛나는 물건이 비싸게 팔리자 전국적으로 금속류의 도난이 빈번히 일어났고 결국 전선의 동선까지 잘라서 내다 파는 사건이 속출했다.

앞서 기술했듯이 나의 아버지는 전쟁 전부터 빛나는 물건을 재료

삼아 수도 코크와 수도꼭지를 제조하는 공장을 경영했다. 1945년 3월 10일 도쿄 대공습으로 공장이 불에 타버린 후에도 아버지는 우메다초 梅田町 공장에서 일본이 패전할 때까지 주물공장을 운영했다. 그런 아버지가 한국전쟁의 운수 경기 속에서 주물공장의 재건을 꿈꾼 것은 어떤 의미에서는 당연한 일이었다. 이전 아버지 공장에서 일했던 직원들도 번갈아 가며 우리 집에 찾아와 일을 하고 싶다고 말했다. 그들은 한때 자신들이 일했던 직장의 설비가 전후에도 그대로라는 사실을 알고 아버지와 마찬가지로 공장의 재건을 꿈꾼 것이다.

그러나 상황을 알고 있던 나는 복잡한 심정이었다. 왜냐하면 만일 공장을 재건한다면 그곳에서 한국전쟁에서 사용되는 군수품을 생산하게 되기 때문이다. 그것들은 남과 북에서 38선을 경계로 같은 민족이 서로 살육하기 위한 무기로 변할 것이다. 이는 내게 있어 견딜 수 없는 일이었다. 그래서 나는 아버지에게 그러한 사실을 솔직히 이야기하고 공장 재건에 반대했다. 전쟁 전에 만들었던 것과 같은 제품을 생산한다고 하더라도 사용처와 사용 방식에 따라서는 살육의 도구가 될 수도 있다. 그것을 알면서 군수품을 제조한다면 죽음의 상인 대열에 합류하는 것과 다를 바 없다. 이에 대해 아버지도 나에게 반론했다. 주물 제품을 누가 사든 어디서 사용하든 우리와 직접적인 관련이 없는 일이며 아버지가 제조하지 않더라도 다른 누군가가 제조할 테니 별반 다를 바 없고, 그렇다면 우리가 살기 위해 돈을 버는 것이 이득이 아니냐는 것이다.

아버지 말씀은 상인으로서 당연한 것이고 또한 생활이 어려운 우리 집 형편을 생각해보면 가볍게 넘길 수 없는 말이었다. 하지만 그래도 납득할 수 없었던 나는 끈질기게 물고 늘어졌고 마지막에는 결국 아버지를 설득해 공장 재건을 단념하도록 했다. 하지만 그러면 우리 가족의 생활 자금은 어떻게 해야 하냐는 아버지의 말에 나도 난처했다. 때마침 그때 아버지가 주물공장을 가동하지 않는다는 소문이 돌기 시작했다. 그 소문을 들었는지 근방에서 고철상을 경영하던 나가오카長岡 상점이라는 곳에서 우리 집 정원 흙을 40만 엔에 사고 싶다고 제안해 왔다. 전시 중 우리 집 공장이 가동했을 때 용광로에서 흘러나온 남은 찌꺼기를 정원에 묻어서 버렸다. 그것이 이제는 '빛나는 물건'이라 하여 귀중품이 돼 버린 것이다. 그 당시 물가 수준의 척도로는 실업 대책으로 도都가 알선하는 일용직 노동자의 1일 임금이 245엔이었다('니코요시'라고 불렸다). 따라서 결코 적은 금액은 아니었다.

우리는 정원 흙을 판 돈으로 공장 안을 작은 방으로 나누어 임대주택을 만들었고 집세를 받아 생활했다. 하지만 나 때문에 공장 재개를 포기해야만 했던 아버지는 꽤 불만이었던 모양으로 이후 걸핏하면 나에게 화풀이를 하곤 했다. 어머니가 그때마다 끼어들어 중재를 해주었다. 사실 아버지가 불편한 심기를 내비친 것도 어찌 보면 당연했다. 기세가 등등해진 지인들이 찾아와서는 '금속' 경기로 돈을 번 것을 자랑삼아 이야기하거나 떠도는 소문으로 누가 돈을 벌었다는 이야기가 들려왔다. 나는 그러한 이야기를 간접적으로 어머니께 전해 듣고 아버지께 죄송스러운 마음이 들었다. 나의 사촌형 김대홍金大弘은 전쟁 전 오사카 히가시나리구東成区에서 주물공장을 운영한 경험을 살려 오사카에서 공장을 운영했는데 한국전쟁 특수로 불과 3년 만에 약 10억 엔을 벌었다는 것이다. 아버지가 전쟁 전 오사카에서 직원으로 데리고 온 윤병원尹秉元도 전후 다다미 넉 장 반 크기의 방 한 칸에서 궁핍한 생활을 하고 있었는데, 한국전쟁 특수로 10억 엔을 벌어 이하라伊原공업주식회사를 설립했다. 그는 훗날 한국민단 아다치단장을 역임하는 저명인사가 됐다. 전쟁 전 아버지 공장에서 외교원을 했던 이소베磯部保良도 한국전쟁 특수의 혜택을 입어 주물 제품의 브로커로 활동했을 뿐인데도 고엔지高円寺에 빌딩을 세웠다는 이야기가 전해졌다.

만약 아버지가 전쟁 전부터 갖추어져 있던 설비를 활용해 공장을 재개했다면 그들보다 더 많은 부를 형성했을지도 모른다. 성공담이나 소문 같은 이야기들이 얼마나 정확한지는 그렇다 쳐도 이 시기에 고철상을 시작한 사람이 그야말로 큰 힘을 들이지 않고도 이익을 얻기 쉬운 상황을 구가한 것은 분명했다. 짧은 기간에 철의 가격이 두 배 가까이 폭등했으니 그 이익은 굉장했다.

하지만 이러한 광란을 나는 냉정히 바라보았다. 나는 한국전쟁이 발발하기 시작했을 때부터 동족 간 서로 죽이는 비참한 전쟁에 반대했다. 그래서 전쟁의 무기가 될 금속과 관련된 사업을 하는 동포들은 나에게는 단지 죽음의 상인으로 보일 뿐이었다. 솔직히 말하면 당시 나는 그러한 사람들을 증오했다고 말해도 과언이 아니었다.

아버지는 나의 극심한 반대로 공장 재개를 포기하고 나서부터는 매일 할 일 없이 사람들과 만나서 술을 마시며 마음을 달래는 듯 보였다. 어머니는 니코요시 일용 노동자로 일하며 번 돈을 생활비에 보탰다. 이러한 상황이었기 때문에 나는 아버지에게도 어머니에게도 정말로 죄송스러운 마음이 들어 다만 빌고 또 빌었다.

(2) 한국전쟁과 전쟁반대 운동

한국전쟁의 발발은 분명 미증유의 호경기를 가져왔지만, 재일동포에게는 충격적인 사건이었다. 많은 동포들은 놀라움과 미래에 대한 불안감에 동요했다. 그러한 가운데 재일동포 사이에서는 어느 쪽이든 민족을 갈라놓는 38선을 하루속히 없애주었으면 좋겠다는 의견이 나오기 시작했다. 즉, 어느 한쪽이 전쟁에 이기면 결과적으로 민족은 통합돼 하나가 된다는 것이다. 한편 어떠한 이유에서든 전쟁이라는 이름으로 같은 민족이 서로 죽이는 비참한 상황을 절대로 용납해서는 안 된다는 의견도 있었다. 또한 생활고에 허덕이는 동포 중에는 매일같이 철이나 동 등의 가격이 오르는 것을 보고 단지 이익을 추구하는 방향으로 흘러가는 사람도 많았다. 같은 재일동포 안에도 의견이나 입장은 하나로 모이지 않았고 대립은 더욱 심화됐다.

이러한 정세 속에서 나는 한국전쟁에 반대하는 운동에 가담했다. 하지만 한국전쟁에 반대하는 운동이 세력을 더해가자 연합국최고사령부(GHQ)는 1950년 10월 31일에 '점령목적방해행위처벌령'(제령 415호)를 공포하고 이는 그 다음 달 12일부터 시행됐다. 이 법률로 인해 한국전쟁에 반대하는 운동을 할 경우 경찰의 체포 대상이 됐다. 그리고 체포되면 미국의 군사재판에 넘겨졌다. 이 법률로 전쟁을 반대하는 내용의 인쇄물을 전봇대에 붙이거나 전단지 한 장을 뿌리는 행위조차 체포의 위험이 동반됐다. 그래도 우리는 전쟁 반대 운동을 전개해 나갔다. 전봇대에 전단지를 붙이는 경우 낮에는 눈에 잘 띄기 때문에 밤에 붙였다. 하지만 공장에 전단지를 뿌릴 때는 노동자들이 없으면 의미가 없기 때문에 점심시간을 노리거나 퇴근 시간에 맞춰 배포했다. 또한 영화관 안이 어두워졌을 때 전단지를 뿌리기도 했다.

또한 일본정부는 한국전쟁이 시작됨으로써 일본 국내에 치안상 혼란이 일어날 것을 예측하고 미리 손을 썼다. 7월 3일에는 이미 도쿄도에서 '집회, 집단행진 및 집단시위 운동에 관한 조약'이 공포됐다. 이러한 움직임에 의해 재일조선인들이 한국전쟁에 반대하는 운동은 강력히 제한됐고 일본에서 군사 물자를 수송할 때 지장을 초래하지 않도록 하는 대책이 강구됐다.

이러한 상황이었기 때문에 학동의 반대 운동도 조국방위재일조선청년전선과 함께 비합법적인 방향으로 전개할 수밖에 없게 됐다. 한국전쟁이 발발한지 5개월째 되는 11월 25일에는 반대 운동을 벌였다는 사유로 군사재판의 대상으로 체포된 이가 도쿄에서만 약 70명에 달했다.

나는 조금이라도 신변의 안전을 지키기 위해 본명인 '강창희姜昌熙'를 버리고 '강철姜撤'이라는 펜네임을 사용하게 됐다. 물론 실제로는 그 정도의 대책으로는 꿩이 머리만 풀에 감춘 것과 다를 바 없이 거의 의미가 없었지만, 훗날 나는 그 이름을 호적상 이름으로 바꿨다. 본적지인 제주도에서 이름을 바꾸는 경우 개명 이유를 명확히 하여 재판소에 제출하고 허가를 받아야 하는데 제주도에 사는 사촌 동생에게 수속을 부탁했다.

1951년 1월 1일 조국방위전국중앙위원회(조방)는 '재일조선인운동의 당면 투쟁방침'을 발표하고 비합법적인 활동을 올바르고 합법적인 활동으로 통합시키는 노력을 하도록 지시했다. 또한 조방은 자신들의 활동을 대중단체의 활동과 명확히 분리하려 했다. 즉, 게릴라적 성격의 저항 투쟁에서 벗어나 조국 방위 사상으로 발전시켜야 한다는 것이었다. 그러나 실제로는 이는 그저 명분일 뿐 그 후 조방은 더욱 과격하고 극좌적인 저항 투쟁을 전개해 나갔다.

한편, 같은 해 1월 9일에는 재일조선통일민주민족전선(민선)이 도쿄에서 결성됐다. 민선은 당시의 비합법적인 활동 조직 중에서는 비교적 합법적인 활동을 중시하고 유연한 자세를 취했다. 민전이 가담함으로써 재일조선인에 의한 반전 운동은 강제 송환 반대도 슬로건에 넣어 대규모로 전개해 나갔다. 강제추방 반대 투쟁도 전국위원회가 조직됐으나 그와 동시에 재일조선인에 대한 탄압도 점점 노골적으로 변해갔다. 같은 해 2월 25일에는 기타구조北区조에 있는 도쿄 조선중앙

고등학교 안에 반대 전단지 인쇄소가 있다며 경찰관 560명이 동원돼 이른 아침 수사가 이루어졌다. 이러한 비상체제 속에서 같은 해 5월에 학동 제7회 간토関東본부 정기총회가 센슈대학 강당에서 열려 임원 전원의 유임이 결정됐다. 이러한 상황 속에 반전 운동은 군사재판을 각오해야만 했다. 그래서 학동 임원조차 운동에 소극적인 자세를 취하는 경향도 생겨났다. '학업'을 우선시해 운동에서 발을 빼는 이도 있었다. 내 눈에는 그러한 행동들이 기회주의로 밖에는 보이지 않았다. 하지만 극좌적인 모험주의에 대해서도 공감할 수 없었다. 기회주의자가 되지 않으면서 과격주의로 흘러가지 않도록 건실하게 운동을 해나가는 것이 중요하다고 생각했다.

하지만 임원들조차 그런 분위기였기 때문에 일반 회원들도 동요했다. 운동 내부에서도 온도차가 생겨 그것은 때때로 과격한 내부 대립으로까지 번졌다. 많은 학생들이 민족의 일보다도 자기 자신의 안위와 미래의 출세를 꿈꿨다. 물론 아쉽게도 그것이 틀렸다고 단정할 수는 없다. 하지만 나 자신은 조국에서 같은 민족 간 살육이 벌어지고 있는 비참한 현실로부터 눈을 돌리는 것은 참을 수 없었다. 설령 소극적일지라도 적어도 '전쟁 반대'를 호소하는 정도의 협력은 할 수 있는 것 아닌가. 그렇게 믿고 설득하러 다녔으나 결과가 항상 좋은 것만은 아니었다.

이러한 딜레마 속에서 나는 다시 한번 학문이란 무엇인가라는 문제를 몇 번이고 스스로 되묻지 않을 수 없었다. 학문을 위한 학문을 해서는 안 된다. 사회에 공헌하기 위한 학문, 즉 학문과 실천과의 통일이

중요하다. 재일조선인의 입장에서 본다면 지식인으로서의 최소한의
의무는 이러한 전쟁에 확실히 반대하는 것이 아닐까.

한편 우파 학생들은 1949년 6월 30일에 재일한국학생동맹(한학동)
을 신주쿠新宿 와카바초若葉町 민단중앙본부에서 결성했다. 이듬해 6월
에 한국전쟁이 발발하자 한학동 일부 멤버가 한국학도 의무용군 지원
병으로 전쟁에 참가했다. 하지만 1952년에 들어 한학동은 이승만 독
재정권에 반대한 위원장 박권희朴權熙 등을 중심으로 민주화운동을 전
개했다. 이는 한국 학생운동에 큰 영향을 미쳤다.

(3) 그 후의 학동과 학생생활

1951년 3월에 나는 센슈대학 전문부 법학과를 졸업했다. 같은 해 4월
에 센슈대학 상학부 경제학과 편입 시험에 합격해 3학년으로 편입했
다. 그해 2월 23일에 일본공산당은 제4회 전국협의회(사전협)를 열었
다. 그들은 당면의 기본방침으로 재일조선인을 소수민족으로 규정하
고 조방 조직과 연계를 강화할 것을 내세웠다. 구체적으로는 동맹 관
계를 긴밀히 할 것을 지도하고 무장 강화를 해 나가는 것이다. 그때부
터 조방은 재일조선청년전선에 가입해 조직 내부에서는 우파와 좌파
가 분열했다. 학동 안에서도 한편으로는 비합법적인 조직이라며 비판
하는 이가 있었다. 내가 보기에는 일반 학생이나 대중과는 동떨어진
과격한 운동은 자멸하는 것으로밖에 보이지 않았다. 때때로 영웅이라

도 된 것 마냥 반전 전단지를 뿌리곤 했지만, 대부분의 경우 조직적이지 않았고 즉흥적이고 될 대로 되라는 식으로 행동하는 경우가 있었다. 오히려 일반 학생들을 끈질기게 설득하는 일이야말로 중요하다는 생각이 들었다. 하지만 그러한 생각을 기회주의라고 비판하는 사람도 있었다. 학동 임원 중에도 체포되거나 사무소에 나오지 못하는 사람이 늘어 운동의 존속 자체가 위기를 맞았다. 그해 9월에는 끝끝내 학동 위원장 맹동호盟東鎬가 체포됐다. 우리 집에도 20명 정도의 형사가 들이닥쳐 자택 수사에 들어갔다. 나는 수사 영장을 확인한 시점에서 맹동호가 체포된 것과 관련해 우리 집도 수색이 들어왔다는 사실을 알게 됐다. 수색이 끝나면 나도 체포당할지 모른다고 생각해 자취를 감추기로 했다. 나는 중학생이던 두 여동생에게 가택 수사 때 참관해 달라고 부탁했고 형사들에게도 반드시 참관인이 있는 상태에서 수사해달라고 못 박았다. 앞서 잠시 언급했듯이 우리 집은 136평의 부지가 있었고 그중 80평이 주물공장이었다. 그 공장의 일부를 방으로 개조해 우리 가족이 살았다. 부지만 해도 넓었기 때문에 형사들 입장에서는 수사하기가 꽤나 번거로웠을 것이다. 나는 그들이 가택 수사를 하는 동안 후문을 통해 집을 빠져나와 아사쿠사공원롯구浅草公園六区에서 장사를 하고 있던 김기선金基先의 집으로 뛰어들어갔다. 내가 갑자기 뛰어들어오자 그는 어떤 일이 있었는지 대충 짐작하고 있는 듯했다. 경위를 설명하고 당분간 신세 좀 지겠다고 말하자 얼마든지 있어도 괜찮다며 반갑게 맞아주었다. 당시 아사쿠사공원롯구는 암시장 노점들이 늘어서 있어 활기가 넘쳤다.

나는 그에게 우리 집에 가서 걱정하지 말라는 말을 전해달라고 부탁했다. 그리고 다음 날 학교에 가서 센슈대 조선유학생 동창회 사무실에 임원들을 불렀다. 그리고 학동 위원장이 체포됐고 우리 집에도 가택 수사가 들어왔다고 자초지종을 전했다. 며칠이 지나고 알게 된 사실은 내 앞으로 체포영장이 발부되지 않았다는 사실이다. 그래서 다시 학동 사무소에 가서 임원회에 참석했다. 임원회에서는 위원장이 언제 석방될지 몰라 학동 간토關東본부 임시총회 개최가 결정됐다. 당시 학동 위원장은 관동본부의 위원장이 겸하고 있었기 때문에 중앙본부의 임시총회도 개최됐다. 간사이關西본부에는 내가 연락하기로 되어 나는 며칠 후 오사카 학동 본부를 방문했다. 위원장은 김창년金昌年이었고 나와는 초대면이었다. 그는 오사카대학 의학부 학생으로 매우 적극적인 행동파였다. 위원회를 이틀 후에 소집하기로 했지만 나는 돈이 없어서 왕복 여비 정도밖에 마련하지 못했다. 하지만 당시에는 멀리서 사람이 찾아오면 식사를 내주는 민족적 관습이 있었다. 첫날은 히가시구東區에 사는 친척 형 김대홍의 집에 묵었고 이튿날은 사카이시堺市에 사는 김진근金晉根의 집을 방문했다. 그와는 약 2년 전에 선배의 소개로 함께 식사를 한 일이 있었다. 그때도 사회 정세나 조국과 민족의 문제에 관해 이야기를 나누었는데 나보다 12살이나 많다는 사실을 제외하더라도 대단한 인물이라고 내심 존경했다. 그는 전쟁 전 간사이대학 재학 시절에 변론부에서 활동했고 당시 변론으로는 그와 어깨를 나란히 할 자가 없을 정도라는 평가를 받던 사내였다. 전후에도 조련 안에서는 웅변가로 이름을 떨쳤는데 연맹이 강제 해산당해 민전이 결성된 이후에는 조직과는 연을 끊었고 그것이 특히 조방의 비판의 대상이 됐다. 그러한 경위를 알고도 내가 방문해 주어서인지 그는 나를 반갑게 맞아주었다.

나는 그의 방으로 안내받고 이전에 나누었던 이야기를 계속 이어 나가듯 잡담을 섞어가며 현재의 정세에 대해 이야기를 나눴다. 저녁이 되자 술과 식사과 나왔고 먹고 가라고 해서 그렇게 하기로 했다. 그는 그로부터 2년 후 덴리天理대학 강사가 됐다. 내가 알고 있는 한 당시 사회학과 분야에서는 재일동포 중 대학 교원이 된 사람은 적었으므로 그는 선구자 중 한 명이었다고 말할 수 있을 것이다.

그의 집을 나오고 나서 시간이 조금 남아 오사카 조선장학회를 방문했다. 그곳에는 오사카 상대 출신으로 학동 모임에서 몇 차례 만난 적이 있는 한학수韓学洙가 있기 때문이었다. 사무소에 가니 우연히도 김윤하金潤河와도 만날 수 있었다. 그는 1951년 8월 15일에 학동 중앙 주최 웅변대회에서 매우 훌륭한 연설을 해서 기억하고 있었다. 장학회에서 몇 시간을 때운 후 나는 학동 간사이 본부로 가서 임원회에 참석했다. 위원장이 나를 소개해서 인사를 하면서 11월 3일에 열리는 학동 제8회 임시중앙대회에 대해서도 설명했다. 맹동호 위원장이 체포됐는데 언제 석방될지 모르기 때문에 임시 대회가 필요하다고 호소했고 가능한 많은 임원들이 참석해 줬으면 한다고 당부하며 인사를 끝마쳤다.

간사이 본부 임원회가 끝나자마자 그날 바로 도쿄로 돌아왔다. 하지만 그 후 일어날 일은 예상치도 못했다. 얼마 지나지 않아 누가 말을 흘렸는지 내가 오사카에 갔을 때 김진근의 집에서 술에 취해 돌아오는 길에 똥폭탄을 날리고 왔다는 소문이 퍼지기 시작한 것이다. 소문이 돌고 있다는 사실을 친구에게 듣고 아연실색했다. 애당초 내가 김진근의 집에 간 이야기는 간사이 본부 사람들과 도쿄로 돌아온 후 몇 명에게만 했을 뿐이다. 소문의 출처는 조방의 한 인물로 나를 비방하기 위한 날조였다. 그 당시는 비합법적인 시대이기도 해서 사람을 배신하거나 비방하는 일은 자주 있었지만 도를 넘어선 행위였다. 이 사건을 계기로 나는 큰 '조직'에 혐오감이 들기 시작했다. 소문을 흘린 것은 조방을 방패로 삼은 사람이었다. 하지만 나는 이러한 운동이 안고 갈 수 밖에 없는 일종의 어둠에 위화감을 느꼈다. 이 사건 이후로 나는 학동 임원을 그만뒀다. 학동 중앙 위원회에서 학동 중앙 임원과 간토 본부 임원을 사임하고 집행위원만 유임하겠다고 강력히 요청했지만 받아들여지지 않았다.

6. 과격해지는 학생운동

하지만 나의 마음은 조직적인 운동에서 점점 멀어져 갔다. 같은 민족을 위해 공헌하는 활동 중에서도 학문적인 방향으로 전개해 나가는 것에 매력을 느끼게 됐다. 나는 센슈대専修大 조선문화연구회에서 대학 학술단체 연합회에서 예산을 얻어 재일동포의 실태를 조사하는 활동에 전념하기로 했다. 학동 사무소에는 발길을 끊었고 조선문화연구회를 중심으로 활동하게 됐다.

1952년 4월 28일 '미일안보조약'의 발효로 일본 정부는 재일조선인에게 일본 국적을 강요해 왔지만, 강화조약 제2조에 근거해 조선 국적을 회복하게 됐다. 그와 동시에 재일조선인에게 외국인등록법과 출입국관리법이 적용됐다. 이는 종래의 법률을 개악改惡하고 재일조선인을 추방할 목적으로 재일조선인의 감시를 강화하는 치안입법제의 악법이었다. 그로부터 3일 후 5월 1일에 피의 메이데이 사건이 일어났다. 나는 메이데이에 참가하지 않고 여동생 창숙과 히비야日比谷 공원에 놀러 갈 예정으로 점심 식사 후에 집을 나섰다. 그 위의 여동생 창월이 중고교에서 선생님과 함께 메이데이에 참가한다는 이야기를 듣고 그 시간에 맞춰 메이데이가 열리는 장소인 히비야로 향한 것이다. 공원에서 여동생과 놀고 있는데 데모대가 공원에 들어왔다. 학동 집단을 발견하자 친구들은 내가 응원하러 온 줄로 생각하고 기뻐했다. 데모대는 거기서 한 번 해산할 예정이었다. 하지만 전학연의 데모대가 집회가 금지돼 있는 니주바시二重橋 광장에 가자고 외치며 히비야 교차로에서 그곳으로 향하고 있어 다른 데모대와 함께 학동을 따라갔다. 그러한 흐름 속에서 나는 여동생을 데리고 데모 대열에 합류했다. 데모대는 제1생명 빌딩에 위치한 연합군총사령부 앞을 지나 바

바사키몬馬場先門에서 광장으로 들어갔는데 약 600명의 경찰대는 저지하지 않고 오히려 데모대를 유도하듯 길을 열어주고 가운데로 들여보냈다. 데모대가 니주바시 앞 광장에 집합해 한숨 돌리고 있을 때였다. 때마침 나는 여동생과 함께 니주바시 앞 가장 앞 열에 있었다. 니주바시 도랑가 난간을 등에 지고 경찰대가 방패를 옆으로 쓰러뜨리고 엎드려 숨어있는 것을 눈치챘는데 내 뒤로 사람이 너무 많아 꼼짝도 할 수 없는 상황이었다. 그때 엎드려 있던 경찰대를 향해 지휘관이 '일어서, 준비! 발사!'라고 호령을 내렸다. 그 순간 총성이 울려 퍼졌다. 경관대의 지위관으로부터 사전에 데모대 해산 명령 없이 돌연 실탄과 최루가스탄이 발사된 것이었다. 그 모습은 흡사 전쟁터와도 같았다. 데모대는 목숨을 걸고 도망쳤다. 내 옆에 있던 사람의 하반신에 권총의 총알이 명중해 주위 사람들이 그 사람의 양손을 끌어당기며 질질 끌고 가다시피 하며 철퇴했다. 나는 여동생의 손을 잡고 있는 힘껏 도망쳤다. 내 바로 밑의 여동생 창월은 선생님과 함께 있을 텐데 무사한지 걱정됐다. 하지만 찾을 만한 상황이 아니어서 우선 창숙과 무사히 도망치는 데 온 힘을 다했다. 간신히 외호外濠의 큰길까지 도망쳐 나오니 군중들은 울분을 풀 길이 없어 발을 쿵쾅거렸다. 무엇이든 불만의 배출구로 삼지 않으면 진정되지 않을 분위기로 무언가를 외치면서 길가에 세워져 있던 자동차를 발로 걷어차거나 했다. 하지만 그러한 행동은 점점 심해져 차를 뒤집어 불을 붙이는 이도 나왔다. 여기저기서 차에 불이 붙어 불타기 시작했다. 이것이 군중심리인가 하는 생각에

학생운동 시절 친구들과의 집회(1956년 7월·아사쿠사 스미다 강 근처 평화각에서)

무서워졌다. 집에 돌아오고 나서 중고교에서 메이데이에 참가한 창월도 도망치긴 했으나 경찰대의 곤봉으로 몇 차례나 맞았다고 한다. 그리하여 메이데이 사건으로 인해 1151명이 소란죄로 체포됐다. 그중 조선인은 140명이었다. 데모대 측의 사망자 2명, 부상자 약 1500명. 그렇다고는 해도 경찰대가 아무런 경고 없이 실탄을 발사한 폭거에 모두가 깜짝 놀랐다. 이 해는 재일조선인에 대한 탄압적인 조치가 예년보다 많았으며 각종 사건이 전국 각지에서 발생했다. 5월만 해도 에다가와枝川사건, 신주쿠新宿역 사건, 이와노사카우에岩之坂上사건 등이 있었고 6월에는 민애청 야마구치山口사건, 스이타吹田사건, 오스大須사건 등이 일어났다. 이들 사건은 모두 전쟁 반대 운동에 대한 탄압이었다.

이러한 큰 사건에 비할 바는 못되지만 안타깝게도 학동도 한 가지 사건에 연루됐다. 그것은 학동이라는 조직의 위신에 상처를 입혔고 운동에 오점을 남겼지만, 그 내용을 여기에 써보고자 한다. 1952년 6월 14일이었다. 이날 학동확대중앙위원회가 분쿄구文京区에 있는 도쿄 조선제일초중등학교 분교인 분치文千소학교에서 열렸다. 김상권이 위원장에 선출되고 처음으로 열린 회의로 참석한 위원은 간사이関西본부와 도호쿠東北본부, 간토関東본부 모두 합쳐 36명이었다. 오후 6시를 넘어 회의가 끝나 위원 모두 출출한 상태였다. 그것을 알아채고 지역 재일동포 여성들이 생글거리며 술과 안주를 준비해 주었다. 공복을 참지 못한 위원들이 기뻐하며 먹고 마셨고 취기가 올랐다. 모두가 술에 취할 때를 기다렸다는 듯이 여성들이 다음과 같은 상담을 해왔다. 근방에 민단 사무소가 있는데 이 학교를 괴롭힌다는 것이었다. 그러면서 자신들은 힘이 없어서 참을 수밖에 없으니 돌아가는 길에 그 사무소 앞을 지나면서 큰소리로 호통쳐주지 않겠냐는 것이었다. 위원장인 김상권金相權은 간단한 부탁이라 생각하고 받아들였다. 나는 꺼림칙했으나 모두의 앞에서 공연히 반대할 수는 없는 노릇이었다. 돌아가는 길에 행사장을 나와 위원장과 둘만 있을 때 '민단 사무소 앞에서 큰소리를 내는 건 좋지 않은 생각이니 모두를 말려야 한다'고 이야기했지만, 그는 듣지 않았다. 그는 불쾌해 하며 '그 정도 일로 어떤 문제가 생긴단 말인가'라고 오히려 나에게 되물었다. 나는 우리는 학동 중앙위원이므로 그에 걸맞은 행동을 해야 하고 주위에서 우리의 동향을 살피고 있는 것을 잊어서는 안 된다고 반론했으나 소용없었다. 그는 나보고 '기회주의자'라고 말했고 나는 그에게 '극좌적'이라고 말했다. 이야기는 어긋났고 서로 싸우기 직전까지 갔으나 겨우 냉정함을 되찾았다. 그리고 나서 모두의 뒤를 따라 가보니 그때는 이미 회원들이 민단 사무소 앞에서 간판을 떼어내 발로 밟고 있었다. 술을 먹은 후의 폭주라고는 하지만 크나큰 실수였다.

한바탕 소동을 벌인 후 노면전차 정류소로 향했는데 이케부쿠로池袋 방면으로 가는 팀과 스이도바시水道橋 방면으로 향하는 팀으로 나눠서 귀가했다. 나는 스이도바시 방면으로 향하는 이들과 함께 전차에 올랐다. 얼마 지나지 않아 카스가春日의 도미사카富坂 경찰서 앞에 다다르자 십수 명의 경찰관이 정류소도 아닌데 달리는 전차를 멈춰 세웠다. 도대체 무슨 일인가 했는데 경찰관은 전차의 승객 전원을 도미사카 경찰서로 연행했다. 연행된 승객 중에는 학동 회의에 참석한 학생 16명이 섞여 있었다. 남은 35명가량의 승객은 단지 그 자리에 있었던 일본인이었다. 경찰관은 모두의 소지품을 검사했고 아무것도 나오지 않는 사람들은 석방했다. 하지만 우리는 가방 안에 전단지와 서류가 들어 있었기 때문에 구류됐다. 김상권 위원장을 포함해 이케부쿠로 방면으로 귀가한 팀은 무사했다.

우리는 경찰에 구류됐고 이튿날부터 취조가 시작됐다. 구류 이유는 두말할 것 없이 민단 사무소 앞에서 큰소리로 욕설을 퍼붓고 강압하고 사무소 간판까지 떼어내 발로 짓밟은 용의였다. 정식으로는 '폭력행위 처벌에 관한 법률' 제1조에 위반한 용의로 체포된 것이다.

틀린 말은 아니지만 나는 간판을 떼어내기는커녕 욕설도 퍼붓지 않았다. 그 자리에 없었으니까. 그래서 무죄라고 주장했지만, 경찰관은 도무지 받아들이지 않았다. 경찰의 취조가 끝나자 검사와 판사의 취조가 시작됐다. 통상적으로는 가스미가세키霞ヶ関 검찰청과 재판소로 연행되는데 이때는 판사와 검사가 경찰서로 출장을 나왔다. 검사의 취조는 매우 강압적이었고 그는 내가 범인이라고 처음부터 정하고 심문을 하는 듯했다. 그리고 '정직하게 말하지 않으면 남조선으로 강제 송환해 이승만 정권에 넘기겠다. 그러면 학살당할 터이니 잘 생각하고 자백하라'고 까지 압박했다. 취조가 아니라 협박이나 다름없었다. 검사란 악역을 맡아야 한다고 들었는데 이렇게나 비상식적이고 방약무인한 취조를 해야만 하는가 하고 내심 놀랐다. 분노를 느꼈다기보다 일방적으로 죄가 있다고 밀어붙여서 뭘 어쩌려는 걸까 하는 의문을 품을 수밖에 없었다.

이튿날에는 판사가 출장을 나와 우리는 취조를 받았다. 전날의 검사와는 대조적으로 판사는 신사적이고 온화한 사람이었다. 그는 취조를 할 때도 우리의 이야기를 성심성의껏 들어주었다. 결과적으로 이 사건은 분명 학동 활동 안에서는 수치스러운 일이었지만 법률적으로는 가벼운 죄였다. 집단적 폭행 사건으로 입건하기는 어려웠다. 그래도 경찰로서는 체포한 이상 어떤 손을 쓰더라도 학동 간부를 형무소로 보내고 싶어 하는 듯했다.

나의 아버지는 내가 구류되고 일주일 후에 자유법조단 변호사였던 아오야나기 모리오青柳盛雄씨를 대동하고 면회를 왔다, 나는 마음속으로 아버지께 죄송스럽게 생각했다. 우리는 도미사카 경찰서에 구류된 지 25일째에 드디어 무죄로 석방됐다. 그 사이에는 특별히 취조도 없어 따분했지만, 내가 구류된 다다미 9조疊짜리의 대부분의 방은 7~8명의 일반 용의자와 함께 수용됐기 때문에 그들의 이야기를 듣는 것이 매우 흥미로웠다. 용의도 제각각으로 그들은 저마다 사회의 어두운 부분에 관해 이야기를 해주었다. 그것은 의외로 공부가 될 만한 내용이었다. 그렇기는 해도 하루라도 빨리 석방되기를 바란 것도 사실이어서 마침내 석방돼 경찰서를 나올 때는 밖이 마치 다른 세상처럼 느껴졌다. 태양의 빛이나 폐로 들이마시는 공기의 상쾌함, 그 모든 것이 나에게 행복을 느끼게 해주었다. 구치소는 외부와 차단돼 어슴푸레한 알전구의 빛만 있었기 때문에 바깥세상의 빛이 새삼 눈부시게 느껴졌다.

어쨌든 나는 서둘러 집으로 돌아가 부모님을 안심시켜드려야겠다고 생각해 발걸음을 재촉했다. 집으로 돌아가 어머니를 보자 불과 25일 사이에 어머니의 머리가 새하얗게 세서 깜짝 놀랐다. 이렇게 걱정을 끼친 나 자신을 불효자라고 자책하지 않을 수 없었다. 그리고 그와 동시에 좋든 싫든 나는 어떠한 부자유함을 등에 지고 있다는 사실을 뼈저리게 느꼈다. 만약 형이 젊은 나이에 세상을 떠나지 않았더라면 어머니는 그렇게까지 나에게 마음을 쏟지 않았을지도 모른다. 물론 부모님의 마음은 감사하나 이상을 향해 정치 운동을 하기에는 자유롭지 못했다. 등에 짊어지게 된 것들이 너무 버겁던 것이다.

내가 도미사카 경찰서에 구류된 동안 우리 집에 수사가 들어왔다. 그뿐만 아니라 친척에게도 불편을 끼쳤다. 나는 비합법적인 활동을 하기 위해 외국인등록증 주거소재지를 아라가와구荒川区 미카와시마 三河島 헤이와平和 아파트로 옮겼다. 이것이 원인이 돼 이 아파트가 무장경관에 의해 가택 수사를 받게 된 것이다. 내가 그 주소를 고른 것은 그곳에 친척이 살고 있었기 때문으로 내가 체포됨으로써 친척과 아무런 관계가 없는 아파트 주인들에게까지 민폐를 끼쳤다. 이 일은 아직까지도 죄송스럽게 생각하고 있으며 다만 사과하는 것 외에 별다른 방법은 없을 것이다.

나는 이 사건을 계기로 학생운동은 그만두기로 마음먹었다. 석방되고 나서 며칠 후 학동 김상권 위원장을 만나 학동 임원을 사임하고 싶다고 또다시 요청했다. 내 나름대로 냉정하고 진지하게 생각한 후 판단한 일이었다. 나는 이 일로 동료들로부터 '기회주의자'라고 낙인찍히고 말았다. 하지만 각오는 하고 있었다.

7. 민과에서 배우다

앞에서도 언급했지만 내가 사연에 들어간 이유는 유물론과 사회주의를 공부하고 싶어서였다. 유물론의 명쾌한 이론과 과학적인 사고에 매료된 것인데, 한 가지 이유가 더 있었다. 그것은 전쟁이 끝나고 얼마 지나지 않았을 무렵 아다치청년연성회가 주최한 야학에서 실시한 토론회의 기억이 선명하게 남아 있어서였다. 나는 윤영기尹栄基(훗날 학동위원장, 당시 와세다早稲田대학 이공학부)와 논쟁을 벌였는데 그가 전개한 유물론과 사회주의 이론을 따라가지 못하고 논쟁에서 패배했다. 그러한 쓰라린 기억이 있었기 때문에 나도 그와 같이 논리력을 갖추어 언젠가 그와 논리상에서 재대결을 하고 싶다는 목표를 가지고 있었던 것이다.

내가 소속돼 있던 민과 철학부회는 매주 수요일 밤에 연구회를 개최했다. 나는 학생운동이 한창이었음에도 이 연구회만큼은 시간을 쪼개서라도 반드시 참가했다. 그 당시 나는 돈이 없어 외식 같은 건 하지 못했다. 그래서 저녁 식사도 대부분 집에 가서 먹어야 했고 밖에서 배가 고프면 일단 참아야만 했다. 지금도 생생히 기억나는 일이 있는데, 우연히 민과 연구회가 시작되기 전 고향 선배인 송천문宋天文(훗날 조선장학회이사장대리)과 만난 적이 있었다. 그는 나를 별실로 불러 가방 안에서 쿠페빵을 꺼내서 절반을 잘라 나에게 먹으라며 건넸다. 그 때도 나는 공복을 참고 있었던 터라 무척 고마웠다. 당시에 종종 있었던 일로 학생들은 배가 고파 머리가 돌아가지 않는 괴로움을 필사적으로 억누르며 철학 공부를 했다.

그 당시 민과는 이제 막 전쟁이 끝난 일본에서 유일한 대규모 학술 단체였다. 순수하게 아카데믹한 단체가 아니라 오히려 대중화된 단체였으나, 그럼에도 불구하고 수많은 저명한 학자가 이 단체 멤버로 이름을 올렸다. 그러한 환경 속에서 유물변증법을 배운 경험은 내 인생에 큰 지침을 부여했다. 철학부회 기관잡지인 『이론』은 일본 평론사에서 월간으로 출간됐는데 나는 매달 이 잡지가 발매되면 구석까지 샅샅이 정독했다. 1948년 6월호와 9월호에 게재된 마쓰무라 카즈토松村一人와 우메모토 카쓰미梅本克己의 주체성 논쟁과 1949년 4월, 5월, 9월호에 게재된 마쓰무라의 논문「과도기의 문제에 대해서」는 나의 삶의 방식에 큰 영향을 미쳤다.

나는 유물변증법에 푹 빠져 각종 관련 서적들을 난독했다. 민과 연구회에 빠지지 않고 참석해 여러 학자들의 토론을 듣는 가운데 조금씩 스스로 생각하고 판단하는 힘이 생겨났다. 특히 미우라 쓰토무三浦つとむ를 알게 되고 나서는 사물을 보는 방식과 생각하는 방식이 점점 변증법적으로 전개됐다. 당시 일본에서는 유물론연구회가 이 분야에서 주류였다. 하지만 1949년 12월에 미우라 쓰토무, 다케타미 미쓰오武谷三男가 중심이 돼 유물변증법연구회의 종합이론잡지계간「변증법연구」1호가 소류사双流社에서 출판됐다. 미우라 쓰토무는 1948년 12월에 『철학입문』(신젠비사真善美社), 1950년 10월에는 『변증법 어떻게 배워야 할까』(소류사)를 잇따라 간행했다. 나는 미우라 쓰토무의 변증법에 푹 빠져 있었다. 의문점이 생기면 미우라 쓰토무 선생에게 직접 질문을 했는데, 그는 그때마다 친절히 설명해주었다. 따라서 나는 미우라 쓰토무 선생을 인생의 스승으로 받들어 모시게 됐다. 그는 보통

의 학자와 달리 생각하는 것을 주저 없이 말하는 성격이었다. 그는 많은 학자들에게도 비판의 화살을 들이댔다. 비판받은 측은 당연히 그다지 좋지만은 않았을 것이다. 그래도 모리 고이치森宏一와 야나기다 겐이치로柳田謙一郎 등 많은 학자들이 미우라 쓰토무를 높이 평가했다.

일본 학자들이 미우라 쓰토무에 대해 놀라워하며 일제히 주목한 사건이 있었다. 그것은 미우라 쓰토무 선생이 스탈린의 언어학 비판을 발표했을 때의 일이었다. 1950년 9월 3일에 민과 도쿄지부 주최로 도쿄대 법문경학부 29번 교실에서 '스탈린의 언어학론'을 둘러싼 심포지엄이 개최됐다. 보고자는 미우라 쓰토무, 오시마 요시오大島義夫, 이시모다 타다시石母田正 이렇게 세 사람으로 사회자는 테라사와 쓰네노부寺沢恒信가 맡았다. 나는 스승으로 받드는 미우라 쓰토무가 스탈린을 비판한다기에 행사장에 앉아서 토론을 듣고 있었다. 두 명의 토론자 중 이시모다 타다시는 호세이대학 교수로 중세사의 권위자로 불렸다. 토론의 전개는 미우라가 먼저 '언어학에서의 마르크스주의에 대해'에서 언급한 '상부 구조는 경제적 토대가 살아 움직이는 한 시대의 산물이다. 그러므로 상부 구조가 살아있는 것은 오래가지 않고 경제적 토대의 근절과 소멸과 함께 근절돼 소멸한다'는 주장을 정면에서 비판했다. 즉, 마르크스가 『경제학 비판』에서 말한 '경제적 기초와 함께 거대한 상부 구조 전체가 서서히 또는 급속히 변혁된다'는 주장은 스탈린이 이해한 것처럼 상부 구조가 갑자기 소멸한다는 단순한 이야기가 아니라 '변혁'이라는 것 안에는 지금껏 작고 약했던 것이 크고 강해지는 형태의 것도 포함된다고 말한 것이다.

즉, 스탈린은 하부 구조가 극적으로 변화하면 상부 구조는 단숨에 변화하고 소멸하는 것으로 따라서 만일 상부 구조가 그러한 것이라면 '언어'는 상부 구조가 아니라고 주장했다. 이는 가령 러시아에서 혁명이 성공했음에도 불구하고 러시아어는 전혀 변화하지 않았다는 실제의 경험에 근거한 주장이었다. 이에 대해 미우라는 '변혁'이라는 말을 더욱 유연하게 받아들임으로써 상부 구조-하부 구조 도식에 충실하려 했던 것이다. 이렇듯 미우라 쓰토무는 마르크스의 언어학과 스탈린의 언어학의 상이점을 명쾌히 밝혀내 참가자들에게 강한 인상을 남겼다.

실제로 전후 일본 학자가 스탈린을 비판한 것은 미우라 쓰토무가 처음이었다. 그만큼 그 반향과 각계의 반발은 대단히 컸다. 미우라 쓰토무도 그러한 주장을 발표하면 어떠한 결과를 초래할지 매우 잘 알고 있었다. 앞서 말했다시피 마음속으로 생각하는 것을 적극적으로 발언해버리고 마는 성품이었기 때문에 학회의 주류파의 눈치를 살피는 일은 있을 수 없었다.

미우라 쓰토무가 스탈린 비판을 한 직후부터 좌익계 출판사는 그의 원고를 일절 받지 않았다. 대학에서 일을 할 수 없어 원고료로 생활했던 그는 생활고에 빠졌으나 타협하지 않고 자신의 신념을 관철시켰다.

역사가 미우라 쓰토무의 스탈린 비판을 따라가는 데 6년이 걸렸다. 1953년 3월 5일에 스탈린이 서거했는데 그로부터 2년이 지나 그해 2

월에 소련 정부의 미코얀 부총리가 스탈린을 비판했다. 그리고 그 이듬해 소련 공산정권 20회 대회에서 스탈린은 공식적으로 비판받았다.

나는 미우라 쓰토무의 대담하고 당당한 성격을 매우 동경했다. 그도 나를 아껴줘서 사적인 상담에도 응해주었다. 내가 결혼할 때도 주빈으로 참석해 민과 대표로 축사를 해주었다. 내가 한 명의 인간으로서 사물을 보는 방법과 생각하는 방법을 확립해 갈 수 있었던 것은 선생의 지도 덕분이며 그야말로 내 인생에서 절대로 잊을 수 없는 스승이었다.

미우라 쓰토무는 1989년 10월 27일에 향년 78세로 세상을 떠났다. 저서 35권, 미우라 쓰토무 선집 전 5권과 보유편 제6권이 게이소쇼보 勁草書房에서 출판됐다.

아다치를 통해 본
재일코리안 형성사

제9장

학생운동에서 지역 활동으로

나는 전쟁 중 제주도에서 유년시절을 보냈다. 그곳은 의사가 없는 벽촌으로 제대로 된 의료기관이 있다면 간단히 치료할 수 있는 질병이나 부상으로 많은 이들이 고통받고 있었다. 큰형은 폐렴으로 추정되는 병으로 세상을 떠났고 남동생도 홍역으로 세상을 떠났다. 나도 말라리아에 걸렸지만, 간신히 목숨을 구할 수 있었던 것은 염산 키니네 덕분이었다.

이러한 경험이 있었기에 나는 일본에 건너간 후 이따금 의사가 되고 싶다고 생각했다. 하지만 집안 사정이 좋지 않아 의학부에 다닐 형편이 못돼 꿈을 포기할 수밖에 없었다. 의사가 되지 못한다면 변호사가 되고 싶다고 생각한 시기도 있었다. 이 또한 소년 시절에 경찰관들의 난폭한 태도 때문에 재일동포들이 항상 인내해야만 했던 광경을 자주 보았기 때문이다. 그래서 나는 변호사를 목표로 대학 법과에 입학했다. 하지만 그 꿈도 이루지 못했다. 당시에는 애당초 재일조선인이 일본 국내에서 변호사가 되는 것은 법 제도상 불가능하다는 사실을 센슈專修대학에 입학한 직후에 알게 됐다.

실의에 빠져 민과 철학부에 들어갔고 미우라 쓰토무三浦つとむ 선생 밑에서 유물론을 공부하게 됐다. 나는 선생을 스승으로 받들게 됐고 많은 것들을 배우는 데 힘썼다. 하지만 당시에는 순수하게 학문으로서의 철학을 추구하기에는 주변 정세가 너무 혹독했다. 이공계나 의과계는 그렇지만도 않았지만, 당시에는 재일조선인이 인문·사회과학계 아카데미즘 안에서 활동하기는 매우 어려웠다. 일반 기업은 물론,

학문의 세계에서조차 재일동포에 대한 차별이 극심했고 설령 학문적으로 뛰어나더라도 대학에서 일을 구하기 어려운 상황이었다. 인간이나 사회에 대해 진지하게 연구하려는 자는 갈 곳을 잃고 소설가라도 되어야만 했다. 좀 더 큰 흐름으로 일본 정부는 재일동포에 대해 외국인등록령과 입관법 등의 문제로 각종 탄압을 가했다. 우리는 학문을 하기는커녕 생활권까지 빼앗길 처지에 놓여 있었다. 이러한 상황 속에서 대학에서 학문에 열중하는 것은 분명 귀중한 일이었지만 동시에 나는 언제나 스스로에게 묻곤 했다. '학문이란 무엇인가?', '무엇을 위한 학문인가?'라고 말이다.

그러한 생각으로 인해 나는 학생운동에 더욱 몰두했다. 하지만 앞서 기술했듯이 나는 학생운동이 한창 전개되고 있을 때도 운동 그 자체가 갖는 모순을 도무지 느끼지 않을 수 없었다. 이것이 진정으로 재일동포를 위한 운동일까. 자신의 이름을 알리고 입신출세하기 위함이 아닐까.

내가 있어야 할 곳은 의사의 세계에서도, 법률가의 세계에서도, 철학자의 세계에서도 찾을 수 없었다. 나는 인생의 길잡이를 잃어버린 듯한 느낌이 들었다.

1. 독서회를 계기로

앞서 언급했듯 1953년 6월 14일 조학동확대중앙위원회에서 돌아오는 길에 사건이 일어난 이후 나는 학생운동을 단념했다. 하지만 '도대체 나는 어떻게 살아야 하나'라는 문제에 관해서는 아무것도 떠오르지 않았고, 그 상태로 수개월이 흘렀다. 9월의 어느 날, 나는 우연히 아사쿠사浅草에서 요식업을 하고 있던 김경하金景河의 집을 방문했다. 그때 그는 나에게 '독서회를 시작했는데 참가하지 않겠냐'고 권유했다. 김경화와 처음 알게 된 것은 6년 전이었다. 그는 당시 메이지明治대학 재학생으로 우리 집을 방문해 어머니의 조카인 송화춘宋花春의 친구라고 자신을 소개하고 어머니에게 당분간 신세를 지겠다고 부탁했다. 어머니는 기꺼이 그를 받아들였다. 그래서 나는 당분간 그와 같이 지내게 된 것이다. 그때 나는 센슈대에 들어가기 전으로 대학에 진학할지 독학을 계속할지 방황하던 시기였다. 그에 손에 이끌려 나는 메이지 대학 강의도 몇 차례 몰래 들은 적이 있었다. 당시의 대학은 출결을 체크하지 않았기 때문에 누가 출석했는지 누가 결석했는지 등과 관계없이 시험을 보고 학점만 따면 됐다. 또한 나는 그와 가끔 토론을 벌여 그를 난처하게 만들었던 적도 있었으나 그를 형처럼 동경했다. 그러한 일이 있고 나서 그는 우리 집에서 나간 뒤에도 이따금 연락을 하곤 했다.

그러한 경위로 나는 그의 권유이기 때문에 독서회에 참가하기로 했다. 독서회 멤버는 대부분 간사이關西에서 상경한 사람들로 구 조련 간부와 기자, 그리고 제주 4·3사건과 관련하여 신변의 위험을 느껴 오사카를 경유해 도쿄로 흘러들어 온 사람, 제주 오현중학교(지금의 오현

고등학교) 교원이었던 사람도 있었다. 전체적으로는 지적 수준이 높은 사람이 많았고, 연장자에게 경의를 표하는 유교 정신 때문에 불편함도 있었지만 반면에 풍부한 사회 경험을 흡수할 수 있었던 귀중한 경험이었다.

하지만 독서회도 회를 거듭할수록 의견 차이가 생겨나 토론에 불이 붙어 격화되는 일도 있었다. 그럴 때는 독서회가 끝나고 술잔을 기울이며 토론을 좀 더 이어가는 일도 상당히 많았다. 나는 학생운동을 그만두고 지역 활동으로 발판을 옮기려면 이렇게 풍부한 인생 경험을 쌓은 사람들의 힘을 빌려야 한다고 생각하게 됐다. 나는 아다치足立 지역의 주민들이 병에 걸려도 의료기관이 근처에 없어 약국에서 상담을 받고 매약으로 버티는 사람들이 많다는 사실을 알고 있었다. 이러한 상황을 어떻게든 해결해야겠다고 늘 생각하고 있었다. 그러나 병원을 세우는 일은 꽤 전문적인 사업이며 간단히 할 수 있는 일이 아니라는 사실도 이해하고 있었다. 마침 그즈음 김만유金万有가 세운 가나모토金本 병원(훗날 니시아라이西新井병원)에서 대진을 하고 있던 현종완玄鐘完 (훗날 도진同仁병원 원장으로 재일조선인의학협회회장)이 김만유와 의견 대립으로 의원을 그만두고 거처가 정해지지 않아 곤란한 상황이었다. 나는 그에게 우리 집에 와서 같이 살지 않겠냐고 권유해 우리 집으로 불러들였다. 그는 나보다 10살이나 많았지만, 이전부터 친하게 지내왔다. 그는 쇼와昭和의대에 재학 중으로 매일 야마노테선山手線 고탄다五反田역에서 환승해 하타노다이旗の台역까지 갔다. 그는 교통비가 비싸 간혹 학교에 가지 못했는데 그럴 때는 내가 교통비를 건네주기도 했다. 내가 어머니께 받은 교통비를 건네는 것만으로 충분치 않아 그는 친척의 도움을 받는 것 같았다. 이렇게 나와 그는 나이 차를 뛰어넘은 형제와도 같은 사이였다.

그 말고도 학생운동 시대의 동료로 지케이慈惠의대 출신으로 의사가 된 권영범權寧範도 나의 친한 친구였다. 그러한 인맥도 있었기 때문에 나는 아다치에서 병원을 운영할 수 있지 않을까 하고 조금씩 생각하게 됐다. 남은 문제는 역시 돈이었다. 돈만 있으면 이 지역의 가난한 사람들이 안심하고 치료를 받을 수 있는 병원이 생기는 셈이다.

나는 큰맘 먹고 내 생각을 독서회에서 제안해 보았다. 그러자 그것은 이상적인 생각이기는 하지만 어떻게 실현할 수 있을지 구체적인 계획을 제시해 달라는 의견이 나왔다. 나는 독서회 멤버를 중심으로 개인이나 법인이 아닌 단체로서의 조합 '도쿄민생조합'(가칭)을 설립해 많은 사람들로부터 무리가 없는 범위의 출자금을 모집하는 일부터 시작해보자고 제안했다. 물론 최종적인 목적은 의원 설립이다. 나의 제안은 독서회 멤버들에게도 전면적인 지지를 받았는데, 아다치에 건설하는 부분에 대해서는 그들이 살고 있던 아라가와荒川, 우에노上野, 아사쿠사浅草 등과는 거리가 조금 멀었던 탓인지 소극적인 의견이 많았다. 그래서 나와 함께 살고 있던 현종완을 독서회에 데려가 모두에게 소개했다. 그는 자신도 의원 운영에 전력을 다해 협력하겠다고 약속했다. 그래서 멤버들도 안심하고 나의 계획대로 조합을 설립하고 출자금을 모으는 일에 동의했다. 나는 돈이 없었기 때문에 우리 집 옆 공터를 현물로 출자했다. 그리고 그것을 가지고 돈 모으는 운동을 전개해 나갔다. 우리 집 공터는 약 80평의 빌린 땅이어서 아버지의 승낙도 얻었다. 현종완은 자신의 친척으로부터 돈을 모아 출자금으로 썼다. 아타치 모토키本木에서 의원을 운영하기 위한 활동은 순조롭게 진행됐다.

나는 아다치 지역에서 한 사람이라도 더 출자자를 늘리기 위해 움직이기 시작했다. 그 시기에 나는 마침 대학 졸업반이었는데, 자금까지 모으느라 눈코 뜰 새 없이 바빴다. 활동을 하려면 돈이 필요했지만, 어머니에게 받은 용돈에 의지할 수밖에 없었다. 어머니의 수입은 집세 수입밖에 없었다. 그것으로 다섯 가족의 생활을 책임져야 하는데다가 아버지가 교제비라 해서 얼마간 가져갔기 때문에 가계는 항상 빠듯했다. 어머니에게 돈을 받는 것이 매우 죄송스러웠지만, 이 사업이 나의 발안으로 시작돼 추진된 이상 중지할 수는 없었다.

2. 의원 경영의 시작

1953년 1월 15일에 의원 건설을 위한 인격 없는 사단, 도쿄민생조합의 출자자 회의가 다이토구台東区 아사쿠사에 있는 김경하 집에서 열렸다. 참석자는 15명으로 위임장 제출자를 포함하면 23명이었다.

내역은 독서회에서 10명, 아다치 지구에서 13명으로 의원 건설에 대한 높은 관심과 기대감이 느껴졌다. 이들 출자자로부터 모은 금액은 내가 제공한 토지 80평의 임차권을 제외하면 약 50만 엔이었다. 단, 현금으로 들어온 것은 30만 엔에 조금 못 미쳤다.

의원을 어느 정도 규모로 설비할지는 예산에 맞춰 생각하기로 했다. 가장 곤란했던 점은 출자자 가운데 의료 관련 지식이 있는 사람이 현종완과 한의사였던 강하선康夏善뿐이었고, 여러모로 의견이 맞지 않았다는 것이었다. 즉, 가장 근본적인 아다치 지구에 왜 의원 건설이 필요한지에 관해서 조차 이해가 부족한 상황이었다. 의원을 건설하면 관계자들의 사회적 지위가 높아질 것이라는 정도의 인식만 가지고 있는 사람도 있었다. 중요한 것은 그 지역에 사는 사람들의 생명과 건강을 지키는 일이었다. 그리고 가난하고 돈이 없는 사람들에게도 의료 행위를 베풀기 위한 의원을 건설하는 일이었다. 논의 중에도 나는 '돈을 벌기 위해 의원을 만들겠다는 생각은 버려줬으면 한다'는 입장을 견지했다.

그리하여 옥신각신하면서도 의원 건설은 실현돼 갔다. 그해 3월 1일에는 나의 아버지의 지인인 목수의 도움을 받아 공사가 시작됐다. 출자자들도 의원이 생긴다는 사실을 전제로 한 문제들을 생각하게 됐다. 의원이 완성되자 누가 책임을 지고 경영할지, 누가 임원을 맡을지와 같은 문제도 현실로 다가왔다. 의원 경영 참여를 명예직을 얻기 위해 이용하려는 사람도 많았다. 나는 처음부터 의원 경영자가 될 생각이 없었다고 선언했다. 하지만 그러면 누구에게 경영책임을 맡을지에 관한 질문이 되돌아왔다. 나는 현종완에게 맡기는 것이 좋겠다고 생각해 그렇게 대답했다. 그는 쇼와 의대를 졸업하면 의사국가시험을 치르고 의사가 될 것이다. 그렇게 되면 의원 경영책임을 맡겨도 좋을 것 같다고 생각했고, 모두가 납득했다. 나의 아버지는 자택 옆 빈 땅에 의원을 세운다는 이유로 당연히 내가 경영할 것이라고 생각했던 것 같다. 그래서 목수들이 이런저런 문제를 일으켜도 열심히 해결하려고 애썼다. 나는 의원 경영은 특정한 개인이 맡는 것이 아니라 출자한 23명 전원이 출자액만큼의 발언권이 있음을 설명해야 했다. 그리고 그것은 사회사업으로 이익을 추구하지 않는 성질의 활동이라는 점을 납득시켰다. 애당초 나는 의대생도 아니었고 일반 대학에 재학 중인 학생이었다. 그러므로 경영자가 되기는 어려웠다. 하지만 경영에 협력하겠다고 모두와 약속했다.

의원은 6월 말까지 완공될 예정이었다. 그때까지 건설비 지급과 설비 구입 자금, 그리고 각종 잡비는 늘어났다. 그것은 굳이 말하자면 반드시 필요한 경비 때문만은 아니었다. 매주 독서회 모임이 의원 건설위원회로 바뀌어 위원회 명목으로 모두 모여 실제로는 아무것도 하지 않은 채 술잔치를 벌이는 것이 일상이 되어버렸다. 이러한 상황이 의원 완공까지 이어지자 큰일이라는 생각이 들어 인생의 대선배들임에도 불구하고 쓴소리를 했다. 얼마간은 건설위원회에도 일부러 참석하지 않았다. 회의라고는 하지만 논의는 모두 끝났고 특별히 논의 사항도 없었다. 남은 것은 출자금을 전액 회수하는 일뿐이었다. 그런데도 매주 성대하게 술을 마시고 그것이 의원 경영을 위한 출자금에서 지급되는 것은 이 활동의 본의에 명백히 반하는 일이었다. 식사비라고 해도 모이는 장소는 나와 친한 김경하가 경영하는 음식점으로 모두 회수할 수 있을지 의심스러운 상황이었다.

단지 사실만을 말하자면 지역에서 활동해야겠다고 생각했을 때 그것을 실현시키기 위해 독서회를 이용한 것은 지금 생각해보면 잘못된 생각이었다. 이상은 높을지언정 마치 내가 돈이 없는데 남의 샅바로 씨름을 하는 꼴이나 다를 바 없었다. 나는 그 일로 큰 책임감을 느끼고 내 생활 형편으로는 무리한 활동을 해야만 했다. 그리고 결국 센슈대학 수업료 1만2000엔을 마련하지 못했고 졸업을 앞두고 중퇴하고 말았다.

앞서 말했듯이 우리 집의 수입이라곤 집세 수입뿐이었다. 두 명의 여동생은 고등학교에 다니고 있었고 나는 내 학비뿐만 아니라 나와 같이 지내고 있는 현종완에게 식사비도 일절 받지 않고 오히려 반대로 교통비 등을 제공했다. 그래서 어머니께 더 이상 아무런 부탁도 할 수 없었다. 어머니에게 돈 때문에 힘들다는 말은 했지만, 그 돈을 준비하지 못하면 대학에서 제적당한다는 사실은 미처 말하지 못했다. 어머니는 돈이 꼭 필요하다면 어떻게든 빌려보겠다고 했지만 나는 돈이 급하게 필요한 것은 아니니 정말 필요하면 다시 의논할 테니 안심하시라고 말했다.

이제껏 돈 문제로 계속 속을 썩여왔기 때문에 어머니에게 수업료를 내달라고 적극적으로 부탁하는 것이 내키지 않았다. 전년도 12월에는 졸업사진까지 찍었다. 물론 재일조선인이 대학 졸업증명서를 가지고 있다 한들 일본 사회에서 그것이 도움이 될 것이라고는 기대하지 않았다. 하지만 어렵게 대학에 입학해 편입한 대학을 졸업하지 못해 아쉬웠다.

1953년 6월 10일에 개인이나 법인이 아닌 사단·도쿄민생조합을 모체로 한 '아카후도赤不動의원'의 낙성식이 열렸다. 원장에는 앞서 언급한 지케이카이慈惠会의과대학 출신인 의사 권영범을 초빙했고 사무장에는 김규찬金圭贊(센슈대학 선배로 구 조련오사카 본부 임원), 의원 운영회 책임자에는 현종완이 취임했다. 이렇게 인사가 결정됐는데 많은 운영위원들, 그중 아사쿠사 김경하金景河는 네가 이 의원 건설의 주역인데 왜 운영위원을 하지 않느냐고 질책했다.

의료 사업은 특수한 분야이며 의사 자격을 갖고 있지 않으면 의원을 경영할 수 없다고 법률에 규정돼 있다. 의원, 진단소, 클리닉은 의사 1명 이상, 입원 시설은 침상 19개까지다. 이와 관련해서는 지역 보건소에 신고하면 된다. 병원은 의사 3명 이상으로 입원 시설은 침상 20개 이상이고, 침상 수가 늘어나면 의사 수도 그에 맞춰서 늘려야 하고 또한 도쿄도 의무과로부터 의료기관으로서 인가를 받아야 했다. 아카후도 의원은 물론 '의원'이었지만, 개설이나 경영과 관련된 사무적인 수속은 매우 번거로웠다. 그래서 어느 의료기관이든 그러한 업무를 처리할 사무장을 두었다.

여러 가지 의견이 있었지만, 의원의 인사는 나의 제안으로 결정됐고, 나는 비로소 어깨의 짐을 내려놓은 듯한 기분이 들었다. 그리고 그들의 노력으로 지역 주민들의 건강이 개선된다면 나의 염원은 달성될 것이다. 그쯤에서 병원에 관한 활동을 일단락하고 민과를 중심으로 학문의 길로 나아가는 것에 대해 생각하기 시작했다.

의원의 명칭을 '아카후도의원'으로 정한 것은 지명이 아카후도이고 그것이 버스 정류장 명칭이기도 하며 우메다초梅田町에는 아카후도라고 불리는 부동명왕을 안치한 유명한 묘오인明王院이 있었기 때문이다.

그리하여 그해 6월 11일에 의원을 개업하고 환자를 진찰하기 시작했다. 의원이 개업한 지 한 달쯤 지나 사무장인 김규찬에게 경영 상태를 물으니 매우 힘든 상황이었다. 운영책임자 현종완은 매일 낮에 대학에 가서 저녁 전에는 돌아왔지만, 병원의 경영에 전혀 무관심했고 모든 경비를 제때 지불하지 못했다. 매주 운영위원회 명목으로 스무명 정도가 모여 먹고 마시는 데 드는 비용이 지나치게 많았다. 그리고 사무장은 위원 경영의 최종 책임은 네게 있다고 변명했다. 이 일 이후 나는 결국 임원을 맡지 않아도 책임에서 벗어날 수는 없겠다고 생각하게 됐다. 의원 개설 초반부터 사무와 간호사들의 급여 지급이 늦어졌다. 현종완이 의원 창구에서 수입으로 들어온 돈을 매일같이 가져간다는 이야기도 들려왔다. 이것은 그가 의원을 개인의 것이라 착각하는 것이 원인으로 명백한 공과 사의 혼동이었다. 나는 경영을 정상화해야겠다고 판단하고 의원 개업 3개월째에 출자자 전원을 불러모아 의원 경영에 관한 출자자 회의를 열었다. 장소는 아카후도 의원으로 김상종金商鐘이 의장을 맡았다. 나는 개원에서부터 8월 말까지의 경영 보고와 수입·지출 상황의 설명을 요구했다. 현종완은 이에 대답하지 못했다. 그는 실제로 의원의 경영이 어렵다는 사실을 이해하지 못하는 듯했다. 하지만 그러한 상태로는 의원에 출자한 사람 입장에서는 용납할 수 있을 리 없었다. 의원 경영은 또다시 차입하지 않으면 인건비를 충당하지 못하는 상황에 빠질 것이고 또한 이대로 적자 경영이 지속되면 파산은 시간문제였다. 그때는 도대체 누가 책임을 질 것인지도 심각한 문제였다. 회의 의장을 맡은 김상종은 오사카에서 상경한 사람으로 오사카에서는 민중 신문사의 중진을 맡았던 인물로 상당한 웅변가였다.

의장은 이러한 상황에 이르게 된 것은 운영위원회에 책임이 있다며 현종완에게 사임을 요구했고, 이에 참석자 전원이 찬성했다. 현종완 자신도 사임하겠다는 의사를 밝혔기 때문에 그것을 결의했다. 새로운 운영위원장에는 내가 지명됐다. 나는 처음부터 의원 경영에는 참여하지 않겠다고 선언했기 때문에 거절했다. 하지만 최종적으로는 아카후도 의원을 재건할 사람은 나밖에 없다며 반강제로 그 임무를 떠맡기려 했다. 망설였지만 받아들이기로 한 이유는 의원 건설 계획안은 내가 입안했고 그 취지에 찬동해 참석해준 출자자에게 손해를 안길 수는 없다고 생각했기 때문이다. 내가 의원 경영을 맡는 조건은 매주 열렸던 출자자에 의한 '운영위원회'를 원칙적으로 연 1회로 줄이고 필요할 때마다 개최하는 형태로 변경하는 것이었다. 또한 출자자가 자신의 출자금 반환을 요구할 경우 의원 운영회 앞으로 신청하고 그에 따라 의원의 이익금에서 의원의 차입금이라는 형식으로 변제하자고 제안했다. 이들 제안은 모두 인정됐다.

실제로 의원이 개업하고 약 3개월 동안 운영위원회의 술값으로 쓰인 금액은 무시할 수준이 아니었다. 또한 대부분의 출자자가 아카후도 의원에 빌려준 돈을 돌려받지 못할 것 같다고 걱정하기 시작해서 변환 절차를 명시하는 것은 그들을 안심시키려는 의미가 있었다. 다시 말하자면 의원에 대한 출자금은 의원 경영의 책임자인 내가 책임지고 변제하게 된 것이다.

그리하여 1953년 9월 1일부터 내가 아카후도 의원을 경영하게 됐다. 내 나름대로는 상당한 각오로 임했지만 고난의 여정이라 할 만한 길이었다.

김규찬은 김경화와 함께 독서회에서 제안한 의원건설안에 찬동해 주었고, 의원이 개업하고 나서도 사무장으로서 운영을 도왔다. 그는 나의 대학 선배이자 오사카大阪에서 상경한 인물의 대표격으로, 사람을 끌어당겨 조직하는 정치적 역량을 지니고 있었다. 아카후도 의원 개업 초기에 그는 나에게 직접 의원을 경영하는 것이 좋지 않겠냐고 여러 번 설득했다. 하지만 나는 그의 충고를 받아들이지 않고 현종완을 믿었는데 결과적으로 의원 경영을 위기로 몰아넣고 말았다. 나는 그것에 책임감을 느꼈다. 형제처럼 친했던 현종완은 우리 집에서 지내지 않게 됐고, 다른 곳으로 이사했다.

비록 원하던 바는 아니었으나 내가 경영하게 됐기 때문에 그는 나를 응원하는 의미에서 여러 가지 상담에 응해주었다. 나는 처음의 목적, 즉 지역 주민들의 건강을 지키기 위해 가난에 허덕이거나 제대로 된 의료 혜택을 받지 못하는 사람들을 위해 사람들에게 봉사하는 의원을 경영하는 일에 전력을 다하겠다고 다짐했다.

3. 고난 속에서의 결혼

(1) 결혼을 결심하고

바로 그 무렵이었다. 내가 아카후도 병원을 '경영'하고 있다는 소문이 퍼지자 많은 사람들이 어떤 상황인지 사태를 파악하려 했다. 그래서 나도 오해를 피하기 위해 의원 경영자는 내가 아니라 나의 아버지라고 말하고 그 소문을 부정하는 일이 많았다. 하지만 내가 실제로 병원을 경영한다는 사실을 아는 사람들 중에 나에게 혼담 이야기를 꺼내는 사람이 부쩍 늘었다. 부모님도 빨리 결혼시키기 위해 지인들에게 이야기를 하고 다니는 것 같아 몹시 난처했다.

의원 경영자라고는 해도 나는 사실상 무일푼이었다. 그러한 상황에

결혼기념사진(1954년 1월 4일·우에노 시타야공회당)
앞줄 왼쪽부터 민과대표 미우라 쓰토무 선생, 주례 신홍식 선생, 그리고 친구 일동

서 경영을 하는 것이 얼마나 어려운지 부모님은 그 사정을 전혀 알지
못했다. 그래서 의원 사무장을 하고 있고 내가 놓인 사정을 잘 알고 있
는 김규찬까지 아버지에게 부탁을 받아 나에게 혼담을 가지고 왔다.
물론 그도 나에게 돈이 없다는 것을 알았지만, 역량이 있으면 언젠가
모두 해결되니 우선 결혼을 시켜 사회적으로 신용을 얻게 할 생각이
었던 것 같다. 사업을 하는 사람은 신용이 중요하다며 설득했다.

나에게 있어서 결혼이란 인생 최고의 사건이며 그 목적은 어디까지
나 행복한 가정을 꾸리는 것이었다. 사회인이 되어 현실 속에서 살아
가기 위해서는 가정을 갖는 것은 분명 중요한 일이었다. 특히 모친은

봉건 시대의 유교 사상 때문에 근대적인 교육을 받을 기회가 적어 아들을 결혼시키는 일을 무엇보다도 중요하게 생각했다. 그간의 불효를 속죄하는 의미에서도 선배의 소개로 맞선을 봤다.

막상 맞선을 보기로 결심하자 선배 말고도 다른 사람과 아버지 사이에서 중매 이야기가 구체적으로 오갔고, 아버지는 어떻게 조정할지 난감해했다. 나도 의원 경영을 넘겨받은 것까지는 좋으나 어떻게 자금을 조달하고 내원 환자를 늘려야 할지 혼자서 이런저런 고민을 할 때여서 사실 결혼을 생각할 처지는 아니었다.

그 당시 우리 민족의 맞선 풍습으로는 서로의 부모 또는 부친만 동석해 만나는 경우와 중매인이 남성 측을 대표로 맞선을 중개하고 신랑 후보를 데리고 만나러 가는 경우가 있었다. 여성 측이 거절하는 경우는 문제가 없지만, 남성 측에서 거절하는 경우는 문제가 되기도 했다. 여성 측의 체면을 손상시키기 때문이다. 그래서 정식적인 형태가 아니라 비공식적인 방법으로 맞선을 보는 경우도 많았다. 내 경우도 그러했다.

우리 쪽 중매인이었던 김규찬 선배는 맞선 상대의 집안과 경력 등을 이미 조사해 나에게 장황하게 설명했다. 맞선 상대인 여성은 오사카에서 태어났다. 전쟁 중에 공습이 심해져 전라남도 목포에서 숙부가 사업을 했기 때문에 그곳으로 건너가 소학교로 편입하고 전후에는 목포 고등여자학교에 진학했다. 모친이 도쿄 아사쿠사에서 목포상점이라는 조선 옷감 가게를 운영했기 때문에 졸업 후 일본으로 건너왔다는 것이었다. 일족 중에는 전쟁 전부터 각종 사업을 하는 사람도 있었다. 제주도 제주시에서 오현중학교라는 명문 학교를 운영하던 황순하黃順河도 있어 전혀 부족함이 없는 가문이라고 했다. 이처럼 의기양양하게 여성을 소개해서 아연실색했다. 오히려 나는 그 이야기를 듣고 불만족스러웠다. 내가 원하는 결혼 상대는 돈 많은 자산가도, 높은 교육을 받은 인텔리도, 명문 가문의 사람도 아니었다. 나는 서민적인 사람을 원해서 선배가 말하는 것처럼 집안을 내세우는 사람은 내키지 않았다. 콧대가 높아 보이는 사람이 우리 집에 시집와서 어머니와 여동생들과 원만하게 지낼 수 있을 리 없다고 생각했다. 나는 맞선 이야기는 그만하고 없었던 일로 해달라고 요청했다. 그러자 이번에는 선배가 화를 내며 자신이 힘들게 들고 온 모처럼의 혼담을 아직 만나지도 않았는데 거절하는 것은 무슨 경우냐며 그렇게 되면 중매인으로서 자신의 체면이 망가지지 않겠냐며 언짢아했다. 그래서 거의 지다시피 설득당해 맞선을 보게 됐다.

맞선은 맞선 상대인 여성이 살고 있는 아라가와구荒川区 닛포리日暮里 자택 앞으로 정해져 선배가 이끄는 대로 따라갔다. 선배가 여성의 집 앞으로 가자 현관문이 열리고 여성 한 명이 나왔다. 꽤 미인이었다. 그 다음 또 한 명의 여성이 쭈뼛쭈뼛하며 나왔다. 나는 처음에 나온 여성이 맞선 상대이고 뒤따라 나온 여성은 여동생일 것이라고 생각했다. 어떠한 영문인지 맞선은 6m 정도 떨어진 거리에서 서로의 얼굴을 확인하는 것으로 끝났고 선배가 이제 그만 돌아가자고 해서 그 장소를 떠났다. 그야말로 눈 깜짝할 사이에 벌어진 일이었다. 돌아오는 길에 선배가 맞선 상대 여성은 어땠는지 내게 물었다. 나는 제대로 볼 시간조차 없었지만 '괜찮은 것 같아요'라고 대답했다. 그리고 '뒤따라 나온 여성은 여동생인가요?'라고 물었다. 그러자 선배가 '너는 누구랑 맞선을 봤느냐'라고 내게 묻는 것이었다. 나는 처음에 나온 여성이 맞선 상대라고 생각했다고 말했다. 그러자 선배는 처음 나온 여성이 동생, 뒤따라 나온 여성이 언니이고 뒤따라 나온 여성이 맞선 상대라고 말해 몹시 놀랐다. 맞선은 다시 보기로 했다.

이번에는 상대방의 부모님을 모시고 맞선을 보기로 했는데, 여성의 퇴근 시간을 물어 그 시간에 맞춰 가기로 했다. 선배와 함께 여성의 집을 방문하니 우리를 기다리고 있었다는 듯이 여성도 퇴근 후 집에 와 있었다. 나는 여성을 가까이서 보았는데 며칠 전에 본 여동생과 쌍둥이처럼 닮아 있어서 누가 누구인지 분간하기가 어려울 정도였다. 미인이라고는 생각했지만 수줍음을 잘 타고 잘난 척하지 않는 차분한 느낌의 사람이라는 인상을 받았다. 여성을 만나기 전에 선배가 해준 이야기는 여성을 좋게 설명하기 위해 부풀려 말한 부분도 있었던 것 같다. 나는 결혼 상대로 적합한 여성이라고 생각했다.

그리하여 중매는 끝났다. 나는 선배에게 결혼을 추진해 달라고 부탁했다. 그리고 나서 여성 측 대답을 기다렸다. 일주일 정도 지나고 나서 여성 쪽에서도 결혼을 승낙하겠다는 대답이 돌아왔다. 그 후의 일들은 선배가 도와주어서 이야기는 순조롭게 진행됐다.

하지만 한 가지 곤란한 일이 생겼다. 앞서 언급했듯이 나의 아버지에게 혼담을 가지고 온 사람이 있었다. 아버지 말로는 아카후도의원 출자자이자 운영위원의 한 사람으로 우에노上野에서 사업을 크게 하는 사람이라고 했다. 그는 내가 병원 운영을 도맡고 있다고는 하지만 무일푼에 가깝고 빚을 떠안은 채 경영하고 있다는 사실을 알고 있음에도 나를 위해 중매를 알아봐 준 것이었다. 그와 달리 선배가 추진하는 혼담은 내가 의원을 경영하고 있다는 사실로부터 젊은 나이에 큰 일을 일구어낸 사람이라는 인식을 전제로 한 것이었다.

다만 선배도 아버지에게 부탁받기도 했고 나를 걱정하는 마음에서 애써주고 있었던 것이다. 또한 선배도 당연히 나의 경제 상황 등을 알고 있었고 혼담을 제대로 성사시키기 위해 노력해 주었다. 물론 맞선 결과 당초 생각했던 것처럼 콧대가 높은 사람은 아니었고 여성도 그 가족도 모두 사려 깊다는 생각이 들어 그 여성이 마음에 들었던 것이다.

(2) 결혼생활은 고난의 출항

이렇듯 우여곡절을 거쳐 1953년 12월 초에 혼약이 무사히 성립됐다. 그때까지 나는 신부의 얼굴을 한 번밖에 보지 않았으나 한 번 더 만나지는 못했다. 혼약식이 끝나고 나서 처음으로 둘이서 외출해도 된다는 허락이 떨어져 아사쿠사에 가서 기념사진을 찍고 온 정도였다. 참으로 시시하지 않을 수 없었다. 신랑 측은 결혼 날짜를 문서로 작성해 그것을 양가 대표가 받아서 당사자에게 전달한다. 우리의 결혼식은 1954년 1월 4일로 결정됐다. 문서로 작성하기 때문에 일정 변경은 불가능하다.

그리고 나서 나는 의원 경영에 지장이 없도록 결혼식 준비를 위해 분주히 움직였다. 우선 결혼식은 공개 결혼식으로 주례는 조선장학회 이사장인 신홍식申鴻湜 선생께 부탁했다. 신주쿠新宿에 있는 장학회에 가서 말씀드리니 기꺼이 승낙해 주셨다. 돌아오는 길에 오차노미즈お茶ノ水 역에서 내려 민과 사무소에 들렀는데 미우라 쓰토무 선생을 만날 수 있었다. 나는 결혼한다고 보고하고 공개 결혼식으로 진행되는데, 축사를 부탁드리고 싶다고 말씀드렸다. 그는 기뻐하며 자신이 민과를 대표해 축사를 하는 것이니 만약 그것 외에도 자신의 이름이 필요하다면 사용해도 좋다고 말했다. 그래서 민과 대표 초청인이 되어달라고 부탁하니 흔쾌히 승낙해 주셨다. 나는 민과 회원이라는 사실이 무척 자랑스러웠다.

다음으로 우에노역에서 하차해 다이토구台東区 구청에 갔다. 구청 강당인 시타야下谷 공회당이 비어있어 당일 혼례를 위해 사용 허가를 신청했다. 그리고 구청 옆에 있는 우에노 경찰서에 들러 결혼식 연회를 위한 집회 신청서를 제출했다. 많은 사람이 연회에 오기 때문에 필요한 절차라고 생각했다.

하지만 집에 돌아와 냉정히 생각해보니 결혼식을 하는데 집회 신청을 꼭 해야 하는지 헷갈렸다. 나는 학생운동시절 습관으로 모임이 있으면 경찰의 허가를 받는 습관이 있었는데, 정치 집회를 여는 것이 아님에도 불구하고 신청서를 제출한 나도 바보지만 그것을 접수한 경찰 담당자도 어리석기 짝이 없었다.

당시 재일동포 사회에서 관혼상제는 서로 도우며 치렀다. 그리고 결혼식 당일 연회에 사용되는 도시락은 근방의 주부들이 모여서 만드는데, 재료는 그날 모인 사람들이 그 자리에서 바로 준비해서 결혼식 당일에 수백 개를 한 번에 만들었다. 돈이 없어도 현금 지불이 아니라 사정에 따라 모든 재료를 후불로 충당하는 경우도 있었다.

결혼식 당일은 날씨가 흐렸고 오후부터 비가 조금씩 내렸으나 이내 그쳤다. 집에서 우에노 식장까지는 오사카에서 상경한 김대우金大祐, 김대홍金大弘 두 형제가 함께 가주었다. 큰길로 나가도 택시가 잡히지 않아 우메다梅田 욘초메四丁目에 있는 집을 나와 니시아라이西新井 다리를 건너 겨우 택시를 잡아 식장으로 향했다. 그 때문에 식장에 아슬아슬하게 도착해 사회담당 김규찬金圭贊 선배가 늦어다며 화를 냈다. 선배는 아직 주례와 만나지 않았기 때문에 내가 식장에 가서 소개를 해야 했다. 선배도 마음을 졸였을 테니 혼나는 것이 당연했다. 인사하는 사람의 이름 등은 종이에 써서 사전에 건넸기 때문에 문제는 없었다.

제1부 식이 끝나고 제2부는 학동시절 친구인 박희덕朴喜德에게 사회를 부탁해 식을 무사히 마쳤다. 친구들은 바로 흩어지지 않고 주례를 모시고 우리 집에 들이닥쳤다. 김상권金相權을 비롯해 학동시절의 친구들이 우리 집에 우르르 몰려들어 어머니와 여성들은 술을 준비하느

라 분주했다. 그들이 우리 집에 들이닥친 이유는 술을 먹고 싶어서는 아니었다. 그보다는 나를 매달아 올리기 위해서였다. 언제부터 시작된 풍습인지는 모르지만, 결혼식이 끝나면 밤에 친구들이 식과는 다른 축하 방식으로 허위 재판을 하는 풍습이었다. 그들은 그것을 하기 위해 우리 집에 몰려든 것이었다. 허위 재판은 실제 재판의 형식으로 이루어졌고 재판관, 검사, 변호사, 집행관, 피해자의 소장 등 모든 것이 허위였지만 이치에 맞는 방식으로 신랑을 곤란하게 만들어 즐기는 것이었다. 간혹 도가 지나친 경우도 있었는데, 나도 예외는 아니었다. 물론 이는 깊은 우정의 증거이자 매우 기쁜 일이었다.

다음 날 사촌 형으로부터 신혼여행 비용을 건네받았다. 당시 신혼여행은 아타미熱海로 정해져 있었는데, 나는 아타미가 어디에 있는지조차 몰라 불안했다. 게다가 앞으로의 위원 경영을 생각하면 신혼여행으로 불필요한 돈을 쓰면 안 된다고 생각했다. 그래서 집에는 아타미에 간다고 말해두고 아내를 설득해 시부야渋谷였는지 신주쿠新宿였는지 정확히 기억이 나지는 않지만, 그 앞 산구바시参宮橋에 있는 호텔에서 하룻밤을 묵었다. 그런 식으로 신혼여행에 가지 못한 것은 아직까지도 아내에 대한 마음의 빚으로 남아있다.

집에 돌아오자 의원 경영과 자금 조달 등으로 매우 바빠져 신혼의 단꿈은 날아가 버렸다. 생활비조차 아내에게 주지 못하는 형편이어서 당분간 부모님과 함께 생활해야만 했다. 1월 말이 다가왔지만 결혼식 비용을 지불하지 못했고 의원 수입도 늘지 않아 굉장히 난처한 상황이었다. 무엇보다도 가장 먼저 지불해야 했던 것은 의원 직원들의 인건비였다. 하지만 수입은 매월 부족해서 자금을 조달하기가 어려웠다. 친구라 편하기도 해서 원장인 권영범権寧範에게 결혼식 비용이 많이 나와 자금이 막혔으니 원장의 급여 지불을 조금 늦춰주면 안되겠냐고 부탁했으나 매몰차게 거절당했다. 그는 내 친구이니 조금은 나의 사정을 이해해주고 협력해 줄 것이라고 생각했던 나는 큰 충격을 받았다. 나는 고심 끝에 아내에게 사정을 설명했다. 그리고 내가 가지고 있는 값나가는 물건과 아내가 가지고 있는 물건들과 결혼식 반지를 잠시 빌리겠다고 말했다. 결혼한 지 1개월밖에 지나지 않았는데 그러한 이야기를 갑자기 꺼내 아내는 당황했다. 아내는 잠시 생각한 뒤 이혼하기 위해서가 아닌 의원을 구하기 위한 조치라는 점을 납득하고 반지를 빼서 건네주었다.

아내에게 반지를 받을 때 너무 냉혹한 건가 하고 내 자신에게 의구심을 품었다. 의원 경영을 위해서라고는 하지만 마음속은 도깨비집이돼 가고 있었는지도 모른다. 아내는 우리 두 사람의 맹세의 징표인 결혼식 선서문을 꺼내어 "이것이 있으니 반지가 없어도 있는 거나 다름없죠?"라고 물었다. 나는 그렇다고 대답하고 안심시켰다. 아내는 그래도 불안했는지 다음 날 친정에 가서 이 사실을 친정 부모님께 말씀드리고 상담을 한 것 같았다. 하지만 장모님은 당혹스러워하지 말고 모든 것을 남편에게 맡기고 그 뒤를 따르라고 했고, 아내는 그 이야기를 듣고 안심하고 돌아온 것이었다. 시간이 꽤 지난 후에 아내가 나에게 그러한 일이 있었음을 말해주었고, 아내의 심정을 이해할 수 있었다.

나는 아내에게 건네받은 결혼반지와 집 안에 있는 시계 등을 모두 가지고 근처 전당포에 가서 돈으로 바꿔온 후 내가 가진 현금과 합쳐 권 원장에게 급여를 건넸다. 그리고 1개월의 유예기간을 갖고 의원 원장을 퇴임해달라고 말했다. 그는 의사가 되고 나서 아카후도병원에서 근무한 것이 첫 사회 경험이었다. 그래서 그가 모르는 것에 관해서는 내가 열심히 뒷받침할 생각이었다. 그것이 이런 식으로 끝나게 된 것은 매우 안타까운 일이었다. 물론 나에게도 미숙한 점은 있었다. 그는 학생운동 시절의 동료이기도 해서 나는 그를 '권군'이라고 친근하게 불렀다. 원장이 되고 나서도 나는 그를 '선생'이라고 부른 적이 없었다. 나중에 생각해보니 그러한 허물없는 태도가 원장으로서의 자존심에 상처를 입힌 것은 아니었을까 하는 생각이 들기도 한다. 어쨌든 나는 후임 원장을 어떻게 해야 할지 진지하게 모색해야만 했다.

4. 의원의 재출발

다음 날 나의 모교인 슨다이駿台상업학교(현재 슨다이고등학교) 교장인 세오 요시히데瀬尾義秀 선생을 만나러 갔다. 나는 아카후도 병원을 경영하게 된 경위를 설명하고 이번에 원장이 그만두게 돼서 새로운 원장 선생을 초빙하고 싶다는 취지로 상담했다. 선생이라면 반드시 답을 주실 것이라고 생각했던 것이다. 세오 선생은 슨다이공업학교 교장 외에도 도쿄여자의과대학 교수를 겸임했으며 사회적으로 지명도가 높은 훌륭한 분이었다. 일주일 정도 지나 다시 학교를 방문하니 교장 선생은 마침 잘 왔다며 스도 몬이치須藤紋一라는 사람을 만나보라고 소개해 주었다. 이 사람은 도쿄 도청의 월간지 「도정인都政人」의 편집장이었다. 「도정인」을 방문해 스도씨와 만났다. 그의 매형은 도호쿠東北국철 진료소 소장이었는데, 정년으로 퇴직하고 현재는 쉬고 있다는 것이었다. 그래서 언제라도 부부가 아카후도 의원 근처로 이사올 수 있다고 했다. 선생의 이름은 아키노 미쓰아키秋野光顕였다.

나는 나름대로 생각하는 바가 있었으므로 아키노 선생과는 면담을 하지 않고, 아무런 조건 없이 이 선생에게 부탁하기로 했다. 소개자가 은사이고 또한 저명한 분이어서 그렇게 하는 것이 소개를 도와주신 분들의 얼굴을 세우는 일이라고 생각했던 것이다.

의료법상으로는 의사가 아닌 자가 의원이나 병원을 경영할 수 없지만, 의료법인의 경우에는 꼭 그렇지만도 않았다. 아카후도 의원은 개인 의료기관이므로 의사 자격을 증명할 의사면허증과 의사 이력서를 가지고 아다치보건소에 개설 신청을 하면 됐다. 그래서 1954년 2월 1일부로 아카후도 의원은 폐업 신청이 나왔고 그와 동시에 '후쿠민福民의원'이 새롭게 개설됐다. 명칭 변경은 아키노 선생이 희망했다. 그리하여 아카후도의원은 후쿠민의원으로 재출발하게 됐다.

아키노 선생은 자신은 정년이 넘었고 주택을 제공받고 있기 때문에 급여는 매월 수취액 2만 엔 정도면 충분하다고 말했다. 그 당시 일반적으로 지불되는 급여는 일반 의사가 2만 엔 정도였다. 원장의 경우 원장 수당이 1만 엔가량 붙어 3만 엔 정도가 시세였다. 대기업 회사원의 경우 대졸이 1만 엔, 공무원의 초임 급여가 8700엔, 그 밖에 사무직 등이 6500엔 정도였다.

나는 그것으로 의원 경영은 일단 안정될 것이라고 믿었으나 현실은 달랐다. 아키노 선생은 구 국철 진료소 소장으로 국철 직원과 그 가족을 전문적으로 치료했기 때문에 치료비를 내기 어려운 환자는 접하지 않았던 것 같다. 하지만 부임해온 아다치의 롯본기초六本木町나 우메다초梅田町는 빈민가라서 치료하러 오는 환자는 대게 만성적인 질환을 안고 있었다. 아키노 선생은 국철 진료소 시절의 환자 수준과 너무 달라 당혹스러워하는 것 같았다. 또한 환자도 환자대로 부임해온 선생을 신뢰하지 못해 나날이 환자가 줄었다. 이러한 상황을 나는 매일 의원 사무실에서 지켜보고 있었는데, 어찌해야 할지 몰라 혼자서 고민했다. 어떻게든 손을 써야겠다고 생각했지만, 마땅한 대책을 찾지 못한 채 시간만 흘러갔다. 아키노 선생에게는 이러한 상황을 이야기하며 이 지역의 특수한 사정을 설명했으나 선생은 환자와 관련된 일은 자신에게 맡겨달라며 나의 제안을 그다지 유쾌하게 들어주지 않았다.

나는 고민 끝에 또다시 원장에게 퇴임해달라는 부탁을 하기로 했다. 막상 원장을 교체한다고 하니 여러모로 마음이 무거웠다. 아키노 선생은 나의 은사인 세오 선생의 소개로 와준 것이다. 그렇게 간단히 퇴임을 부탁할 수 있을 리 없었다. 그래서 나는 세오 선생을 직접 만나기로 했다. 그리고 소개받은 아키노 선생은 훌륭한 선생이지만, 현재의 아다치의 상황, 즉 지역 환경의 특수성을 이해하지 못해 환자들의 신뢰를 얻지 못하고 있다고 설명했다. 또한 아키노 선생에게 그에 관해 조언을 해도 좀처럼 들으려고 하지 않아 의원의 경영이 적자로 인해 파산에 내몰리기 직전이라고 하소연했다.

세오 선생이 내게 도움을 주기 위해 소개해 준 결과가 의원 경영에 마이너스가 되어버려 인선을 재고해야겠다며 스도 선생과도 만나서 이야기했는데 결국 아키노 선생은 퇴임하게 됐다. 그뿐 아니라 아키노 선생은 후임 원장이 부임할 때까지는 의원의 원장으로서 진료를 계속 봐주겠다고도 약속했다. 그 덕분에 나는 후임 원장을 찾는 일에 집중할 수 있었다.

아무리 아키노 선생이 후임이 결정될 때까지 기다려준다고는 해도 하루 속히 새로운 원장을 찾아야만 했다. 그 후 나는 여러 방면의 지인에게 부탁해 새로운 원장 후보를 물색했다. 그 무렵 중국에서 건너온 귀향 병사 인양이 신문에 크게 보도됐다. 나는 그 기사를 무심코 보게 됐는데, 인양자 가운데 의사 이름이 있었다. 그 의사들은 후생성 관할로, 그 방면에 대해 알고 있는 병원과 의원이 손을 써서 잽싸게 데려갔다. 명단을 보니 아다치 지로安達次郎라는 의사 이름이 눈에 들어왔다.

후쿠민병원 원장 아다치 지로 선생과 직원 일동(1954년 7월)

나는 경력을 확인했는데, 이 선생은 구 만주満州의과대학병원 부원장을 역임했던 인물로 우리 의원의 원장 자리에 매우 적합하다고 생각했다. 그보다 오히려 우리 의원처럼 작은 진료소에 부임해줄지가 문제였다. 나는 그래도 꼭 이 선생을 원장으로 맞이하고 싶어 고심 끝에 의원의 공동경영을 조건으로 내세워 승낙을 받아야겠다고 생각했다. 나는 아다치 선생이 외지에서 인양된 의사라는 이유로 낮은 급여로 일하고 있고 근무 시간이나 당직 등도 힘든 시간대에 배치되어 혹사당하고 있다는 사실도 알아냈다. 나는 아다치 선생이 근무하는 아카바네赤羽병원을 찾아갔다. 아다치 선생과 만나 초면이기는 하나 공동경영을 제안하자 내가 제시한 조건을 받아들여 흔쾌히 승낙했다. 나도 이제 드디어 의원 경영이 정상화되겠다고 생각했다. 이익의 절반은 급여로 지불해야 하지만 서로의 이상이 일치한다면 그것이야말로 가장 좋은 방법이라고 생각했다.

이러한 경위로 1954년 6월 말을 기점으로 아키노 선생이 퇴임하고 7월 1일부터 아다치 지로 선생이 새로운 원장이자 공동경영자로서 부임하게 됐다.

5. 지역에 밀착한 의료

아다치 선생을 공동경영자로 맞이하고 나서는 무엇이든 그에게 상담한 후 실행에 옮겼다. 선생은 전후 중국 국내 내전으로 대학 병원이 기능하지 못하게 되어 결국 내전에 끌려가 중국 동북지방을 전전했다고 한다. 야전 병원에서 치료 임무를 맡았고 드디어 일본으로 인양되어온 상태로 일본의 사정에 대해 잘 알지 못했다. 하지만 그는 롯본기六本木나 우메다梅田 지역의 빈민가에서도 사람을 가리지 않고 차별 없이 그리고 적극적으로 치료 활동에 전념해 주었다. 그야말로 이 지역의 적임자였다.

그래서 나는 아다치 선생과는 기회가 있을 때마다 이야기를 나누었고, 어떻게 하면 내원 환자를 늘릴 수 있을지를 의논했다. 그러한 와중에 나는 다음과 같은 제안을 했다. 우선 의원 주변의 회사와 협의해 무료 건강진단을 실시하는 것과 돈이 없는 환자도 일단 치료하고 치료비는 연말까지 기다려주는 것이었다.

이 이야기는 입소문을 타고 지역에 퍼져 나갔고 많은 환자들이 기뻐했는데, 한편으로 치료를 받은 환자는 그리 급속히 늘지는 않았다. 결과가 숫자로 나타날 만큼 환자가 늘기 시작한 것은 인근 기업을 대상으로 무료 건강 진단을 실시하면서 부터이다. 건강진단은 주식회사 시나다品田제작소와 소고相互고무공업주식회사 등에 아다치 선생이 간호사를 데리고 가서 직접 실시했는데, 몸 상태가 나쁜 직공들이 많다는 사실을 알게 됐다. 병이 판명된 직공은 후쿠민병원에서 치료를 받았고, 의원은 급속도로 환자들이 늘어났다. 아다치 선생이 한때 중국에서 조수를 했던 의사를 불러와 2인 체제가 됐지만, 하루에 150명에 이르는 외래 환자가 내원했기 때문에 매우 바빴다. 당시 의사 한 명이 보는 환자 수는 20명에서 많아봤자 30명 정도였기 때문에 대단한 일이었다.

후쿠민병원에 환자가 너무 몰려 주변 병원으로부터 환자를 빼앗겼다는 불평도 들려왔다. 그중 후쿠민병원이 부정 출장 진료를 하고 있다고 아다치의사회에 밀고한 의사도 나타났다. 의사회가 그 호소를 임원회에 올려 토론을 했고 사실을 밝히기 위해 후쿠민 병원 원장이 아닌 사무장을 불렀다. 아다치의사회 회장으로 시모가와下川병원인 시모가와 히로시下川宏 이름으로 소환 통지서가 와서 내가 후쿠민의원 대표로 의사회에 사정을 설명하기 위해 방문했다. 후쿠민의원은 건강진단을 하기 위해 의사를 출장시켰는데, 치료는 일절 하지 않았다는 사실과 애당초 치료 도구를 가지고 가지 않았다고 말하자 회장은 입장 상 곤란한 눈치였다. 결국 지금까지 해온 것은 어쩔 수 없다고 해도 앞으로는 출장 건강진단을 하지 말라는 명령이 내려왔다. 당시 의사 업계에는 봉건적 분위기가 여전히 남아 있어 회장의 명령은 절대적으로 따라야만 했다. 그렇지 않아도 후쿠민병원은 환자가 급증해

아카후도 진료소 앞에서(1960년 4월)

의사를 출장 보낼 시간이 없었는데, 그 일을 계기로 출장 건강진단은 중지됐다.

그렇게 환자 수는 급증했지만, 그와 동시에 치료비를 지불하지 못하는 사람도 점점 늘어났다. 나는 무료로 치료를 받는 환자들과 면담해 의료비를 지불하기 어려운 환자에 대해서는 후쿠민사무소에 함께 가서 무료로 치료를 받을 수 있는 '의료권'을 발행받도록 했다. 이 의료권은 정부가 질병의 치료비를 부담하는 증명서로, 환자도 돈 걱정을 하지 않아도 됐고 의원 측도 치료비 회수를 걱정하지 않아도 돼서 좋았다.

하지만 의료권을 받을 수 있는 환자는 상당히 어려운 상황에 빠져 있었다. 연말까지 치료비를 지불하러 올 수 있는 환자는 절반도 채 되지 않았다. 연말이 다가오자 하는 수 없이 사무원에게 치료비 미수납자

아카후도 진료소 앞에서(1960년 4월)

리스트를 작성하도록 하여 치료비를 청구했다. 이 일은 사무원 혼자서 하기는 도저히 불가능해서 아내까지 동원했다. 그래도 연말 제야의 종이 울리면 청구를 끝내고 다음 해까지 넘기지 않도록 했다. 즉 해를 넘기면 빚을 탕감한다는 뜻이다.

의원 경영의 차원에서 말하자면 얼핏 무모해 보이는 방식이었다. 하지만 후쿠민의원이 '지역에 봉사하는 병원'이라는 이야기가 널리 퍼지자 환자 수는 점점 늘어갔다. 그래서 어쨌든 결과적으로는 채산은 맞았다.

의원을 경영하느라 빚 변제에 쫓기고 있어 내게 가정을 돌볼 여유가 없다는 사실을 아내는 잘 알고 있었다. 가정 경제는 궁핍한 상태로 생활비조차 부족했다. 아내는 불평 한마디 입 밖에 내지 않고 생활을 꾸려주었다. 조금이라도 생활에 도움이 되고자 근방 사람들에게 부탁해 부업까지 했다. 부업 재료를 집으로 가지고 와서 작업을 하는 아내의 모습을

볼 때마다 나는 진심으로 미안했고 마음속으로 용서를 구했다.

내가 병원을 운영하는 방식에 대해 말하자면 나는 의사가 아니기 때문에 의사를 초빙할 때 저자세로 맞이한다. 당시 의사라는 직업은 일반 사회에서는 특별한 존재였던 만큼 신경 써서 대했다. 그러한 사실을 염두에 두고 원장이 지역의 특수성을 이해하고 나의 방식에 협조해주길 바랐던 것이다. 병원 운영의 이념을 설명하고 지역 주민에게 봉사하기 위한 의료 사업임을 이해시킨 후에는 의사가 같은 경영자 위치에 서서 협조했다.

물론 의원을 상업적으로 성공시키는 데 매달렸던 것은 아니었다. 가난한 사람이 많은 아다치에 지역을 위한 의원이 필요했기 때문에 이 사업에 뛰어든 것이었다. 하지만 의원을 존속시키기 위해서는 경영자로서의 능력도 필수 불가결했다.

6. 또다시 닥친 의원 경영의 수난

(1) 의원의 운명은 의사가 좌우한다

아다치 선생의 덕분으로 후쿠민병원을 찾는 환자 수가 나날이 증가하는 것을 보고 나는 안도감에 가슴을 쓸어내렸다. 아다치 선생은 중국에 체류하던 당시 의사라는 이유로 내전에 동원돼 야전 병원에서

아카후도 진료소 앞에서(1960년 4월)

치료를 행했다. 그러한 이유로 내과, 소아과, 외과는 물론 산과를 제외한 산부인과까지 모든 분야의 환자를 진찰할 수 있었다. 그리고 그만큼 환자들의 신뢰는 점점 두터워졌다.

의원은 나날이 늘어나는 환자에 대응하기 위해 손을 써야만 했다. 그래서 앞서 기술했듯이 아다치 선생이 중국에 있을 때 조수였던 의사를 초빙했다. 그는 고시다 선생이라고 불렸으며 노력가이자 성실한 성격의 소유자였던 것으로 기억한다. 그 무렵은 밤이 되어 겨우 잠이 들어도 누군가가 깨우면 일어나서 왕진을 가야만 하는 상황이 빈번해 다음 날 진료에까지 영향을 미쳐 곤란한 상황이었다. 그러한 사정을 아는 고시다 선생이 조수로 와준 덕분에 상황은 꽤 호전됐다.

환자 왕진은 반드시 고시다 선생이 갔기 때문에 아다치 선생은 일주일 중 절반은 자신의 집으로 귀가할 수 있게 됐다. 하지만 그렇다 해도 아다치 선생은 이미 오십 대 후반으로 체력적으로나 정신적으로나 상당히 피로가 쌓인 듯했다. 의사들의 식사는 내 아내가 만들어서 의원으로 가지고 왔다.

한편 나도 의원 경영에 쫓겨 필사적이었다. 아내에게는 생활비를 충분히 주지 못했다. 아내도 그러한 나의 모습을 보고 근방 사람들이 하던 부업 일을 나누어 받아 생활에 보탰다. 그리고 나도 그러한 아내의 모습을 볼 때마다 마음속으로 미안하다고 용서를 구할 수밖에 없었다. 아내는 스무 살이라는 젊은 나이에 나와 결혼해 아직 1년도 채되지 않았는데 있는 힘껏 협력해 주었다고 생각한다.

의원 간호사는 한 명뿐이었지만, 나의 막내 여동생인 창숙이 긴자銀座의 노포 '보래宝来'를 퇴사하고 실직 상태였기 때문에 견습 간호사를 맡아주었다. 사무원은 기본적으로 접수창구를 담당했고, 월말부터 그다음 달 초에 걸쳐 실시하는 매월 보험 청구와 같은 일은 대부분 내가 담당했다.

이러한 체제로 3년 동안 의원 경영을 이어 나갔는데, 어느 날 아다치 선생이 피로가 누적돼 몸 상태가 좋지 않으니 요양하고 싶다는 뜻을 밝혀 왔다. 의원은 공동 경영이었지만 실질적으로는 내가 경영을 했다. 나의 경영 방침은 환자가 중심인 의료기관으로 전 직원에게 그 기본 이념을 철저히 숙지시켰다. 즉 환자에게는 친절히 대응하고 치료 시에도 제대로 설명을 해주어 환자가 안심할 수 있도록 했다. 환자로부터 다소 무리한 부탁을 받아도 일단은 그것을 받아들여 환자에게 봉사해야 함을 의미하기도 했다. 이는 환자에게는 기쁜 일일 것이다. 하지만 치료를 하는 의사나 간호사 입장에서는 매일 신경을 곤두세워야 하는 힘든 방식으로 아다치 선생의 몸이 상한 것도 무리는 아니었다. 나는 다시 한번 의원 경영의 어려움을 뼈저리게 느꼈다.

환자를 위해서라고는 하지만 아다치 선생이 힘든 일을 감당하게 한 것에 대해 반성했다. 내가 안심하고 경영할 수 있었던 것은 선생의 덕분이며 나는 그것에 감사의 뜻을 표하고 후임을 정하기 위한 유예기간을 받아 가능한 한 빨리 새로운 원장을 찾기로 했다.

나는 몇몇 인맥을 통해 새로운 원장을 물색했지만, 적임자는 나타나지 않았다. 단지 의사이기만 하면 되는 것은 아니었다. 나는 학생 시절부터 쇼와昭和의대 출신자와 연이 있어 보이는 현종완玄鐘完을 통해 쇼와의대 출신의 이하라 유키오伊原幸男·윤한구尹漢亀라는 의사를 소개받았다. 그의 인품은 아다치 선생과는 상당히 달랐지만, 그 나름의 장점을 가지고 있는 듯했다. 그래서 나는 즉시 그를 원장으로 맞이하고 싶다는 뜻을 전했다. 현종완도 열심히 설득해 주어 이하라 선생의 승낙을 얻어냈다.

그리하여 아다치 선생의 후임이 결정됐고 1957년 3월 1일부터 이하라 유키오 원장이 새롭게 부임했다. 새로운 원장의 요청으로 의원의 명칭은 다시 지역명으로 돌아가 '아카후도진료소'로 재출발하게 됐다. 이로써 서류상 세 번째로 의료기관 개설자를 변경한 셈이다. 원장이 바뀔 때마다 의원의 폐쇄 신청, 개설자(새로운 원장)의 개설 신청과 같은 사무 수속을 해야만 해서 상당히 번거로웠다. 그 수속은 매번 내가 했기 때문에 몇 차례 의원 폐쇄와 개설을 반복하는 사이에 아다치보건소 직원들과도 안면을 트게 됐고 의원 경영 사정을 잘 알고 있는 만큼 호의적으로 대해 주었다.

이하라 선생은 아다치 선생과는 대조적인 타입이었다. 아다치 선생을 믿고 내원했던 환자들 중에는 이하라 선생이 나이가 어려 진단을 제대로 할지 걱정하는 환자들도 있었다. 하지만 그는 유능했다. 막상 이하라 선생에게 진료를 받은 환자들은 그를 전적으로 신용하게 됐다. 입소문이 널리 퍼져 아다치 선생 덕분으로 내원했던 환자들에 이하라 선생의 온화한 성품을 좋아하는 환자들까지 더해져 의원을 믿고 의지하는 환자들은 더욱 늘어났다. 이하라 선생도 아다치 선생과 마찬가지로 환자 중심의 인술을 펼치는 인물로 지역 주민을 위한 지역 활동을 계속적으로 전개해 나갔다.

이하라 선생이 원장에 취임하고 나서는 그의 출신교인 쇼와대昭和大의대생을 포함해 재일동포 의사들이 출입하게 됐다. 그 무렵 나의 학창시절 지인인 최창록崔昌祿이 의원을 방문했다. 그는 나보다 열 살이나 많았지만, 가정 형편으로 인해 만학도가 되어 고생을 하고 있는 것 같았다. 그는 쇼와의대에 다니고 있었는데, 수업료 미납으로 졸업증서를 받지 못하는 상황이어서 돈을 빌리고 싶다고 말했다. 그는 우리 집에 오기 전 도내 재일동포 유력자들과 만나서 부탁했으나, 결국 돈을 빌리지 못해 내가 마지막 희망의 끈이었다. 그의 모습을 돈이 없어 수업료를 내지 못해 졸업증서를 받지 못한 나의 지난날이 떠올랐다. 나는 그에게 수업료는 어떻게든 마련해보겠다고 대답했는데, 금액을 물으니 15만 엔이라고 해서 조금 놀랐다. 내가 알기로 당시 문과계 대학의 수업료는 1만 엔 전후였다. 아무리 의과 대학이라고는 하지만 수업료 15만 엔은 터무니없이 비쌌다. 나는 마음속으로는 의문이 생겼다. 하지만 내가 학비를 빌려주지 않으면 그가 의사가 되는 길은 막힐 것이라는 생각도 들었다. 돈은 언제 필요한지 묻자 내일까지 대학에 가져가야 한다고 했다. 빌려줄 만한 형편은 아니었으나 일단 어떻게든 해보겠다고 대답하고 그를 안심시켰다. 그가 돌아간 뒤 15만 엔을 내일까지 어떻게 마련할지 머리를 짜낸 결과 거래은행이었던 도쿄상호은행(당시)에 차입을 부탁하는 수밖에 없다고 생각했다. 나는 경영 중인 의원과 관련해 채무를 변제하고 있는 처지였기에 고민에 고민을 거듭했지만 다소 지장이 생겨도 어쩔 수 없다고 판단했다. 나는 이틀 날 도쿄상호은행에 가서 차입을 신청했다. 신청이라고는 해도 즉시 차입을 원했다. 은행은 처음에는 난색을 표했다. 상관과 상담한 끝에 겨우 인정받아 현금 15만 엔을 들고 돌아왔다. 당시 의원의 의사 인건비가 월 2만 엔이었다. 그리고 일반 회사원이 8000엔에서 1만 엔이던 시절이었다. 15만 엔은 내게는 엄청난 액수로 큰 결단을 내린 셈이었다. 집에 돌아오니 그는 오전부터 의원 사무실에서 내가 돌아오길 기다리고 있었다. 나는 은행에서 방금 막 빌려온 돈을 그에게 건네고 행운을 빌었다.

그로부터 한 달이 지나 그는 아내와 함께 우리 집을 방문해 덕분에 무사히 졸업했다며 감사의 인사를 했다. 추후 의사 시험에 합격하면 고향에 돌아가기 전까지 우리 의원에서 일을 하겠다고 다짐하고 돌아갔다.

(2) 의원 경영에 진출한 재일동포들

1956년 무렵부터 재일조선인 유력자 사이에서는 의원 경영에 대한 관심이 높아졌다. 일본 사회 속에서 어떻게 살아야 할지를 생각했을 때 병원을 경영하는 것은 하나의 이상적인 방안이었다. 이는 찢어지게 가난했던 재일동포들이 어떻게든 입에 풀칠을 하고 재력을 손에 넣기도 하는 시대에 어찌 보면 당연한 결과였다. 경제적으로 안정되면 그에 걸맞은 사회적 지위와 명성이 필요해지는 법이다. 단지 그러한 동기로 의원 경영에 진출하는 사람들이 반드시 의원 사업에 잘 맞는다고 단정 지을 수는 없었다. 적어도 그들은 의사가 아닌 사람이 의원을 경영하는 일의 어려움은 이해하지 못했다. 일반 회사에 임원을 두고 경영에 참여하는 것과 같은 수준의 발상을 하는 이들도 일부 눈에 띄었다.

어쨌든 이 시기에 많은 재일조선인이 이 업계에 진출했다. 내 주위에서는 오타구大田区에서 최창호崔昌浩가 야스카타安方진료소를 개설하고 고군분투 중이었다. 그는 원장을 고용해 경영을 시작했는데, 의사 때문에 몹시 고생해 결과적으로는 진료소를 폐쇄해야 하는 상황에 놓여 있었다. 그 후 아버지가 고생하는 모습을 보고 아들 최상익이 더욱 분발해 의과 대학을 졸업했다. 그 후 오타구에 산코三光 클리닉을 개업한 후 원장을 고용해 경영했다. 내가 그와 처음 만난 것은 전쟁이 끝나고 얼마 지나지 않은 1946년이었다. 그는 간다神田 진보초神保町의 불타고 남은 건물에서 우리동무사라고 하는 출판사(훗날 학우서방学友書房)를 경영했다. 그는 후에 도와同和신용금고조합의 임원과 조긴朝銀신용조합 이사장을 역임하는데, 젊은 시절에는 의사의 배신으로 의원을 통째로 빼앗긴 일이 있었다. 그는 그 때문에 정신적으로 몹시 피폐해져 앓아눕게 됐는데, 드나드는 사람들로부터 내가 의원을 경영하고 있다는 사실을 듣고 나에게 '진료소를 되찾아 달라'고 부탁했다. 그의 아내도 내게 정중히 인사하며 어떻게든 도와달라고 부탁했다. 그의 아내는 훗날 재일본조선여성동포위원장이 된 박정현朴靜賢이라는 여성이다. 나는 그의 뜻을 받아들여 주조十条역 근처에 있는 주조진료소에 들어갔다. 내가 진료소로 안내받기 전 누군가가 원장에게 '병원 경영 전문가가 온다'고 호들갑을 떨었는지 원장은 나와 만났을 때 거의 도망치려는 상태였다. 그러고 나서 사무실에서 사무원에게 진료소의 상황을 듣고 경영 쇄신을 해야 한다고 김상기金尚起의 대리인에게 전하고 보험진료기금에서 의원으로 입금된 돈이 있는데 김상기의 인감이 없으면 현금을 인출하지 못하도록 손을 써뒀다. 진료소를 되찾자 김상기는 병상에서 진료소를 인수해주지 않겠느냐고 내게 물었다. 그는 내가 돈 때문에 어려운 상황에 놓여 있다는 것을 알고 있었는데 진료소를 인수해주면 2만 엔이든 3만 엔이든 매월 지급하겠다는 것이었다. 하지만 나는 이미 아다치에서 아카후도의원을 경영하고 있었고, 아다치 지역 주민들을 위해 봉사하는 것에 보람을 느꼈다. 그래서 내가 오로지 돈을 목적으로 아무런 이념도 없이 진료소를 하나 더 경영하는 것은 잘못됐다고 생각했다. 나는 김상기의 후한 마음 씀씀이에 감사하면서도 정중하게 거절하기로 했다. 나는 진료소가 그의 손으로 되돌아간 것에 충분히 만족했고 어떠한 보수를 받을 생각도 없었다. 그가 건강을 되찾고 난 뒤 우에노上野 가이와이界隈에서 함께 점심을 먹기도 했지만, 진료소에 관해 특별히 화제로 삼는 일은 없었다.

아라가와구荒川区에서는 이중관李中冠이 산잔三山진료소를 설립했다. 원장에는 권영범이 취임했다. 이 진료소 사무장은 아라가와구에서는 꽤 이름이 알려진 인물이었는데, 의료 관련 경영은 뜻대로 되지 않아 적자를 해결하지 못했다. 결국 원장에게 경영을 양도하게 됐는데 그것을 넘겨받은 권영범은 진료소 이름을 미야지宮地진료소로 개칭하고 재출발했다. 하지만 이번에도 경영이 뜻대로 되지 않아 비교적 빠르게 접게 됐다. 이중관은 훗날 도와신용조합 이사장이 됐다.

이러한 일들이 있어서인지 재일동포 유력자들 사이에서 의료경영은 매우 힘들다는 인식이 점차 공유됐다. 그들은 집안에서 의사를 배출하지 않는 한 의료 사업에는 손을 대서는 안 된다는 교훈을 얻은 듯했다.

당시 재일동포 중 의원이나 병원을 경영하는 사람은 매우 적었다. 의사가 되어 독립하고 개업하려면 우선 의학부에 합격해 6년이나 비싼 학비를 지불해 가며 공부를 해야 하고, 그곳에서 일 년간 인턴을 받고 국가시험에 합격해야만 의사로 등록되는 것이다. 그만큼의 교육을 받는 것조차 재일동포들에게는 무척 어려운 일이었다.

의료기관 경영의 어려움을 생각할 때 가장 먼저 떠오르는 것은 임광철林光澈 부부다. 1955년 8월에 도쿄중앙고등학교 교장 임광철이 재일동포 대표단으로 공화국에 입국했다. 하지만 일본 재입국 허가가 떨어지지 않아 결과적으로 일본행 비행기에 오르지 못했다. 남은 가족들은 부인과 아이들로 생활 수단이 없어 궁지에 몰린 상황이었다. 임 부인은 시인으로 다부진 여성이었다. 하지만 그녀는 일본인이었기 때문에 갑자기 고향을 버리고 남편을 따라가는 것에 저항감이 있었던 것 같았다. 나는 원래 임 부인 부부와는 알고 지낸 사이였기 때문에 남편이 귀국하고 그녀는 내게 너무 힘들다며 상담을 했다. 나는 어떻게든 돕고 싶다고 생각했다. 그래서 우리 의원 근처에 치과 의원을 경영해보라고 권했다. 마침 아카후도진료소에서 100m 정도 떨어진 곳에 의원을 경영하기에 안성맞춤인 셋집이 있어 그녀는 그곳을 빌려 치과 의원 설비를 갖추었다. 그리하여 우리 의원의 분원으로 아카후도치과 의원이 개설됐다. 그녀는 사업을 경영하는 것이 처음이었기 때문에 내가 경영에 대해 이런저런 조언을 했다. 아카후도치과의원은 꽤 순조롭게 출발했다. 아카후도진료소와 아카후도치과의원은 경영적으로 밀접한 관련이 있었던 것은 아니고 약간의 지원은 있었지만 어디까지나 협력관계여야만 했다. 그도 그럴 것이 아카후도진료소는 이미 아다치에서 나름대로 이름을 알리고 있었기에 그 분원이 되는 것은 치과 의원의 경영에 있어 매우 유리했다. 또한 아카후도 진료소도 분원이 있다는 것은 선전을 한다는 의미에서도 의원으로서 격을 올린다는 의미에서도 메리트가 있었다. 하지만 아카후도 치과 의원에는 한 가지 큰 약점이 있었다. 그것은 의원개설 당초부터 자기 자본의 비율이 매우 낮았고 차입금에 크게 의존해 늘 변제에 쫓겼다. 그녀는 필사적으로 노력했지만 5년 정도 됐을 무렵 경영이 더 이상 버티지 못해 폐원해야만 했다. 그녀는 고민 끝에 결국 딸을 데리고 남편이 있는 공화국으로 넘어갔다.

전국		
	병원·의원·진료소·치과의원	도쿄도의 약국·한방·자재
홋카이도		1
이와테현	1	
미야기현	3	1
사이타마현	1	1
도쿄도	17	18
가나가와현	4	3
나가노현		4
시즈오카현	1	
아이치현		2
교토부	2	1
오사카부	9	3
효고현		1
오카야마현		2
히로시마현		1
합계	38	38

도쿄도		
	병원·의원·진료소·치과의원	도쿄도의 약국·한방·자재
아다치구	3	3
아라가와구	3	2
다이토구	2	3
가쓰시카구	1	
신주쿠구	1	
오타구	4	3
에도가와구		4
고토구	1	
치요다구		2
시나가와구	2	1
합계	17	18

재일조선인이 경영하는 병원·의원·치과의원 및 약국·한방·의료자재 판매업자에 관한 통계
(1956년 10월 31일 시점) 재일조선인상공연합회 편람에서

⑶ 그 이후의 아카후도 진료소

한편 나는 지역 주민들의 요청으로 한 명이라도 많은 환자들을 입원시켜야 할 필요성을 느꼈다. 나는 1957년 8월 아카후도 진료소를 개축했다. 2층은 19개 침상이 놓인 입원 시설로 1층은 진료실 외에 수술실과 검사실로 사용됐고 직원도 증원했다. 이하라 선생에 대한 평판이 좋아져 진료소 대기실은 언제나 환자가 끊이지 않았다. 이는 전적으로 의사로서의 그의 높은 신뢰도에 의한 것이었다. 하지만 그 또한 원장에 취임하고 불과 2년 만에 아카후도 진료소를 퇴임하고 개업하게 됐다. 나는 그가 개업하게 된 것은 좋은 일이라고 생각했으나 환자가 그에게 집중됐을 시기에 아카후도 진료소와 얼마 떨어지지 않은 곳에 개업한다는 이야기를 듣고 솔직히 환자가 그의 진료소로 옮겨갈 것을 걱정하지 않을 수 없었다. 하지만 그것은 어쩔 수 없는 일이기도 했다. 나는 이하라 선생에게 후임이 정해질 때까지 기다려 달라고 했고 그도 승낙했다. 나는 서둘러 후임을 정하기 위해 쇼와 의대 출신의 현종완과 최창록에게 협조를 요청했다. 그 두 사람은 의사국가시험에 합격하지 않았기 때문에 같은 쇼와 의대 출신의 의사 가나자와 가쓰오金沢勝男·김진옥金振玉를 특별채용했다. 그는 사이타마현埼玉県 아사쿠라朝倉병원에 근무하고 있어 그 병원을 그만둘 수는 없었지만, 진료소 원장직을 맡는 데는 문제가 없다고 했다. 단, 3일 근무라는 조건이었다. 그는 아사쿠라병원에서 근무하는 조건으로 병원에서 제공한 넓은 부지의 주택에 살고 있었는데, 살기 좋은 곳이었던 것 같다.

그리하여 1959년 3월 1일부터 김진옥 의사를 개설자(원장)로 새로운 아카후도 진료소가 탄생했다. 원장이 오지 않는 날은 비상근 의사가 교대로 오게 됐다.

그해 10월에 막내 여동생이 김진옥 원장과 결혼하겠다고 해서 이런저런 고민이 생겼다. 막내 여동생은 원래 하야시林 치과의사와 교제하고 있었고 서로 좋은 방향으로 나아가고 있었는데 도중에 치과 의사와는 만나지 않고 김진옥 원장과 교제하게 된 것이다. 혹시 여동생이 내가 진료소 경영으로 고생하고 있고 원장이 그만둘 때마다 아다치 보건소에서 진료소 폐쇄와 개설을 반복하는 것을 걱정했던 것은 아닐까. 그 때문에 자기가 희생하려 하는 것은 아닐까 하는 걱정을 지울 수 없었다. 그래서 여동생에게 오빠를 위해서 김진옥과 결혼하려는 것인지, 왜 하야시 치과의사와의 결혼을 거부했는지에 대해 직접 물은 적도 있었다. 하지만 그럴지언정 여동생이 그렇다고 대답할 리 없었다. 나는 고민했지만, 혼담은 일사천리로 진행됐고 주위에서 축복을 해주어 나는 내심 복잡한 심경이었다. 막내 여동생은 어릴 적부터 내가 여기저기 데리고 다녀서 그런지 오빠에 대한 사랑이 각별했다.

1960년 2월 나에게 예상치도 못한 일이 일어났다. 최창록이 국가시험에 합격한 지 불과 반년 만에 아카후도 진료소를 그만두게 된 것이다. 사연인 즉슨, 총련 가쓰시카葛飾 지부가 자립자금을 염출하기 위한 의료기관인 미나미가쓰시카南葛飾 진료소의 소장으로 그를 영입했다는 이야기가 비밀리에 오갔던 것이다. 그 진료소는 가쓰시카의 유력자 류지은柳志殷이 운영위원을 맡고 있었다. 그 아래 사무장이 실제로 책임을 지고 있었지만, 적자를 해결하지 못해 곤란해 하던 상황이었다. 그러한 사정으로 우리 진료소에 근무하고 있던 의사를 은밀하게 빼 오려고 했던 것이다. 나는 최창록이 학교를 졸업할 때 돈을 빌려준 일로 생색을 낼 생각은 없었다. 하지만 의사국가시험을 치르기 전부터 여러 가지로 도움을 주었는데 국가시험에 합격한 지 불과 반년 만에 대우가 좋은 곳으로 옮기겠다고 하자 신의에 어긋난 행동에 서운하다기보다는 그에게 기대했던 만큼 충격을 받았다.

이러한 일로 내가 고민하고 있던 그해 10월에 여동생은 김진옥과 결혼했다. 결혼은 했지만 결혼 생활을 할 신혼집은 김진옥이 살고 있는 아사쿠라 병원에서 제공한 주택이었다. 여동생은 도쿄를 떠나본 적이 없었기 때문에 급격한 환경 변화를 따라가지 못하고 고독함에 시달리는 듯했다. 그 집에는 김진옥이 결혼하기 전부터 살던 가사 도우미가 있었는데 꽤 연장자여서 그다지 위로가 되지는 못했던 것 같다. 나도 여동생의 결혼생활이 걱정돼 두어 번 방문한 적이 있었는데, 여동생은 도쿄로 돌아오고 싶다는 간절한 마음을 숨기지 않았다.

나는 집에 돌아오고 나서 김진옥을 설득하기로 했다. 그리고 그의 진료가 끝나갈 무렵 내가 의식적으로 말을 걸어 그에게 도쿄로 올라와 달라고 부탁했다. 신축 진료소 한쪽에 내가 지내고 있는 장소가 있으니 그곳을 사용하는 것이 제일 좋은 방법이었다. 끈질기게 설득한

保険医療機関
保険薬局 指定通知書

指定の期間	昭和 45年 9. 月 1 日から昭和 48年 8. 31 日まで		
保険医療機関 または 保険薬局	名 称	医療法人社団 尚仁会 赤不動 病院	
	所在地	足立区 梅田 4~33~6	

上記のとおり 保険医療機関 として指定したから通知します。
保険薬局

昭和 45. 10. 2 日

東京都知事 美濃部亮吉

大石武 殿

의료법인 쇼진회 아카후도 부동산에 대한 '보험의료기관지정통지서'(1970년 5월)

끝에 그는 도쿄로 이사 오기로 결심했다. 1960년 4월에 김진옥은 아사쿠라병원을 사직하고 아카후도진료소에서 살게 됐다. 이는 여동생을 위해서였지만, 진료소에도 큰 영향을 미쳤다. 원장이 진료소 옆에 살고 있다는 사실에 입원 환자들은 안심하고 지낼 수 있었다. 당직의와 근무의 사이에 인계가 잘 이루어지지 않았을 때도 의료 체제에 차질을 빚지 않고 지나갈 수 있다. 당직의는 도쿄대 병원에서 파견됐는데, 당직의가 항상 정해진 시간에 올 수 있는 것은 아니었다. 인계에 공백이 생겨서 그 공백 시간대에 입원 환자에 이변이 생기면 큰 문제가 될 수 있었는데, 그것이 내 두통의 원인이었다.

진료소에는 반가운 일이지만 나의 생활은 다소 불편해졌다. 나는 이전에 살던 낡은 집으로 돌아갔는데, 그것에 대해 아내가 불만을 드러냈기 때문에 이곳에서 임시로 지내다가 머지않아 주택을 새로 짓겠다는 말로 납득을 시켜야만 했다. 그래도 '가족' 이 원장이 되고 게다가 진료소에 거주하는 것은 나의 꿈을 한 단계 더 추진하기 위한 첫걸음을 의미했다. 그것은 나의 이상을 실현하는 '병원'을 건설하는 일이었다. 병원 건설이라고는 해도 아직 빚이 남아 있었기 때문에 쉽게 실현할 수 있는 것은 아니었다. 하지만 아카후도 진료소에 있는 모토키本木, 우메다초梅田町는 인구가 밀집돼 있어 빈곤층이 많은 장소였기 때문에 우리 진료소가 병원이 된다면 지역에 크게 공헌할 수 있다. 그리고 실제로 그러한 목소리도 주민들 사이에서 들려왔다. 이 시기에 일본은 진무神武 경기에서 이와토岩戸 경기로 호황이 이어졌는데, 그러한 상황에서 지역 주민들은 크게 혜택을 입지 못했다. 앞서 말했다시피 전후 이렇다 할 산업이 없었던 이 지역을 지탱해 온 것은 조선인들에 의해 시작된 고무공업이었다. 그것이 쇠퇴하자 이번에는 비닐 공업이 번창했다. 이 비닐 공업은 많은 부업을 낳았고, 빈곤에 허덕이는 지역 주민들에게 한 줄기 희망의 빛이었다. 특히 샌들 생산이 번창했는데 부업을 하는 여성들이 중요한 역할을 했다. 샌들 제조는 일본인 여성도 다수 종사했기 때문에 이 산업을 통해 조선인과 일본인 사이에 여느 때보다 친밀한 관계가 형성됐다. 같은 일을 한다는 이유로 가장 가까운 이웃이 되어 서로 돕게 된 것이다. 그러나 비닐 샌들 생산에서 문제가 됐던 것은 샌들을 붙일 때 사용하는 접착제 부작용이었다. 이로 인해 간 기능 장애를 입은 사람이 급증해 아카후도 진료소에는 관련 환자가 많이 내원했다. 가난에서 겨우 빠져나오려는 이 땅에서 환자 본위의 병원은 더 큰 소망이 됐다.

가라앉는 배

1. 아카후도 병원의 완성

김진옥 원장이 아카후도赤不動 진료소로 거처를 옮기자 나의 생활에도 조금씩 여유가 생겼다. 의원 운영을 안심하고 지켜볼 수 있어서 의료 사업 이외에 사회 운동에 더욱 적극적으로 참여할 수 있었다. 안정기에 접어들었기 때문에 과감하게 아카후도 진료소를 병원으로 만들어야겠다고 진지하게 생각하게 됐다. 세우고자 하는 병원의 규모를 생각하면 우선 현재 살고 있는 낡은 집을 허물어야 했다. 그래서 결국 우리 가족이 지낼 장소를 새롭게 확보해야 했다. 게다가 병원 자체도 증축해야 했다. 이는 당시 금액으로 수천만 엔 단위의 자금이 필요하다는 것을 의미했다.

나는 자금 조달에 나섰다. 주로 은행에서 차입했는데, 그것만으로는 당연히 부족했고, 친구에게 거액의 돈을 빌렸다. 은행은 건물의 신축과 증축 비용에 대해서는 상당한 금액을 빌려준다. 하지만 의료기기를 비롯해 병원에 없어서는 안 될 시설 내 설비에 대해서는 많은 금액을 빌려주지 않는다. 그래서 어떻게든 은행 기관이 아닌 곳에도 의존해야 했다.

많은 사람들에게 돈을 빌렸는데, 이 지역에 병원이 생긴다는 소문은 눈 깜짝할 사이에 퍼져 큰 기대를 받게 됐다. 나는 신기하게도 이 시기의 일은 거의 기억하고 있지 않다. 나에 대한 세간의 신용은 이때만큼 높아진 적이 없다. 실제로 금융기관도 친구들도 기꺼이 돈을 빌려줬다. 자금을 마련하거나 허가 인가를 받는 것에 아무런 어려움도 없었다. 모든 것이 원활하게 진행됐다. 그렇기 때문에 이 무렵의 일을 놀라울 정도로 기억하지 못한다.

1967년 5월 19일 나는 마침내 염원했던 '아카후도병원'을 설립했다. 5층 철근구조의 지극히 평범한 빌딩이었다. 그 전년도에는 우리 집도 신축됐다. 나는 드디어 정신적으로 해방된 듯한 느낌이 들었다.

2. 인간의 행복이란 무엇인가

그리하여 '아카후도의원'에서 시작된 의료 사업은 마침내 '아카후도병원'으로 결실을 맺었다. 내가 먼저 말을 꺼내기는 했지만, 상황에 끌려가다시피 하며 의원을 경영하느라 정신없이 분주한 나날이었다. 하지만 지역의 환자들과 많이 접하게 되면서 나의 내면에 확실한 인생관과 그것을 표현하는 의료 활동의 비전이 형태를 잡아갔다.

그것은 당시 거의 주목받지 못한 노인 의료를 위한 시설 계획이었다. 인간은 행복해야 한다. 그러나 노인들에게 행복이란 무엇일까. 그것은 막연하게 사는 것이 아니라 지금까지의 인생에서 다 하지 못한 것을 해내기 위해 마지막까지 노력하는 것이 아닐까. 만약 그렇다면 인생은 나이가 들어도 폭풍 속에 있는 것은 아닐까? 그렇다면 나이 든 사람들이 할 수 있는 일은 폭풍 속에서 살아갈 수 있는 배를 띄우는 것

아카후도병원 낙성식(1967년 5월 19일)

이 아닐까.

　나는 그리하여 노인 의료를 사명으로 생각하게 됐다. 우리 병원에
는 입원·외래와 함께 만성 질환이나 그 후유증으로 고통받는 환자가
많았다. 환자 중에는 병원 이외에도 온천장을 요양소로 이용하는 사
람들도 있었다. 나는 처음에 반신반의했지만, 온천요법이 옛날 에도
江戸시대부터 민간요법으로 행해져 왔다는 사실을 알게 된 후부터 그
효능에 관심을 갖게 됐다. 온천요법의 문제는 보험이 적용되지 않아
돈이 든다는 것이었다. 생활 형편이 여의치 않은 사람들에게는 어려
운 일이었고, 어느 정도 수입이 있는 사람도 장기적으로 실천하기에
는 힘든 일이었다. 만약 온천 병원을 설립해 만성 질환의 온천요법을

의사의 지도하에 실시할 수 있다면 건강보험이 적용될 것이다. 많은 환자들이 대체요법으로 장기간에 걸쳐 투약을 지속해 왔는데, 신체의 근본적인 치료력을 올리는 온천요법을 효과적으로 이용한다면 더욱 단기간에 치료가 가능해질 것이라고 생각했다.

당시 리허빌리테이션재활의 중요성은 그다지 이해되지 못하고 있었다. 그 시설도 전반적으로 빈약했다. 일부 의사들은 온천요법과 리허빌리테이션을 병용하면 치료의 효과가 한층 촉진된다는 논문도 발표했다. 하지만 행정 방침상 온천에 몸을 담그는 행위 자체는 엄밀히 말해 보험적용 대상이 아니라고 주장했고 보험 점수에 도움이 되지 않았다. 하지만 리허빌리테이션의 일환으로 온천을 활용하는 경우 그 치료 전체는 보험이 적용되기 때문에 결과적으로 온천 치료도 큰 부담 없이 이용할 수 있게 된다. 나는 경영자의 입장에서 고심한 끝에 온천 이용은 무료로 제공하기로 했다.

그 무렵 나는 병원 경영자로서 다양한 분야의 유력자와 친구를 사귈 기회가 늘었다. 그중에서도 나의 사회 실천에서 가장 중요한 의미를 갖는 것은 오이시 부이치大石武一 전 환경청 장관과의 만남이었다. 그는 실질적으로는 초대 환경청장으로 자연을 사랑하고 국민에게 매우 인기가 많았던 인물이다.

오이시 선생은 온천요법이 지닌 가능성을 높이 평가했다. 그는 과거에 도호쿠東北대학 의학부 교수와 대학부속병원 내과 의장을 역임한 경험이 있고, 중의원 의원이었던 부친이 타계한 후 의학 분야에서 정치 분야로 전향했다. 그 때문에 의료 문제에 큰 관심을 갖고 있었다. 그것은 미련과 같은 것이었을지도 모른다. 그는 환경청 장관이 되고 나서도 오제尾瀬가 국립공원으로 지정될 때 큰 공헌을 했다. 그가 추구하는 이념과 내가 추구하는 이념이 일치했다. 일본은 향후 고령화가 진행돼 노인 요법과 관련해 리허빌리테이션의 병용이 큰 성과를 올릴 것이라고 생각했다.

오이시 선생의 지원을 얻은 나는 우선 홋카이도北海道의 우에노上ノ 온천에 병원을 짓기로 하고 그것이 성공하면 각지에 그와 같은 온천 병원을 건설할 계획을 세웠다. 이를 위해 나는 1970년 5월 오이시 선생을 이사장으로 하는 의료법인 사단 쇼진회尚仁会를 설립했는데, 쇼진회라는 명칭은 오이시 선생이 붙였다.

1972년 무렵 나는 야마코시군山越郡 야쿠모초八雲町에 있는 우에노 온천과 도치기현栃木県 시오하라塩原 온천에 병원 건설을 위한 토지를 매입했다. 주위에 온천여관은 몇 군데 있었지만, 시골이어서 토지는 저렴했고 부족한 자금은 빚을 냈다. 이야기는 순조롭게 진행돼 우에노 온천이 있는 야쿠모초의 장과 협상한 끝에 초립町立병원과도 연계하기로 이야기가 마무리됐다.

하지만 그 무렵 한 가지 사건이 아카후도 병원을 덮쳤다. 각종 언론사도 이에 합세해 나의 주위뿐만 아니라 각 방면에 큰 영향을 미쳤다. 결과적으로 온천 병원 계획은 물론 아카후도 병원의 존속 자체도 위기에 처했다.

3. 또다시 폭풍 속으로-문세광 사건

1974년 8월, 한국의 박정희 대통령이 서울에서 연설하던 중 저격당하는 충격적인 사건이 일어났다. 이른바 '문세광文世光 사건'이다. 내가 경영하는 아카후도 병원은 한국에서 일어난 이 사건에 생각지도 못한 형태로 휘말리게 된다.

사실 이 사건에 대해서는 나 자신도 언론 보도를 통해 알 수 있는 것 이상의 지식은 가지고 있지 않다. 다만 당시의 가열된 언론 보도 속에는 과장이나 지레짐작에 의한 근거 없는 정보가 많이 포함돼 있다. 그래서 지면을 빌려 무엇이 틀렸는지를 제대로 써서 남기고자 한다.

이 사건은 일설에 의하면 조선총련이 어떠한 형태로 관여하고 있다는 소문이 있었다. 나 자신도 당시 언론을 중심으로 지긋지긋할 정도로 사건의 진상에 대한 질문을 받았다. 질문을 하는 사람들은 저마다 나에게서 여러 가지 정보를 얻어내려고 했다. 즉 이 사건은 총련이 관여하고 있을 것이라는 전제를 이미 정해두고 내가 무언가 알고 있는 것이 없는지 캐내려고 했던 것 같다.

하지만 사실 나는 아다치足立조선인상공회 이사장을 역임했을 뿐, 총련과는 직접적인 관계는 없다. 당시 상공회에는 민단계의 상공인도, 총련계의 상공인도 같은 회원으로 소속돼 있었고, 그 시점에서 상공회가 총련계 조직이라는 사실은 있을 수 없었다. 이 상공회는 재일조선인상공연합회의 하부조직으로, 총련에서도 민단에서도 독립한

자주성을 가진 단체였다.

따라서 총련이 관여하고 있는지에 관해서 내가 알 턱이 없었다. 나는 많은 사람들로부터 같은 질문을 받았는데, 이렇게 대답할 수밖에 없었다. 나는 정말 모르는 일이라고.

문세광은 1974년 2월 11일에 주소 다이토구台東区 우에노上野3-10호, 이름 가와가미 유지川上勇治로 자칭해 아카후도 병원에 입원을 신청했다. 당시 차트를 보고 알 수 있는 사실은 가와가미는 위의 통증을 호소하며 외래 환자로 내원했는데, 진단 결과 원인을 알 수 없어 다음 날 다시 내원했다는 것이다. 고통이 가라앉지 않아 본인이 입원을 희망해 검사 입원을 했다. 당시 병원 현장에서는 지금처럼 적확한 진단이 어려웠기 때문에 이러한 사례는 종종 있었다. 가와가미는 건강 보험에 가입되어 있지 않았는데, 그 무렵 건강보험 미가입자는 흔했다. 따라서 자비 입원을 해야 하는 상황이었는데, 병원 경영 측면에서 보면 매우 고마운 환자였다. 당시 보험을 사용하는 경우 의료비의 30%를 부담해야 했는데, 병원 입장에서는 일차적으로 30%가 현금으로 들어오고 2개월 후에 남은 70%가 들어오는 구조였다. 그에 비해 자비 환자는 전액 현금으로 수입을 가져다주었기 때문에 모든 병원이 반겼다.

단순히 병원 입장에서는 환자가 내원해 치료받기를 원하면 논리적으로든 실제적으로든 자동적으로 받아들이게 된다. 환자로서의 가와가미는 병원 경영에 있어서는 고마운 환자였으나 반년 후 병원에 큰 타격을 입힐 것이라고는 꿈에도 생각지 못했다.

차트와 간호일지를 거슬러 올라가면 그가 입원한 병실은 2층 18호실(8인실)이었다. 당시 가와가미를 포함해 7명이 입원 중이었다. 간호사가 말하길 그는 이어폰으로 음악을 즐겨 들었고, 가끔 손님이 찾아오는 정도로 면회자는 거의 없었던 것 같다. 의사에게도 간호사에게도 그다지 인상적인 환자가 아닌 매우 평범한 모습이었던 것 같다.

그가 '가와가미 유지'가 아니라 훗날 박정희 대통령을 저격한 범인, 문세광이라는 사실을 알게 된 것은 8월 15일 저격 사건이 일어난 후였다. 정확히 말하자면 사건 이틀 후인 8월 17일 오후 아사히朝日신문기자가 문세광이라는 인물이 이 병원에 입원한 적이 있는지 물으러 왔다. 하지만 아무도 알고 있는 사람이 없었기 때문에 기자는 일단 돌아갔고, 문세광 사진을 들고 가나자와 가쓰오金沢勝男·김진욱 원장에게 확인하기 위해 찾아왔다. 원장은 당직 간호사들에게도 물어 문세광이라는 인물이 이전에 입원했었던 '가미가와 유지'라고 확신하고 그 사실을 기자에게 전했다.

이튿날 18일에 아사히신문에 '미스테리 문세광의 궤적', '2월, 도쿄에서 수수께끼 입원'이라는 타이틀이 실렸다. 기사는 단정 짓지는 않았으나 '병원 생활에도 의심스러운 점이 있다… 이번 사건의 준비와 계획을 1년에 걸쳐 준비했다면 여기서 계획을 다듬었나, 혹은 공범자들과 접촉한 것은 아닌가'(8월18일『아사히신문』조간)과 같은 식으로 문세광의 '지인'의 증언을 거론하며 '아다치구의 병원'과 문세광의 관계를 강력히 의심하는 내용이었다.

게다가 8월 19일 밤에 한국 민간방송 '동양방송'이 '도쿄 아다치구의 병원에 가명으로 입원했고 권총 사격 훈련을 받고 대통령을 저격하라는 지령을 받았다고 자백'이라고 보도하자(같은 해 8월 20일『요미우리読売신문』조간) 병원에는 대형 신문사와 잡지사의 기자들이 잇따라 취재하러 왔다. 또한 각 신문사는 일본의 수사 당국의 정보로 '아다치구의 병원'은 '아카후도병원'이라고 보도했다.

우리 병원 관계자들은 이 시점에 이르러서야 처음으로 아무래도 문세광과 병원과의 관계가 의심받고 있다는 사실을 인식했다. 당연한 일이지만 나도 원장도 그 외 직원들도 놀라기도 놀랐지만, 화제의 인물이 과거 반년이나 입원했던 환자라는 사실이 곤혹스러웠다. 신문이나 TV, 잡지 등의 취재가 쇄도해 업무에도 지장을 주었다.

언론들 사이에서도 사건의 진상 파악에 온도차가 있어 8월 20일 신문 보도라고 해도 신문사마다 논조가 달랐다. 이를테면 요미우리신문은 병원이 관여했다는 뉘앙스를 강하게 풍기는 기사를 구성했는데, 마이니치毎日신문은 아카후도병원이 아라가와荒川 둑 근처의 과밀 지역에 위치해 있기 때문에 사격 훈련 등은 생각하기 어렵다는 사실을 비롯해 '병원 측은 설마라며 당혹감 내비쳐', '가나자와 히데후미金沢英文 부원장은… 마른하늘에 날벼락을 맞은 듯 당혹감 내비쳐'(동년 8월 20일『마이치신문』석간)와 같이 병원과 사건과의 관계를 중립적으로 기술했다.

하지만 요미우리신문의 기사에서도 나타났듯이 일부 언론 관계자들은 확실한 근거가 없음에도 사건과 병원과의 관련성을 집요하게 물고 늘어졌다. 문세광은 병원 경영자 측이 의도적으로 입원시켰다는 둥 입원한 병실에서 무언가 학습시킨 것은 아니냐는 둥 터무니없는 허위 사실을 마구 써댔다. 특히 대중주간지 같은 부류는 이 문제를 과격하게 다뤘다.

나는 병원 이사장이었지만 앞서 기술했듯이 경영 쪽에 전념하고 있어 입원 환자를 일일이 확인하는 일은 없었다. 그런 것들은 병원 담당 직원이나 의사의 영역으로 경영자의 업무는 아니다. 게다가 나는 문세광이 됐든 가와가미 유지가 됐든 어쨌거나 그자가 우리 병원에 입원했다는 사실조차 모르고 있었다. 또한 의사와 간호사와 직원들이 문세광과 그 관련 조직과 연결고리가 있었다는 것도 있을 수 없는 일이었다. 대형 신문이 '병원 지하에서 사격 훈련을 했다'(8월 20일 요미우리신문)와 같은 식으로 쓰는 것까지는 좋으나 병원 건물에는 지하실 자체가 존재하지 않는다. 그 사실은 병원을 드나들었던 직원들이나 환자들은 잘 알고 있을 것이다.

10월 말 무렵 경시청에서 70여 명의 무장경찰관과 형사들이 두 번에 걸쳐 병원을 강제 수색했다. 기동대가 주위를 에워쌌고 가와가미 유지, 즉 문세광에 관한 차트와 간호일기 등을 압수해 갔다.

그 이후에는 인근의 일반 주민들 사이에서조차 '무서운 병원'이라는 소문이 나돌았다. 직원들은 이 사건에 진절머리가 나 잇따라 그만뒀고, 환자들도 점점 발길을 끊었다. 직원들의 가족은 취직이나 진학할 때 아카후도병원에 부모가 근무했다는 사실만으로 불리한 대우를 받기에 이르렀다. 입원 환자도 사건 전보다 절반 정도 줄어 병원 경영은 적자를 기록했고 경영이 불가능한 상태에 처했다.

그리하여 아카후도병원은 1975년 11월 파산했다. 그 시점에 나에게는 많은 사람에게서 빌린 빚이 남아 있었다. 이처럼 나의 청춘은 폭풍 속에서 시작되어 폭풍 속에서 마지막을 고하려 하고 있었다. 잔잔했던 바다가 갑작스러운 폭풍에 휘말려 높은 파도에 집어 먹히듯이 내가 띄우려 했던 배도 의외의 사건으로 바다 속으로 가라앉았다.

어느 시대의 언론에도 적용되는 말이지만, 당시의 언론매체는 현재와 비교해 보도 윤리에 대한 생각이 미숙했고, 때때로 있어서는 안 될 폭주를 일으켰다. 그 결과 약자의 위치에 있는 일반 시민이 휘말리는 일도 많았다. 또한 이 사건은 당시의 재일조선인들이 놓여 있던 불안정한 입장을 상징하는 것이었다. 남북이 날카롭게 대립했고 남과 북 사이의 긴장 관계가 일본에도 그대로 전해졌다.

나의 목표는 남이든 북이든, 일본인이든 조선인이든 그런 것과는 상관없이 오로지 아다치라는 지역에서 질병으로 고통받는 사람들을 위한 '배'를 띄우는 일이었다. 하지만 그 도전은 나라와 나라 간의 대립, 민족과 민족 간의 대립과 같은 거대한 파도의 힘에 떠밀려 내려가고 말았다.

내가 이 사건 이후 어떻게 살았고 어떻게 그 배를 재건했는지에 관해 전하고 싶은 말들이 아직 남아 있다. 그에 관한 이야기는 다음 기회에 자세히 써서 남기고자 한다.

가족일동(1983년 1월 설날)

가족일동(2010년 1월 설날)

아다치를 통해 본
재일코리안 형성사

연보

본적지	한국 제주특별자치도 제주시 애월읍 구엄리
조부	강기오
부	강상현
모	송임생
삼남	강철(7남매)

강철

1929년

∘ 1월 11일 이시카와현 가나자와시 출생

1933년 4세

∘ 6월 조부 명에 따라 고향 사립학교에 입학하기 위해 오사카에서 제주도로 일시 귀환

∘ 9월 1일 마을 한문서당에 들어가 한문을 배움

1934년 5세

◦ 3월 8일 조부 강기오 병사病死

1936년 7세

◦ 2월 마을 한문서당을 그만둠

◦ 4월 1일 재단법인 사립일신학교 입학

1937년 8세

◦ 4월 1일 조선총독부의 명에 의해 조선어 사용이 금지돼 일본어를
'국어'로 사용하게 됨

◦ 5월 소풍으로 고성에 있는 김통정 장군 전투 유적을 견학하고 돌
아와 홍역에 걸림
감염된 남동생 사망

1938년 9세

◦ 3월 4일 신교육령 공포로 사립학교를 공립학교로 개편해 졸업 연
한을 4년에서 6년으로 개정함

1939년 10세

◦ 6월 1일 소학교 4학년 때 재단법인 사립일신학교가 폐지돼, 구엄
공립심상소학교가 됨

- 7월 말라리아 전염병에 감염돼 일본에 있는 아버지가 보내온 염산 키니네를 복용해 치료함
- 12월 26일 '조선인의 씨명에 관한 건'에 의해 창씨개명을 강요당해 성이 '강'에서 '요시다'가 됨

1941년 12세

- 4월 1일 국민학교령에 의해 구엄공립국민학교가 됨
- 4월 1일 소학교 6학년이 되어 신임 마쓰오카 선생으로부터 일본 사정이나 세계사 이야기를 듣고 큰 영향을 받음. 도쿄에 있는 아버지가 보내준 아라키 사다오의 『전일본 국민에 고하다』(오미치 서원大道書院, 1933년)를 읽었으나 군국소년은 되지 않음

1942년 13세

- 3월 초순 구엄공립국민학교 졸업. 형 창우가 병사. 이 일로 어머니가 의기소침해져 도일 예정이 미뤄짐
- 5월 28일 일본으로 건너가 아버지가 사는 도쿄도 아다치구 이주
- 5월 30일 아다치제2고등소학교 편입학
- 9월 1일 다이세이중학교 편입학

1943년 14세

- 2월 15일 제주도에서 어머니와 여동생들이 일본으로 건너옴. 아

다치에서 가족이 함께 거주할 수 있도록 넓은 집으로 이사함

1945년 16세

- 3월 10일 도쿄대공습. 피난처였던 니시아라이바시 아라카와 강가에서 소이탄 공격을 받고 아슬아슬하게 목숨을 구함.
- 집과 아버지가 경영하는 공장이 소실되고, 다니고 있던 학교도 소실됨
- 4월 1일 친구와 둘이서 독학에 뜻을 둠
- 8월 15일 일본 패전으로 민족이 광복을 맞음
- 9월 13일 아다치조선초등학원 창립
- 10월 15일 재일본조선인연맹(조련) 결성
- 11월 16일 조선건국촉진청년동맹(건청) 결성
- 12월 1일 아다치조선인청년연성회를 조직하고 민족 교육 야학과 축구를 시작함

1946년 17세

- 2월 26일 재일조선인상공연합회 결성
- 2월 중순 가족이 귀국 준비를 하지만 도쿄만에서 전세 낸 어선이 시코쿠 연안에서 경비선에게 나포되고, 재판 결과 모든 재산이 몰수됨. 가족은 무일푼이 되어 일본에 체류하게 됨
- 2월 중순 오사카에 사는 친척 형을 도쿄에 불러 고무공 제조를 시

작하지만 얼마 안 가 중단

◦ 3월 중순 재일조선인연맹 아다치지부 결성

◦ 4월 초순 재일조선인연맹 아다치지부 소년부장이 됨

◦ 8월 중순 정신통일을 위해 나리타신쇼사成田山新勝寺 단식당에서 2
주간 단식을 함

◦ 10월 3일 재일한국거류민단(민단) 결성

1947년 18세

◦ 4월 1일 슨다이상업학교 정시제 4학년 편입학

◦ 4월 1일 정신통일을 목적으로 매일 좌선 시작

◦ 4월 18일 미쓰요시주조공업합자회사 설립. 아버지를 사장으로
하고 내가 이사를 맡아 출발했지만 최종적으로 경영에 실패함

◦ 5월 2일 외국인등록령 시행

1948년 19세

◦ 3월 20일 슨다이상업학교 정시제 졸업

◦ 4월 1일 센슈대학専修大学 전문부 법과 입학

◦ 4월 3일 제주도에서 4·3사건 발발

◦ 4월 중순 일본민주주의과학자협회(민과) 철학부회 입회

◦ 4월 24일 한신교육투쟁 사건 발발

◦ 5월 상순 센슈대학 조선인유학생동창회 문화부장이 됨

◦ 7월 상순 민과 철학부회에서 미우라三浦 쓰토무의 유물변증법에 심취해 스승으로 받들게 됨

1949년 20세

◦ 2월 전국적으로 「외국인재산취득령」 적용에 반대하는 운동 전개

◦ 4월 초순 친구 김기선 결혼식에서 처음으로 결혼식 사회를 봄

◦ 4월 하순 센슈대학 조선유학생동창회 회장에 취임

◦ 유물론적 휴머니즘에 심취. 다나베 하지메田辺元에 비판적이 됨

◦ 5월 초순 센슈대학 조선문화연구회를 결성해 임시 회장이 됨

◦ 5월 재일한국거류민단 아다치지단 결성

◦ 9월 8일 일본 정부에 의한 단체 등 규정령 남용으로 조련·민청 강제 해산

◦ 9월 20일 재일조선학생동맹(학동) 간토본부 임시총회가 도쿄조선인중고급학교에서 개최돼 문화부장에 취임

◦ 10월 중순 아다치조선인상공회가 모토키초 요정 '스이즈키酔月'에서 상공인 30여 명이 모인 가운데 결성

1950년 21세

◦ 3월 20일 다이토구에 있는 구 조련 다이토회관 수용에 저항해 철야 농성

◦ 5월 4일 중국 5·4운동 기념 아시아 청년 학생 총결기 대회가 히비

야음악당에서 개최. 이날 7500명이 결집해 나도 대회 운영위원으로 활약함

- 5월 21일 학동 간토본부 총회가 호세이대학 강당에서 개최. 좌우 학생 사이에 충돌이 일어나 사상자가 나옴. 이 대회에서 문화부장에 재선.
- 6월 25일 한반도에서 38도선이 무너져 남북 전쟁 발발
- 7월 한국전쟁에서 일본은 유엔군 물자 보급기지가 돼 일본 경제는 '특수경기'를 누림
- 8월 중순 아버지가 군수경기에 자극받아 주물공장을 재개하려고 했으나 내가 전쟁에 가담하는 것이라고 반대하자 결국 중지됨
- 8월 중순 반전운동을 위해 '강창희'에서 '강철'로 개명
- 10월 31일 유엔군 총사령부가 정령325호 공포. 이에 따라 전쟁에 반대하는 전단지 한 장이라도 군사재판 대상이 됨

1951년 22세

- 1월 9일 재일조선통일민주민족전선(민전) 결성
- 3월 20일 센슈대학 전문부 법과 졸업
- 4월 1일 센슈대학 상경학부 3년 편입학
- 9월 초순 학동위원장 맹동호의 체포와 관련해 가택수색을 받음. 내 신변에도 위험이 닥쳐 친구 집에 몸을 숨김

1952년 23세

◦ 5월 1일 피의 메이데이 사건에 참가. 해방 후에 니주바시마에二重 橋前 광장에서 경찰대의 실탄 사격에 휘말려 중학생이던 여동생 과 함께 위험에 빠짐

◦ 6월 14일 학동확대중앙위원회가 도쿄도 조선인 분치文千소학교 에서 개최됨. 회의 종료 후 돌아가는 길에 일부 극좌분자에 의한 과격한 행동이 있었고 도미사카富坂경찰서에 체포됨

◦ 8월 중순 학생운동에서 지역 활동으로의 전환을 결의. 도내 재일 조선·한국인 지인들의 독서회에 참가해 지역사회에 공헌하기 위 한 의료 사업을 제안함

◦ 10월 15일 독서회에서 내가 제안한 의료 사업에 찬동하는 사람 이 많아 개인이나 법인이 아닌 사단인 도쿄민생조합 설립 독서회 도 의원건설준비회로 바꾸고 아다치지역 유력자와 연계해 출자 금을 모음

1953년 24세

◦ 3월 2일 아다치구 우메다초에 도쿄민생조합 부속 '아카후도의 원' 개설. 내가 의원 설립의 중심 역할을 함. 의원이 조선·한국인 만이 아닌 일본인을 포함한 전 지역 주민의 복지에 봉사하는 활 동을 시작함

◦ 3월 센슈대학 상경학부 졸업을 앞두고 수업료 미납으로 제적 처

분을 받음

◦ 3월 15일 친구 결혼식 전야에 준비를 마치고 마신 술에 취해 사고를 당하고 의식불명의 중상에 빠짐. 친구의 도움으로 목숨을 구함

◦ 9월 1일 아카후도의원 경영이 어려워지자 발안자로서 책임을 지기 위해 나 혼자서 의원을 경영하게 됨

◦ 10월 중순 의원 경영으로 한창 힘들 때 맞선 이야기가 나와서 결혼을 결심함

1954년 25세

◦ 1월 4일 우에노 시타야공회당에서 결혼식을 올림. 신부 황병숙, 주례는 조선장학회 이사장 신홍식, 주빈은 민과를 대표해 미우라 쓰토무

◦ 1월 31일 아카후도의원 초대원장 권영범 사임

◦ 2월 1일 은사인 슨다이상업학교 교장 세오 요시히데瀨尾義秀 선생에게 의사 소개를 부탁해 아카후도의원에 아키노 미쓰아키秋野光顯 선생을 모심. 의원 명칭도 '후쿠민福民의원'으로 변경. 하지만 반년도 되지 않아 적자가 늘어남

◦ 7월 1일 의원 경영 상태를 개선하기 위해 아카바네赤羽병원 외과부장 아다치 지로 선생을 설득해 후쿠민의원 공동 경영자로 함

◦ 9월 27일 장녀 강안희 출생

◦ 10월 1일 아다치조선인사회과학연구회(아다치샤켄)을 조직해 회장에 취임

1955년 26세

◦ 3월 25일 아다치사연 주최로 신도新道보육원에서 토론회 개최

◦ 5월 25일 재일본조선인연합회(총련) 결성

◦ 6월 28일 총련 아다치지부 결성준비위원회가 후쿠민병원에서 개최돼 준비위원회에 취임

◦ 7월 20일 총련 아다치지부 결성대회가 도쿄제4초급학교에서 개최

◦ 12월 10일 아다치조선인상공회가 연말자금을 획득(지역상공회 전국 최초로 행정을 통한 융자 획득)

◦ 12월 11일 재일조선사회과학자협회(사협)이 도쿄중고中高에서 결성돼 상임위원에 취임

1956년 27세

◦ 3월 20일 장남 강성훈 출생

1957년 28세

◦ 3월 1일 후쿠민병원 공동 경영자인 아다치 지로安達次郎선생이 과로로 의원을 사임 신임 이하라 유키오伊原幸男·윤한구선생이 원장으로 취임. 의원명을 '아카후도赤不動 진료소'로 변경

◦ 8월 아카후도 진료소를 증개축하고, 2층을 침상 19개의 입원 시
  설로 만듦

1958년 29세

◦ 5월 12일 차남 강성필 출생
◦ 6월 하순 아다치조선인상공회 총회에서 부이사로 취임

1959년 30세

◦ 3월 1일 이하라 유키오 원장이 개업하기 위해 사임. 가나자와 가
  쓰오金沢勝男·김진옥 의사가 후임 원장으로 취임
◦ 6월 15일 재일조선인상공연합회가 총련 산하단체로서 가맹. 내
  부에서 정경 분리론이 일어남

1960년 31세

◦ 1월 16일 아다치 1·6회가 총련과 민단의 상공인 유력자에 의해
  결성됨. 회장에 현공수, 총무부장에 내가 취임
◦ 2월 11일 3남 강성전 출생

1962년 33세

◦ 2월 20일 재일한국인상공연합회 결성
◦ 12월 19일 4남 강성관 출생

1965년 36세

○ 3월 초순 도쿄조선제4초중급학교 신축건설위원회 부사무국장에
취임

○ 6월 22일 한일조약 체결. 재일동포에게 협정영주권이 인정됐으
나 이로 인해 한국 국적과 조선국적 사이에서 취급상 격차가 생
겨나 재일동포 간에 대립이 고조됨

1966년 37세

○ 5월 15일 도와同和신용조합(훗날 조긴朝銀신용조합으로 개칭) 이
사에 취임(재임 4기·8년)

○ 5월 29일 도쿄조선제4초중급학교 신축교사 준공

1967년 38세

○ 5월 19일 철근 5층 구조의 '아카후도병원' 신축

1968년 39세

○ 4월 15일 도와신용조합 아다치 지점 개설

○ 7월 16일 아다치조선인상공회 정기총회에서 이사장에 취임(재임 8년)

1969년 40세

○ 7월 1일 아다치조선회관건설위원회가 조직돼 사무국장에 취임

1970년 41세

○ 5월 1일 의료법인 쇼진尚仁회 '아카후도병원'이 됨

1971년 42세

○ 4월 12일 차녀 강영희 출생

1972년 43세

○ 아다치일조구의회의원연맹 결성

1973년 44세

○ 10월 2일 총련아다치지부 소유의 신도보육원을 매각한 자금을
운용하기 위해 총련아다치지부관리위원회가 발족

1974년 45세

○ 한국 서울에서 박정희 대통령이 저격당함(문세광사건)

1975년 46세

○ 11월 의료법인 쇼진회 '아카후도병원'이 문세광 사건의 영향
으로 도산. 가나자와 가쓰오가 원장으로 우메다梅田중앙병원을
개설

1976년 47세

○ 7월 재일조선사회과학자협회 간토関東지부(훗날 동일본본부) 부
회장에 취임

1982년 52세

○ 11월『외국인등록법과 재일조선인의 인권』(조선청년사 발간) 집필

1983년 54세

○ 4월 20일 편집자『재일조선인사연표』(유잔카쿠雄山閣) 간행

1985년 56세

○ 5월 25일「재일교포 형성과 기원」『통일평론』5월호 게재

○ 6월「민족해방과 재일교포」『통일평론』6월호 게재

○ 7월「민족교육권에 대해」『통일평론』7월호 게재

○ 8월「민족권리로서의 기업권」『통일평론』8월호 게재

○ 9월「외국인등록법에 대해」『통일평론』9월호 게재

○ 10월「재일교포와 출입국관리법」『통일평론』10월호 게재

○ 11월「재일교포와 재류권」『통일평론』11월호 게재

○ 12월「재일교포와 사회보험」『통일평론』12월호 게재

1986년 57세

∘ 1월 「재일교포와 국적법」 『통일평론』 1월호 게재

∘ 2월 「재일교포와 풍속영업법」 『통일평론』 2월호 게재

∘ 3월 재일본조선사회과학자협회 중앙이사에 취임

1987년 58세

∘ 4월 20일 저서 『재일조선인의 인권과 일본의 법률』 유잔카쿠 간행

∘ 8월 10일 미국 유니언대학에서 명예법학박사 학위 수여

1988년 59세

∘ 5월 31일 「신여사를 생각하다」 『무舞·신여사추도문집』에 기고

∘ 8월 3일 국제학술토론회 '재일조선인의 인권에 대해' (중국 북경대학)

∘ 8월 10일 재일조선인사회과학자협회 학술토론회 '재일조선인 자제 교육의 역사적 변천과 인권' (사학회관)에서 발표

1990년 61세

∘ 8월 3일 '일제시대의 재일조선인 민족교육'을 오사카경제법과대학·베이징대학 공동주최 '조선학·국제학술토론회' (오사카경제법과대학)에서 발표

∘ 8월 25일 '해방직후 재일동포의 인권' 『통일평론』 8월호 게재

◦ 10월 25일 한국 월간지『해외동포』9월호 게재

1993년 64세

◦ 3월 2일『바람의 청춘을 함께 한 친구에게-회상·염태영추도문집』에 기고

◦ 12월 20일「출입국관리법과 재류권」,『재일조선사회과학자협회 논문집』

1994년 65세

◦ 2월 재일조선인인권협회가 결성돼 부회장에 취임

◦ 5월 20일 저서『재일조선인의 인권과 일본의 법률』(제2판) 유잔카쿠 간행

1995년 66세

◦ 4월 1일 오사카경제법과대학 아시아연구소 객원연구원이 됨

1996년 67세

◦ 5월 재일조선인인권협회 고문에 취임

◦ 6월 조선민주주의인민공화국으로부터 법학박사 학위 수여

◦ 7월 19일「재일동포의 재류권에 관한 역사적 고찰」,『제1회 세계한국학·조선학·코리아학 학술대회 논문집』(서울 한국정신문화

연구원) 발표

◦8월 25일 저서『재일조선·한국인사종합연표』유잔카쿠 간행

2003년 74세

◦3월 29일「지난날의 오 이사장을 추억하다」『오학원이사장 오영
석 유고집』에 기고

◦4월 1일 오사카경제법과대학 아시아연구소 객원교수에 취임

2005년 76세

◦4월 1일 오사카경제법과대학 태평양연구센터 객원교수에 취임

2006년 77세

◦9월 25일 저서『재일조선인의 인권과 일본의 법률』(제3판) 유잔
카쿠 간행

아다치를 통해 본
재일코리안 형성사

옮긴이의 말 Ⅰ

심보경

　일본에 사는 한국인을 나타내는 말은 여러 가지가 있다. '재일 교
포'나 '재일 동포'로 표현되기도 하고 혹은 '재일 한국인', '재일 조선
인', '재일 코리안' 등으로 표현되기도 한다. 경우에 따라서는 '자이니
치'라고 불리기도 한다. 그만큼 한마디로 정의하기 어렵다. 그들의 아
이덴티티 또한 그렇지 않았을까. 일본 땅에 뿌리를 내리고 고국에 대
한 생각은 잠시 접어둔 채 살아간 이들도 있을 것이고, 언제나 가슴 한
편에 고국에 대한 그리운 마음을 간직한 채 살아간 이들도 있을 것이
다. 하지만 이는 타자의 시선으로 바라본 표면적인 감상일 뿐이며 일
본으로 건너간 많은 한국인들은 저마다의 사연과 저마다의 목표를 가
지고 하루하루를 살아냈으리라.

　이 책은 '재일 동포'나 '재일 한국인', '재일 조선인'과 같은 단어로
뭉뚱그려진, 일본에 사는 한국인 그중에서도 제주인의 삶을 자세히 들
여다볼 수 있다는 데 의의가 있다. 또한 제주도의 역사적 사실을 자세히
기술함으로써 어째서 많은 제주인들이 일본으로 건너가야만 했는지를

상세히 알 수 있어 역사서로서도 중요한 가치를 갖는다. 이를테면 한 개인의 삶을 통해 몰랐던 역사적 사실을 깨닫기도 하고, 역사의 흐름 속에 표류하는 개인의 삶을 조망할 수도 있는 보물과도 같은 책이다.

저자는 혼돈의 사춘기를 거쳐 센슈대 법학과에 진학하지만, 당시 일본에서 재일동포가 변호사가 되는 것이 법 제도상 불가능하다는 사실을 입학 후 알게 된다. 그 후 실의에 빠져 학문에 열중하지만, 학문의 세계에서조차 재일동포들이 설 자리는 없었다. 당시 저자가 느꼈을 절망감은 가늠할 수 없을 정도로 컸을 것이다. 하지만 저자는 그 절망감을 다시 꿈과 희망으로 바꾸어 지역 의료 활동에 도전한다. 저자가 유년 시절을 보낸 제주도의 열악한 의료 환경을 떠올린 것이다. 간단히 치료할 수 있는 질병임에도 불구하고 제대로 된 의료기관이 없어 고통받은 수많은 이들의 얼굴이 스쳐지나갔을 것이다. 불가능해 보이는 일들을 하나하나 실현해 나간 저자의 굳은 의지는 재일동포를 비롯한 많은 사람들에게 커다란 용기를 북돋아 줄 것이다.

이 책의 번역·출판의 기회를 마련해주신 제주학연구센터와 번역하는 동안 큰 힘이 되어준 공역자 이윤주씨께 감사드린다. 무엇보다도 이 책의 번역·출판을 선뜻 허락해주신 저자 강철 선생님과 이 책이 한국에서 출간될 수 있도록 여러모로 힘써주신 유잔카쿠, 그리고 제이앤씨 출판부 여러분들께 깊은 감사의 말씀을 드린다.

옮긴이의 말 Ⅱ

이윤주

재일교포, 재일동포, 재일한국인, 재일제주인, 재일코리안….
부르는 이름도, 불리는 이름도 다양한 사람들이 있습니다.

그들에 대해 잘 모른다는 사실은 늘 마음 한 구석에 풀지 못한 숙제
처럼 남아 있었습니다. 제주 토박이라면 일본에 친척 하나 없는 집안
은 드물 것입니다. 그런데 그들이 타지에서 어떤 생활을 하고 어떻게
살아왔는지 아는 사람은 얼마나 될까요?

'아다치를 통해 본 재일코리안 형성사足立から見た在日コリアン形成史'를
번역하며 그들의 존재와 그들이 살아온 삶을 돌아볼 수 있었습니다.
역사의 격랑기에 생존을 위해 자의 혹은 타의로 제주를 떠났고, 오사
카로, 도쿄로… 일본 각지로 터전을 옮겼습니다. 한계와 차별에 맞서
힘든 시기를 겪으면서도 다양한 커뮤니티를 만들고 타지에서 살아갈
방법을 찾아갑니다. 그런 가운데서도 민족 정체성을 잃지 않으려고
교육 등 다방면으로 힘쓰는 모습은 가슴 뭉클하게 다가왔습니다.

이 한 권에 한 개인의 생애만을 담았다고 하기에는 수많은 사람들, 각양각색의 삶의 모습, 희로애락의 역사가 담겨 있었습니다. 일본에 정착한 동포들의 이름을 언급하며 그분들이 어떤 일을 했고, 어떤 활동을 했는지, 또한 그들과 어떤 일들이 있었는지 생생히 적어 내려간 부분에서는 마치 그들이 우리 할아버지, 할머니, 삼촌들 같아 친근하게 느껴지기도 했습니다. 이 책은 저자의 기록이지만 누군가에게는 회상의 글이 될 수 있고, 누군가에게는 그리운 사람을 떠오르게 하는 글이 될 수도 있을 것 같다는 생각을 해 봅니다.

저는 이 책을 통해 초창기에 일본으로 건너간 재일코리안들과 교감을 나눌 수 있었습니다. 이 번역서가 또 다른 젊은 세대들에게 그들의 기억을 전달하는 작은 창이 되길 바랍니다.

새삼 '한 글자 한 글자의 무게가 이렇게 무거울 수 있구나'라는 것을 느끼며 조심스럽게 번역했습니다. 긴 시간 동안 힘든 여정에 함께해 준 심보경 선생님께 깊은 감사드립니다. 이 책의 번역·출판을 흔쾌히 허락해주신 저자 강철 선생님께도 감사와 경의의 마음을 전합니다. 이 책의 번역을 지원해주신 제주학연구센터와 한국어 번역·출판에 여러모로 도움을 주신 유잔카쿠, 제이앤씨 관계자들께도 감사 인사드립니다. 그리고 매순간 격려와 응원을 보내준 모든 분들께 진심으로 감사드립니다.

저자 약력

강철姜徹
1929년 일본 이시카와현 가나자와시 출생
1951년 센슈대학 법학과 졸업
2010년 오사카경제법과대학 객원교수 법학박사

주요 저서
『외국인등록법과 재일조선인의 인권』(1981년, 조선청년사, 공저)
『재일조선인사연표』(1983년, 유잔카쿠雄山閣, 편저)
『재일조선인의 인권과 일본의 법률』(1987년, 유잔카쿠, 저)
『재일조선·한국인사종합연표』(2002년, 유잔카쿠, 편저)

그 외 논문 다수.

옮긴이 약력

이윤주
번역가/ 기자
제주대학교 통역번역대학원 부설 통역번역센터 연구원
번역서
　『시마가 그리는 꿈-오키나와 민속학 산책-』(공역, 2016) 제주대학교출판부.
　『원시의 신사를 찾아서-일본·류큐·제주도-』(공역, 2017) 제이앤씨.

심보경
제주대학교 통역번역대학원 부설 통역번역센터 연구원.
제주대학교 통역번역대학원 한일과 강사.
번역서
　『시마가 그리는 꿈-오키나와 민속학 산책-』(공역, 2016) 제주대학교출판부.

제주학연구센터 제주학총서 54

아다치를 통해 본 재일코리안 형성사
제주도 · 도쿄 아다치에서 살아온 반세기

초 판 인 쇄	2021년 11월 16일	
초 판 발 행	2021년 11월 23일	
저　　　자	강 철	
옮　　　김	이 윤 주 · 심 보 경	
발 행 인	윤 석 현	
발 행 처	제이앤씨	
책 임 편 집	최 인 노	
등 록 번 호	제7-220호	
우 편 주 소	서울시 도봉구 우이천로 353 성주빌딩	
대 표 전 화	02) 992 / 3253	
전　　　송	02) 991 / 1285	
전 자 우 편	jncbook@hanmail.net	

ⓒ 이윤주·심보경, 2021 Printed in KOREA.

ISBN 979-11-5917-187-1　03910　　　　　　　　　　　정가 25,000원

이 책의 출판비 일부는 제주특별자치도 제주학연구센터의 지원을 받았습니다.